管理学基础

主　编　张圣华

中国海洋大学出版社

图书在版编目(CIP)数据

管理学基础/张圣华主编.—青岛:中国海洋大学出版社,2017.12

ISBN 978-7-5670-1546-3

Ⅰ.①管… Ⅱ.①张… Ⅲ.①管理学—高等学校—教材 Ⅳ.①C93

中国版本图书馆 CIP 数据核字(2017)第 200628 号

出版发行	中国海洋大学出版社		
社　　址	青岛市香港东路 23 号	**邮政编码**	266071
出 版 人	杨立敏		
网　　址	http://www.ouc-press.com		
电子信箱	sjyybook@163.com		
订购电话	010-60739092		
责任编辑	王积庆	**电　　话**	0532-85902349
印　　制	廊坊市广阳区九洲印刷厂		
版　　次	2017 年12月第1版		
印　　次	2017 年12月第1次印刷		
成品尺寸	185 mm×260 mm		
印　　张	15	**印　　数**	1-3000
字　　数	348 千字		
定　　价	77.00 元		

PREFACE

前言

管理学既是高等学校经济管理类各专业的专业基础课，也是从事经济管理工作的各级领导及管理人员必备的基础知识。由于管理学在管理学科中的重要性，各高等学校的经济管理学院都把管理学列为研究生入学考试的科目。

本书的编写人员都是从事管理学教学的教师，在教学过程中使用过许多版本的书，每本书各有所长、特点不一。编者希望把各种书的优点融为一体，形成新的体系，并加入新的研究成果。

管理学的主要内容是职能。经典的管理学职能有四项，即计划、组织、领导、控制。在实践工作中，无论完成哪种职能活动，都需要决策职能的支持与配合，因此本书把管理决策单列一章，重点研究决策的理论与方法。

本书的特点：第一是实用性强，书中介绍了大量管理工作方法，如量本利分析、决策树分析、网络计划技术、经济订货批量、全面质量管理等。这些方法的实践应用性很强，书中配有一定量的习题，可供学生练习使用。第二是理论翔实、内容广泛，结合了中国管理工作实践。由于管理学产生于美国，早期的管理学书籍大多介绍美国的管理经验和方法，因此与中国的组织管理实践相脱节。此外，近几年的管理学研究在实践应用中有了一定的突破，管理的理论与方法进一步深化，本书对这些理论和方法进行了重点的归纳与总结。第三是专业性强，且通俗易懂。本书是一本高等学校经济管理类教学用书，编者在编写本书的过程中考虑到逻辑的严谨性和学生阅读的趣味性，既能准确表达管理学的大纲要求，又能够使学生愿意看且能看得懂。

编者在本书的编写过程中参考了其他优秀的管理学的书，在此对这些书的编者表示感谢。由于时间和水平所限，书中难免存在个别差错，恳请广大读者批评指正。

编　者

CONTENTS

目录

第一章　管理学导论

第一节　管理学的基本问题 …… 2
- 一、管理的概念 …… 2
- 二、管理的特征 …… 3
- 三、管理的职能 …… 4
- 四、管理者的角色与技能 …… 6

第二节　管理理论的产生与发展 …… 8
- 一、中外早期的管理思想 …… 8
- 二、科学管理时期(19 世纪末至 20 世纪 20 年代) …… 13
- 三、行为科学时期(20 世纪 20 年代至 50 年代) …… 16
- 四、管理科学时期(20 世纪 50 年代至 90 年代) …… 18
- 五、现代管理时期(20 世纪 90 年代至现今) …… 18

第三节　组织管理环境研究 …… 19
- 一、宏观环境分析 …… 20
- 二、微观环境分析 …… 25
- 三、环境分析方法 …… 26

第二章　管理决策工作

第一节　决策工作的一般理论 …… 30
- 一、决策的含义、要素及类型 …… 30
- 二、决策的模式 …… 31
- 三、决策的过程 …… 33
- 四、决策的影响因素 …… 36

第二节　定性决策方法 …… 38
- 一、群体决策与个体决策的比较分析 …… 38
- 二、群体思维与群体转移 …… 39
- 三、集体决策方法 …… 40
- 四、企业战略决策方法 …… 42

第三节　定量决策方法 …… 45
- 一、确定型决策方法 …… 45
- 二、风险型决策方法 …… 48
- 三、不确定型决策方法 …… 51

第三章　计划与战略性计划

第一节　计划工作的基本理论 …… 56

一、计划的含义及相关问题 …… 56
二、计划的类型 …… 57
三、计划的层次体系 …… 59
四、计划编制过程 …… 61
第二节　现代计划工作方法 …… 62
一、目标管理 …… 63
二、滚动计划方法 …… 66
三、网络计划技术 …… 67
第三节　战略性计划与实施 …… 77
一、愿景和使命陈述 …… 78
二、战略环境分析 …… 79
三、战略选择 …… 86

第四章　组织理论与组织工作

第一节　组织设计理论 …… 92
一、组织理论的一般问题 …… 92
二、组织设计的任务和原则 …… 93
三、组织设计的影响因素 …… 95
第二节　组织的部门化理论 …… 99
一、组织部门化的基本原则 …… 99
二、组织部门化的形式与特征 …… 99
第三节　组织的层级化理论 …… 102
一、组织的层级化与管理幅度 …… 102
二、组织的层级化、集权与分权 …… 104
三、组织的层级化与结构的有机化 …… 107
第四节　组织变革与组织文化 …… 111
一、组织变革的一般规律 …… 111
二、管理组织变革 …… 112
三、组织文化及其构建 …… 115

第五章　人力资源管理

第一节　人力资源规划与招聘工作 …… 120
一、人力资源管理的一般问题 …… 120
二、人力资源规划工作 …… 121
三、员工的招聘工作 …… 123
第二节　员工的培训与绩效评估工作 …… 125
一、员工的培训工作 …… 125
二、员工的绩效评估工作 …… 126
第三节　员工职业生涯的发展规划 …… 128
一、职业生涯发展的含义 …… 128
二、职业生涯发展的意义 …… 129
三、职业生涯发展的阶段及其特点 …… 129
四、有效管理职业生涯的方法 …… 130

第六章 领导理论及应用

第一节 领导理论的基本问题 …… 134
一、领导的内涵与作用 …… 134
二、领导方式的基本类型 …… 134
三、领导者的权力 …… 136
四、领导者对人性的认识及管理方式 …… 137
五、薛恩的四种“人性的假设”理论 …… 138
第二节 领导特质理论与领导行为理论 …… 139
一、国外领导特质理论研究 …… 140
二、中国的领导特质理论研究 …… 140
三、典型的领导方式理论 …… 143
第三节 领导权变理论 …… 147
一、菲德勒的权变理论 …… 147
二、豪斯的路径—目标理论 …… 149
三、赫塞和布兰查德的生命周期领导理论 …… 149
四、乔治·格里奥的领导者—成员交换理论 …… 150
五、坦南鲍姆、斯密特的领导行为连续带模式 …… 151
六、阿吉里斯的不成熟—成熟理论 …… 151
第四节 领导艺术 …… 152
一、领导艺术的含义及特征 …… 152
二、领导艺术的主要内容 …… 152
第五节 管理沟通 …… 157
一、沟通概述 …… 157
二、管理组织沟通 …… 159
三、组织冲突与谈判 …… 161

第七章 激励理论及应用

第一节 激励理论的一般问题 …… 166
一、激励的概念与对象 …… 166
二、激励的过程 …… 166
三、激励的动机 …… 167
第二节 激励的心理学基础理论 …… 168
一、人的心理过程 …… 168
二、个性心理特征 …… 170
第三节 内容型激励理论 …… 173
一、马斯洛的需要层次理论 …… 173
二、赫兹伯格的双因素理论 …… 175
三、麦克利兰的成就需要理论 …… 177
四、奥尔德弗的 ERG 理论 …… 179
第四节 过程型激励理论 …… 180
一、亚当斯的公平理论 …… 181
二、弗鲁姆的期望理论 …… 182

三、斯金纳的强化理论 …… 184
四、洛克的目标设置理论 …… 185
五、海德的归因理论 …… 187
六、亚当斯的挫折理论 …… 187
第五节 激励理论的应用 …… 189
一、员工需要调查与分析 …… 189
二、员工目标设置管理 …… 189
三、员工薪酬制度 …… 190
四、工作设计 …… 191
五、员工持股计划 …… 192

第八章 控制与创新工作

第一节 控制工作的一般问题 …… 196
一、控制的内涵 …… 196
二、控制工作的基本类型 …… 196
三、控制的有效性原则及影响因素 …… 198
四、提高控制效率的措施 …… 199
五、计划与控制的关系 …… 200
第二节 控制理论与控制系统 …… 201
一、有关控制的理论 …… 201
二、控制系统与管理控制系统 …… 202
第三节 管理控制的过程 …… 203
一、确定控制标准 …… 204
二、衡量绩效与发现偏差 …… 205
三、纠正偏差 …… 207
第四节 控制工作的方法 …… 208
一、预算控制 …… 208
二、生产过程控制 …… 211
三、供应链管理 …… 214
四、柔性管理 …… 216
第五节 管理创新工作 …… 219
一、创新的概念及形成 …… 219
二、创新工作的类别 …… 220
三、创新工作的基本内容 …… 220
四、创新的过程和组织 …… 222
五、技术创新 …… 224
六、组织创新 …… 229
参考文献 …… 232

第一章

管理学导论

有一个鲁国人擅长编草鞋,他妻子擅长织白绢。他想迁到越国去。友人对他说:“你到越国去,一定会贫穷的。”“为什么?”“草鞋,是用来穿着走路的,但越国人习惯于赤足走路;白绢,是用来做帽子的,但越国人习惯于披头散发。凭着你的长处,到用不到你的地方去,这样,要使自己不贫穷,难道可能吗?”

管理心得 一个人要发挥其专长,就必须适合社会环境需要。如果脱离社会环境的需要,其专长也就失去了价值。因此,我们要根据社会的需要,决定自己的行动,更好地发挥自己的专长。

内容提要 本章是管理学的导论,对管理的概念、管理的特征、管理的职能、管理者的角色与技能等基本问题作了概括的介绍,同时介绍了管理理论的产生与发展过程,研究组织管理的宏观环境和微观环境,并进行环境分析,还介绍了环境分析方法。

学习目标 理解掌握管理的含义、管理的各项职能、管理的基本特征,熟悉管理者的角色及应具备的技能,了解管理学产生与发展的历史,熟悉管理的宏观环境和微观环境的具体内容及研究方法。

第一节　管理学的基本问题

什么是管理？管理都做什么？怎样从事管理工作？管理的目的是什么？管理者应具有什么样的素质？应具有什么样的工作技能？这是本节要研究的问题。

一、管理的概念

（一）管理的目的性：组织目标

任何管理活动都是有一定目的的，不存在无目的的管理活动。各个组织的性质不同，组织要实现的目标内容也不同；即使在同一组织内部，由于各部门所处的层级不同，实现目标的要求也不同。总之，无论哪一个组织、哪一层级的组织的管理活动，都要实现一定目标。组织的任务和目标是组织存在的依据。

（二）管理的对象：人、财、物、时间、信息

管理的对象是组织内的各种资源，由于各种组织性质不同，拥有的资源也不同。组织的资源可以概括为五个方面，即人、财、物、时间、信息。无论是哪种组织，都必须有人存在，都必须拥有一定的物质条件，都必须拥有一定的资金，都必须有时间进行管理活动，都必须有各种信息的来源渠道，与外界沟通。

（三）管理的载体：组织

前面提到的各种资源，都是在一定组织中存在的。没有组织，各种资源也就丧失了存在的条件。我们提到的组织是一个广义的概念，不仅指工商企业，也包括事业单位、学校、政府机关、军队等。

（四）管理的手段：职能

从事管理活动就是应用管理的各项职能，实现组织的目标。经典的管理职能就是计划、组织、领导、控制。一本管理学的书，洋洋洒洒几十万字，但真正论述的就是上述八个字。一些学习过管理学的学生和工作人员，都说不清楚学的内容，其实管理学的字里行间都渗透着计划、组织、领导、控制的内容。决策也是一项管理职能，但决策职能比较特殊，它渗透在各个职能之中，计划、组织、领导、控制都离不开决策。

（五）管理的本质：过程、决策、协调、经济性

管理的本质是什么？各管理学派的观点不尽相同。过程学派的观点认为管理的本质是过程，我们要从收集信息工作开始，然后是制订计划，开展组织、人事、领导与激励活动，最后是进行控制。决策学派的观点认为管理就是决策，决策就是管理；无论组织中的哪项管理活动都是在做决策，决策渗透在组织的各项职能之中，所以决策是管理的核心。当然，也有学者认为管理的本质是协调：协调组织的资源，协调组织各层次的关系。提高组织效率是靠协调工作来完成的，所以协调是本质。

管理小故事

纪昌学箭

纪昌向飞卫学射箭，飞卫没有向他传授具体的射箭技巧，却要求他必须学会盯住目标而且不能眨动眼睛，纪昌花了两年时间，练成了即使锥子向眼角刺来也不眨一下眼睛的功夫。飞卫又进一步要求纪昌练眼力，标准要达到将体积较小的东西能够清晰地放大，就像在近处看到一样。纪昌苦练 3 年，终于能将最小的虱子看成车轮一样大。纪昌张开弓，轻而易举地射一箭便将虱子射穿。飞卫得知结果后，对这个徒弟极为满意。

启示： 学习射箭必须先练眼力，基础的能力学扎实了，应用就可以千变万化了。企业的管理者也是一样，必须清楚什么是管理及其内涵，方能管好企业的人事、财务、技术、业务等，那么后续就可以大展宏图了。

二、管理的特征

为了使读者更好地了解管理学的基本原理，了解管理学的核心思想和管理工作的实际，下面介绍一下管理的特征。

（一）管理的实践性

管理学理论来源于实践，应用于实践，并在实践中进行检验，在实践中不断地获得丰富和发展。管理学科不同于一些理论学科，有一些科学理论是因为社会生产活动的需要而被研究出来的。

（二）管理的科学性

管理的科学性主要是指管理中采用了一些数学模型和数学计算进行预测、分析和判断。典型的有量本利分析、线性规划、决策树分析、网络计划技术、经济订货批量（economic order quantity，EOQ）等。量本利分析也叫盈亏平衡点分析，就是研究产量、成本、利润之间的关系，如图 1-1 所示。

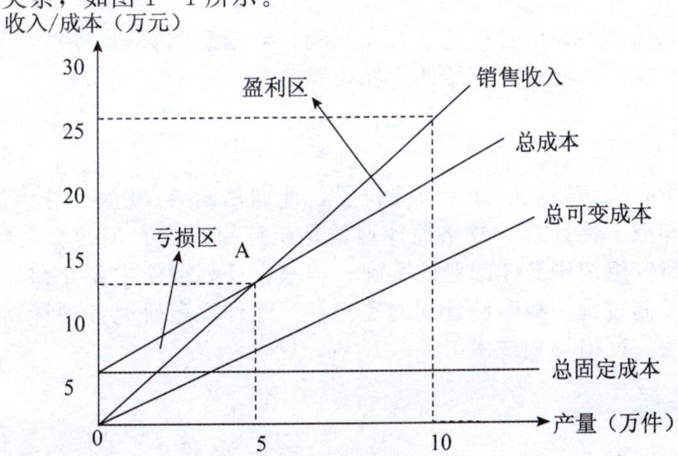

图 1-1　量本利分析

（三）管理的艺术性

所谓管理的艺术性，就是指对人的管理。由于人的个性特征不同，在管理人的时候管理方法要因人而异。这部分内容体现在本书的第六章与第七章中。人是有主观能动性的，由于气质、性格、能力、价值观、兴趣爱好不同，人的需要层次也不一样。在激励他人与领导他人的时候，要采取不同的方式。这方面的理论很多，管理心理学的很多思想都被吸收到管理的艺术性之中，如双因素理论、期望理论、公平理论等激励理论都是管理的艺术性的重要体现。领导科学中的管理方格理论、领导权变理论、生命周期领导理论等更是管理理论的艺术性发展。

（四）管理的创新性

创新是一个民族进步的灵魂，更是管理学生命力的重要体现。随着环境条件的变化，组织管理中必定会遇到许多新的问题，新的问题必须用新的方法解决。例如，企业在生产物资控制方面最早提出了经济订货批量概念。但随着市场的变化、科技的发展，企业又提出了物料需求计划的理念（material requirement planning，MRP），随后又产生了制造资源计划的思想（MRPⅡ），直到现在又有了企业资源计划（enterprise resource planning，ERP）及客户关系管理（customer relationship management，CRM）等理论。管理学需要创新，它是一个开放的系统，会随着生产实践的发展而不断发展，并不断产生管理方法和管理思想。

（五）管理的经济性

经济本身的含义就是节约，管理中所谓的经济性，就是使用的资源要少，而管理效率要高。从经济学角度来说，就是进行经济效益分析。尤其是对经济性组织如企业来说，经济效益是至关重要的。经济效益不好，组织就不能生存和发展，更别提为社会服务了。政府、事业单位也要讲经济效益，提高管理的效率、管理水平、执政能力，这是当代对管理工作提出的新要求。

三、管理的职能

我国管理学家周三多提出管理具有七大职能，即信息的获取、决策、计划、组织、领导、控制、创新。我们在此重点介绍四大经典职能。

（一）计划职能

计划职能在所有管理职能中处于首要位置，计划是领导、组织、控制的基础。计划可分为战略性计划和战术性计划。战略性计划就是研究组织中宏观的、全局的长远性问题；而战术性计划是研究组织中具体问题的实施。本书在计划职能中要介绍计划的内容、计划的类型、计划的编制过程、战略性计划的实施等，此外重点研究各种计划方法，如目标管理、滚动计划方法、网络计划技术等。

（二）组织职能

组织职能中既要研究组织活动过程，又要研究组织结构设计、组织变革、组织文化。组织是管理活动的载体，组织职能的内容非常丰富，如组织结构设计要了解组织设计的目的和内容、组织结构的基本类型和应用条件、组织变革与发展的理论，还要研究组织文化在组织中所处的地位、作用、特征及内容。

管理小故事

V 形雁阵

大雁有一种合作的本能，它们飞行时都呈 V 形阵列。这些雁飞行时定期变换领导者，为首的雁在前面开路，能帮助它两边的雁形成局部的真空。科学家发现，雁以这种阵列飞行，要比单独飞行多飞 12%的距离。

合作可以产生“1+1>2”的倍增效果。据统计，诺贝尔获奖项目中，因协作获奖的占 2/3 以上。在诺贝尔奖设立的前 25 年，合作奖占 41%，而现在已跃居 80%。

启示：分工合作正成为一种企业中工作方式的潮流，被更多的管理者所提倡，如果我们能把容易的事情变简单，把简单的事情也变得很容易，我们做事的效率就会倍增。一个由相互联系、相互制约的若干部分组成的整体，经过优化设计后，整体功能能够大于部分之和，产生“1+1>2”的效果。

（三）领导职能

领导职能包括两个方面：领导和激励。领导理论分三个方面，即领导素质理论、领导行为理论、领导权变理论；激励是领导者必备的基本技能，激励理论分为内容型激励理论、过程型激励理论、状态型激励理论。激励理论十分丰富，如马斯洛（Maslow）的需要层次理论、赫兹伯格（Herzberg）的双因素理论、弗鲁姆（Vroom）的期望理论等。

（四）控制职能

控制职能是经典管理职能中的最后一项。控制就是抓落实。有了好的计划还不行，在计划执行过程中，还会出现我们计划时没有预料到的问题。如何控制、什么时候控制、控制把握的程度与原则都是值得研究的问题。控制职能中要研究控制的概念、类型、过程及原则。控制的方法很多，但研究细了就是各种专项的管理，如产品质量控制、财务预算控制、物流信息控制等。

管理小故事

法国斯太利公司的工人自我管理

法国斯太利公司是一家大型的农产品公司。该企业在把控制职能作为实现生产目标及改进生产工作的有效手段，在提高生产效率的同时还降低了生产成本。具体做法是：企业根据生产经营的要求和轮换班次的需要，把全厂职工以 15 人一组，分成若干小组，每组选出两名组长，一名组长专抓生产线上的问题，另一名组长负责培训，召集讨论会和做生产记录。厂方只制定总生产进度和要求，小组自行安排组内人员工作。小组还有权决定组内招工和对组员奖惩。该厂实行“自我管理、全员参与”后生产效率大大提高，成本低于其他工厂。

启示：法国斯太利公司的“工人自我管理”充分体现了控制职能在企业管理过程中的普遍性、整体性、全程性、全员性（人本性）等特点以及控制工作在企业中所发挥的重要作用。

四、管理者的角色与技能

管理者是一个内涵十分宽泛的名词，组织中不同层次的管理者所充当的角色是不同的。一个管理者工作绩效的好坏、工作成绩的高低在于他（她）对其角色的理解。不同角色要求有不同的技能。加拿大管理学家亨利·明茨伯格（Henry Mintzberg）研究发现，管理者在组织中扮演着十种角色，这十种角色可被归纳为三大类：人际角色、信息角色和决策角色，如图 1-2 所示。

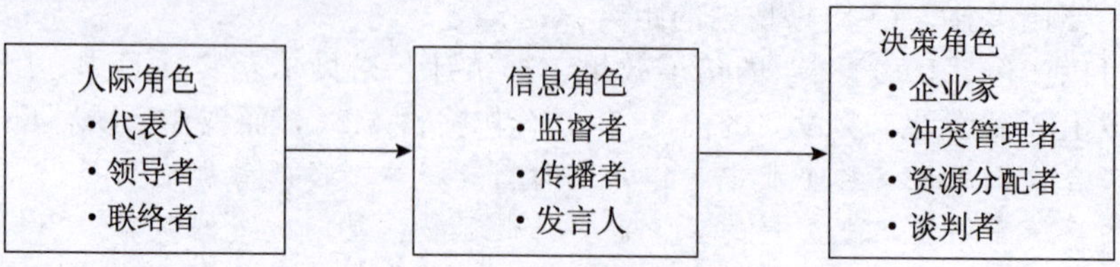

图 1-2 管理者的角色

（一）组织中管理者的角色

1. 人际角色

人际角色源于管理者的正式权力。管理者所扮演的三种人际角色是代表人角色、领导者角色和联络者角色。作为所在单位的领导，管理者必须执行一些具有礼仪性质的职责。管理者有时必须参加社会活动，如出席各种集会或宴请重要客户等。这时，管理者扮演着代表人的角色。由于管理者直接对所在单位的工作成败负责，他们必须在单位内扮演领导者角色。这时，管理者和员工一起努力工作，以确保目标的实现。管理者还必须扮演联络者的角色。没有联络，管理者就无法与别人一起工作，也无法与外界建立联系。

2. 信息角色

在信息角色中，管理者负责确保和其一起工作的人能够得到足够的信息。管理者职责的性质决定了管理者既是其所在单位的信息传递中心，也是别的单位的信息传递渠道。管理者必须扮演的一种信息角色是监督者角色。监督的目的是获取信息。管理者可通过各种方式获取一些有用的信息，如通过密切关注组织自身状况以及外部环境的变化，通过接触下属，利用个人关系网等方式获取信息。这些信息有助于管理者识别潜在的机会和威胁。作为传播者，管理者把监督获取的大量信息分配出去，传递给有关员工。管理者有时也因特殊目的而隐藏特定的信息。管理者的最后一种信息角色是发言人角色。

3. 决策角色

在决策角色中，管理者处理信息并得出结论。管理者负责做出决策，并分配资源以保证决策方案的实施。管理者所扮演的第一种决策角色是企业家角色。作为企业家，管理者对发现的机会进行投资，如开发新产品、提供新服务或发明新工艺等。管理者所扮演的第二种决策角色是组织冲突管理者。一个组织不管被管理得多么好，它在运行的过程中总会遇到冲突或问题。管理者必须善于处理冲突和解决问题，如平息客户的怒气，同不合作的供应商进行谈判，或者调解员工之间的争端等。管理者所扮演的第三种决策角色是资源分配者。作为资源分配者，管理者有权决定组织资源用于哪些项目。尽管我们一提起资源，就会想起财务资源或设备，但这里的组织资源还包括其他类型的重要资源。例如，当管理者选择把时间花在这个项目而不是那个项目上时，他实际上是在分配时间这一资源。除时间以外，信息也是一种重要资源。管理者是否在信息获取上为他人提供便利，通常决定着项目的成败。管理者所扮演的最后一种决策角色是谈判者角色。管理者把大量的时间花在谈判上，谈判对象包括员工、供应商、客户和其他组织。无论是何种类型的组织，其管理者为确保组织目标的实现，都必然要进行谈判工作。

（二）组织中不同层次管理者应该具有的技能

根据美国管理学家罗伯特·卡茨（Robert Kartz）的研究，管理者要具备三类技能。

1. 技术技能

技术技能是指管理者掌握和熟悉特定专业领域中的过程、惯例、技术和工具的能力。如监督会计人员的管理者必须懂会计业务。技术技能对于各层次管理的重要性可以用图1-3来表示。技术技能对于基层管理最重要，对于中层管理较重要，对于高层管理的重要性较弱。

2. 人际技能

人际技能是指成功地与别人打交道并与别人沟通的能力。管理者的人际技能包括对下属的领导能力和处理各种人际关系的能力。人际技能对于各层次管理的重要性可以用图1-3来表示。人际技能对于所有层次管理的重要性大体相同。

3. 概念技能

概念技能是指产生新想法并加以概括，以及将内容抽象化的思维能力。具有概念技能的管理者往往把组织视为一个整体，并且了解组织各个部分的相互关系，可对组织的发展及理念做高度概括。概念技能对于各层次管理的重要性可用图1-3来表示。概念技能对于高层管理最重要，对于中层管理较重要，对于基层管理的重要性较弱。

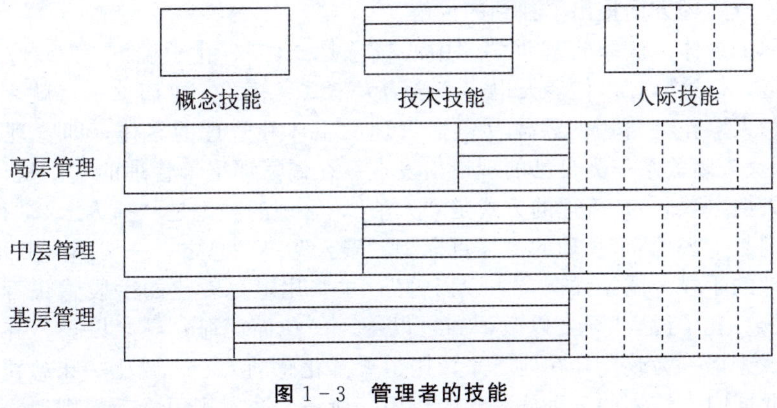

图1-3　管理者的技能

第二节 管理理论的产生与发展

管理工作的历史久远，管理思想更是丰富，在人类社会的早期就有各种管理工作和管理思想，但当时并没有管理科学。“管理学”概念的出现是在美国工业革命以后，即以泰勒为代表的管理思想。本节首先简介国内外有代表性的管理思想，其次介绍管理学的四个发展时期：科学管理时期、行为科学时期、管理科学时期、现代管理时期。各时期都有不同的核心理念、代表人物及其理论贡献。学习各时期的管理理论发展过程有助于深入理解管理理论。

一、中外早期的管理思想

在人类社会早期，虽然没有管理学课程，但管理思想极其深邃，管理的方法与手段丰富。中国历史上下五千年，各时期、各朝代管理制度、管理方法都各有特征；西方发达国家，如英国、法国、德国、美国等，这些国家经济的发展与高水平的管理密不可分。国外更早一些的管理思想只能从历史中去挖掘。

（一）中国早期的管理思想

中国古代关于领导艺术、经济管理的思想可以从许多著作中找到，下面重点介绍对今天仍然有指导意义、影响巨大的重要思想，期望对学习管理的人、从事管理的人有启发。

1. 儒家管理思想

儒家管理哲学的基本精神以“仁”为中心，讲“为政以德”，讲“正己正人”，在管理的载体、手段、途径方面提出了独到的见解。

关于管理的载体。儒家管理哲学的中心概念是“仁”。孔子说：“为政在人，取人以身，修身以道，修道以仁。仁者人也，亲亲为大。”（《礼记·中庸》）这就表明，儒家管理哲学是把“人”作为管理的载体（包括管理的主体和管理的客体，即管理者和被管理者），把人以及人际关系作为自己的理论出发点。在儒家那里，管理的本质是“治人”，管理的前提是人性（善恶），管理的方式是“人治”，管理的关键是“择人”（“得人”），管理的组织原则是“人伦”，管理的最终目标是“安人”……总之，一切都离不开“人”。

关于管理的手段。儒家强调“为政以德”，主张用道德教化的手段感化百姓，从而达到治理的目的。孔子说：“导之以政，齐之以德，民免而无耻；导之以德，齐之以礼，有耻且格。”（《论语·为政》）在他看来，用道德感化感动人心，要比一味惩罚会收到更好的效果。与此同时，儒家并不否认法治的作用。所谓“政宽则民慢，慢则纠之以猛；猛则民残，残则施之以宽。宽以济猛，猛以济宽，政是以和”（《左传·昭公二十年》），即是主张使用软硬两手来安定社会秩序。当然，以儒家的主旨来讲，即使是在施行法律手段的同时，也应配合使用道德手段。

关于管理的途径。儒家讲“为政以德”，也就包含着管理者自身的德行。“为政以德，譬如北辰，居其所。而众星共之。”（《论语·为政》）。管理者要想取得“众星共之”的效果，就要从自己做起，注意个人的道德修养。所谓“修身，齐家，治国，平天下”（《礼记·大学》），从管理者的自我管理，再到家庭管理、国家管理和社会管理，层层推进，不可或缺，不能跳越。

2. 道家管理思想

道家管理哲学的基本精神是以“道”为中心，讲“道法自然”，讲“无为而治”，讲“弱者道之用”，在管理的规律、方式和艺术方面提出了独特的见解。

关于管理的规律。老子提出“人法地，地法天，天法道，道法自然”（《老子·二十五章》），这里的道是指人类社会运行的规律。“人—地—天—自然”的循序渐进的公式，就是说，人们必须按照自然规律办事，以自然为法，而不要把自己的意志强加给自然界。从管理的角度讲，就要求管理者必须遵循社会管理的客观规律，一切顺其自然，才能取得良好的效果。

关于管理的方式。管理既然要按照“道”即客观规律办事，而“道常无为”（《老子·三十七章》），所以，管理者就要“处无为之事，行不言之教”（《老子·二章》）。“无”字的原意是“实有似无”，是一种不为人注意却在实际发挥作用的行为方式。比如城市交通拥堵，建环路、高架桥就相当于无为而治，环路、高架桥对个体的控制实有似无，一方面非常有效地维持了交通秩序，另一方面又使车辆的行驶方便自如，既从总体上维持了平衡和稳定，又给个体提供了更多自主选择的机会。这就是总体的自然有序和个体的自由自主达到了统一。无为而治的管理方式，具体来说，就是通过最少的、必要的、有效的制度把社会干涉行为减少到最低限度，从而实现组织的自然和谐与个人自由的协调发展。

关于管理的艺术。老子指出，“反者道之动，弱者道之用”（《老子·四十章》），这里前一句意思是：事物向相反方向变化、发展、运动，是“道”的作用方式。一切事物无不向其相反的方向变化，这种矛盾双方向对立面的转化，是事物运动、变化的普遍法则。而后一句话是运用“反者道之动”的原理，对刚强和柔弱这对矛盾进行剖析的必然结果。弱，是柔弱。道之用，是“道”的作用性质。

3. 法家管理思想

法家管理哲学以“法”为中心，“法、术、势”相结合，在管理的制度、技巧、权威方面提出了独特的见解。

关于管理的制度。就执法而言，法家主张“法治”，反对“人治”。韩非提出“上法而不上贤”（《韩非子·孝忠》）。他认为，历史上的贤君和暴君都是很少的，绝大多数君主都属于“中人”，即只是具有中等管理水平的统治者。如果实行法治，靠这些“中人”就可以把国家管理好；如果实行“人治”，则非要等“千世一出”的圣贤不可，那是不现实的。退一步说，即使是由圣贤来管理国家，也不能离开法律制度。当然，就立法而言，法家以君主为中心，说到底也是“人治”。

关于管理的技巧。法家所谓“术”相当复杂，韩非提出统治者必须采用的“七术”有：“一曰众端参观，二曰必罚明威，三曰信赏尽能，四曰一听责下，五曰疑诏诡使，六曰挟知而问，七曰倒言反事。”（《韩非子·内储说上》）。这里涉及的都是君主驾驭臣下的技巧，既有管理的技术，又有管理的艺术，更有管理的权术。其中的管理权术，在道德上虽不可取，但在实际的管理活动中，都为中国历代封建帝王使用。

关于管理的权威。韩非认为，帝王之所以为帝王，关键在于有“势”。他指出：“势者，胜众之资也。”（《韩非子·八经》）。“势”可区分为“自然之势”和“人为之势”。“自然之势”指在既成条件下管理者对权力的运用，“人为之势”则指管理者创造条件强化自己的权威。韩非更重视“人为之势”，特别强调管理者充分发挥自己的主体能动作用，以保证管理措施的积极推行。

4. 兵家管理思想

兵家的管理思想主要用于军事。军事管理也是人类社会管理的一个组成部分。它们的基本原则对于任何类型的社会组织和任何类型的社会管理活动都普遍适用。以孙子为代表的中国兵家思想十分丰富，它以“谋略”为中心，讲“谋攻庙算”，讲“因变制胜”，讲“令文齐武”，对于管理的战略、策略、方略均有一定的启发作用。

对于管理的战略。孙子强调，优秀的战争指挥员应该依靠计谋取胜，“故上兵伐谋，其次伐交，其次伐兵，其下攻城”；“故曰：知己知彼，百战不殆；不知彼而知己，一胜一负；不知彼，不知己，每战必殆”（《孙子·谋攻篇》）。这些重视战略筹划的思想，对于管理人员具有重要的启迪作用。

对于管理的策略。孙子指出：“水因地而制流，兵因敌而制胜。故兵无常势，水无常形；能因敌变化而取胜者，谓之神。”（《孙子·虚实篇》）。这种“因变制胜”的策略思想，对于管理，特别是经济管理和组织管理，是有参考价值的。

对于管理的方略。孙子提出了分级管理的原则，即“治众如治寡，分数是也”（《孙子·势篇》）。要使管理多数人像管理少数人一样，就要发挥组织和编制的作用。如何形成富有战斗力的组织呢？孙子又提出“令文齐武”的原则，就是要用思想教育的手段，对部属晓之以理，动之以情。同时要用制度控制的方法，严明纪律，严肃法度。这一套方略，对于任何管理都是适用的。

5. 中国近代的管理思想

鸦片战争前后，延续了两千多年的中国封建社会开始进入它的暮年时期，古老的中国大地上酝酿着一场剧烈的社会变动。1840 年的鸦片战争加剧了这个变化过程。鸦片战争之后的急剧变化，迫使人们用新的眼光、新的思维方法寻求政治管理、经济管理理论。

林则徐、魏源的管理思想。林则徐在直接与外国侵略者打交道的过程中，最早意识到中国确有不如西方资本主义国家之处，积极主张向西方学习科学技术知识。魏源发挥和总结林则徐向西方学习的做法和主张，提出了著名的“师夷之长技以制夷”的时代课题，迈出了近代中国向西方学习的第一步。在经济方面，魏源主张把发展工商业作为富民之路；主张引进西方先进技术，发展采矿、造船业；提出在经营方式上要改变官营，主张私营，采用公司的组织形式；主张对外通商。这些经济管理思想，标志着中国经济管理思想的转变。

理想天国的美丽蓝图——洪秀全的《天朝田亩制度》。与林则徐、魏源等地主阶级改革派希望在维持封建制度的前提下，依靠学习西方的“船坚炮利”使中国走上富强的道路不同，农民英雄洪秀全则从打破封建制度的愿望出发而计划建立一个地上的“天国”来实现其治国理想。这种理想天国，集中反映在其立国纲领性文件《天朝田亩制度》中。它的主要内容有：①废除封建土地所有制，实行人人有田种，土地所有权收归国有；②实行平均主义的分配制度，实现“有田同耕，有饭同食，有衣同穿，有钱同使，无处不均，无人不饱暖”的绝对平均主义的“大同”境界；③在社会组织结构上，《天朝田亩制度》设计了以“两”（由 25 家组成）为农村基层组织的公社或共同体。

管理小故事

早期战略家：马基雅维里和孙子

虽然“马基雅维里式的”这个形容词常用来指狡猾、玩弄权术的机会主义者，但马基雅维里本人对共和国的优越性坚信不疑。这一点在《论集》中表现得很明显。该书写于 1531 年马基雅维里居住在早期意大利佛罗伦萨共和国之时。他推导出的原则稍加改进，就可以适用于当今的组织管理：

1. 如果组织成员有权力表达不同意见，并且能在组织内部解决彼此间的冲突，那么，组织就会更稳定。

2. 一个人在创办一个组织时，“如果有许多人负责并有许多人乐于维护它，那么，组织就会长久。”

3. 一个能力较差的管理者跟在一个能力较强而不是能力也很差的管理者后面，他仍可以对下属保持权威。

4. 管理者试图改变一个颇有年头儿的组织，“应该至少在表面上保持一些旧习”。

另一部给现代管理者以启迪的经典之作是中国哲学家孙子于两千多年前写下的《孙子兵法》。这本书被毛泽东改进和运用。下面是孙子兵法的名言：

1. 敌进我退；

2. 敌驻我扰；

3. 敌避我打；

4. 敌退我追。

启示： 虽然这些规则原本是为了指导军事战略，不过它们现在被用于制定企业战略方案，打击生意场上的竞争对手。

（二）国外早期的管理思想

1. 古巴比伦、古埃及、古希腊、古罗马的管理实践和思想

国外的管理实践和思想也有着悠久的历史。在奴隶社会，管理实践和思想主要体现在指挥军队作战、治国施政和管理教会等活动之中。古巴比伦、古埃及、古希腊以及古罗马在这些方面都有过重要贡献，对我们今天的管理活动有指导意义。

古巴比伦在汉谟拉比（Hammurabi）的统治下，建起了强大的中央集权国家。为了治理国家，从中央到地方设立一系列法庭，设置官吏管辖行政、税收和水利灌溉，国王总揽国家的全部司法、行政和军事权力。在汉谟拉比统治时期，《汉谟拉比法典》的编纂是一件大事。这部法典共 282 条，较全面地反映了当时的社会情况，并以法律形式来调节全社会的商业交往、个人行为、人际关系、工薪、惩罚以及其他社会问题。在汉谟拉比之后，在尼布甲尼撒国王统治时期，也出现了许多有效管理的实例。一些大的工程建设充分体现了当时的管理水平，如被誉为古代世界七大奇观之一的“空中花园”。

在古希腊，当时的思想家们对管理有许多精辟的见解。苏格拉底（Socrates）曾提出管理的普遍性，认为管理技能在公共事务和私人事务之间是相通的。亚里士多德（Aristotle）不仅指出了管理一个家庭和管理一个国家的相似之处，而且研究了国家制度的问题，提出了国家制度的各种形式，以及采取各种形式国家制度的原则，描绘了以奴隶制为基础的“理想城邦”的轮廓。另一著名希腊哲学家色诺芬（Xenophon），还专门写了一本《家庭经济》，主要研究家务管理和农业。他对劳动分工也有精辟的论述，认为一个人只做一种最简单的工作就会把工作做得更好。柏拉图（Plato）对劳动分工原理做了进一步阐述。他认为，分工的产生是由于人的需要是多方面的，而人的天赋却是单方面的。他指出，如果一个人不做其他任何工作，只做适合其天赋的一种工作，而且在恰当的时机去做，他就能做得更多、更好且更容易。

马其顿在征服了希腊后，经过连年征战和吞并，逐渐成为一个庞大的罗马帝国。管理这样一个庞大的帝国，本身就需要高超的管理方法和技能。罗马共和时期，在管理体制上，已体现了行政、立法和司法的分离。在法律方面，罗马人大约在公元前450年，制定了有名的《十二铜表法》。该法在私有财产的保护、债务、奴隶制度、财产继承、刑法和诉讼等方面都作了规定。古罗马人最有效的管理实例，是当时统治者戴克里先（公元284年）对罗马帝国的重组。他上台以后，看到帝国组织庞大，事务繁杂，但又人浮于事。针对这一情况，他重新设计了帝国的组织结构，把军队和政府分为不同的权力层次，对每一层次规定了严明的纪律以保证组织职能的发挥。他把帝国分为100个“郡”，归为13个“省”，进一步把“省”组成4个“道”，从而建立起专制的组织结构。

2. 亚当·斯密的劳动分工和经济人假设

亚当·斯密（Adam Smith）是英国古典政治经济学家，现代经济学的创始人。他对管理问题有诸多见解，突出贡献是社会分工理论。亚当·斯密认为，分工是提高劳动生产率的重要因素，原因是：①分工可以使劳动者专门从事一种单纯的操作，从而提高劳动熟练程度，增进技能；②分工可以减少劳动者的工作转换时间，减少由一种工作转到另一种工作所损失的时间；③分工可以使劳动简化，使劳动者的注意力集中在一种特定的对象上，有利于发现比较有效的工作方法，促进工具的改良和机器的发明。亚当·斯密的分工观点适应了当时社会对迅速扩大劳动分工以促进工业革命发展的要求，成为资本主义管理的一条基本原理。

亚当·斯密的另一个贡献是他的经济人的假设。他认为，经济现象是由具有利己主义的人的活动产生的。人是天生自私的，人们在经济行为中，追求的完全是私人利益。“……人类几乎随时随地都需要同胞的协助，要想仅仅依赖他人的恩惠，那是一定不行的。他如果能够刺激他们的利己心，使有利于他，并告诉他们，给他做事，是对他们自己有利的，他要达到目的就容易得多了。不论是谁，如果他要与旁人做买卖，他首先就要这样提议。请给我以我所要的东西吧，同时，你也可以获得你所要的东西：这句话是交易的通义。我们所需要的相互帮忙，大部分是按照这个方法取得的。”① 斯密的经济人观点是资本主义生产关系的反映，它对于资本主义管理的实践和理论，都有重要影响。

3. 欧文等人的人事管理思想

罗伯特·欧文（Robert Owen）是19世纪初英国著名的空想社会主义者，现今被称为

---

① ［英］亚当·斯密．国富论［M］．唐日松，译．北京：华夏出版社，2005：24.

人事管理之父。他曾在其经营的一家大纺织厂中做过试验。试验主要是针对当时工厂制度下工人劳动条件和生活水平都相当低下的情况而进行的，主要包括改善工作条件，缩短工作日，提高工资，改善生活条件，发放抚恤金等。试验的目的是探索对工人和工厂所有者双方都有利的方法和制度。试验的结果如欧文所愿。欧文开创了在组织中重视人的地位和作用的先河，因此被称为人事管理之父。

查尔斯·巴贝奇（Charles Babbage）是英国著名的数学家和机械工程师。他对管理的贡献主要有以下两方面：①对工作方法的研究。他认为，一个体质较弱的人如果所使用的铲在形状、重量、大小等方面都比较适宜，那么他一定能胜过体质较强但铲不合适的人。因此，要提高工作效率，必须仔细研究工作方法。②对报酬制度的研究。他主张按照对生产率贡献的大小来确定工人的报酬。工人的收入应由三部分组成：按照工作性质所确定的固定工资、按照对生产率所做出的贡献分得的利润、为增进生产率提出建议而应得的奖金。

美国管理学家弗雷德里克·哈尔西（Frederic Halsey）对管理的贡献体现在工资制度方面。1891 年，他向美国机械工程学会提交了一篇题为“劳动报酬的奖金方案”的论文。论文指出了当时普遍使用的三种报酬制度的弊端：计时制对员工积极性的发挥无刺激作用；计件制常因雇主不能降低工资率而“宰杀生金蛋的鹅”；利润分享导致部门间良莠不分，有失公允。因而，他提出了自己的奖金方案。该方案是按每个工人来设计的：①给予每个工人每天的保证工资；②以该工人过去的业绩为基础，超额者发给约为正常工资率 1/3 的奖金。

哈尔西认为，他所提出的制度与其他当时所见的工资制度相比有许多优点：不管工人业绩如何，均可获得一定数额的计日工资；工人增加生产，就可得到奖金，从而消除了因刺激工资而引起的常见的劳资纠纷；工人奖金仅为超出部分的 1/3，即使工人增产 1 倍，也不致太高，雇主从中获益 2/3，因而也不会总想削减工资率；以工人过去的业绩为基础，旨在鼓励工人比过去进步；工人所要超越的是他本人过去的业绩，而不是根据动作和时间研究制订出来的标准。

二、科学管理时期（19 世纪末至 20 世纪 20 年代）

科学管理时期是指以科学的工作方法为特征，其核心思想就是通过物质手段来提高工作效率。这一时期最著名的、贡献最多的就是泰勒（Taylor）、法约尔（Fayol）、马克斯·韦伯（Max Webber）。他们的背景不同，工作经历不同，但都对科学管理做出了巨大贡献，我们重点介绍他们的工作背景与核心管理思想。

（一）科学管理之父：泰勒的管理思想

泰勒被称为“科学管理之父”。他于 1911 年出版了《科学管理原理》一书，把他一生的主要研究成果概括其中。泰勒的科学管理理论主要包括以下五个方面。

1. 工作定额

要制定出有科学依据的工人的“合理的日工作量”，就必须进行时间和动作研究。方法是把工人的操作分解为基本动作，再对尽可能多的工人测定完成这些基本动作所需的时间。同时选择最适合用的工具、机械，确定最适当的操作程序，消除错误的和不必要的动作，将最后得出的最有效的操作方法作为标准。最后，将完成这些基本动作的时间汇总，加上必要的休息时间和其他延误时间，就可以得到完成这些操作的标准时间，据此制定一个工人的“合理的日工作量”，这就是所谓的工作定额原理。

2. 标准化

要使工人掌握标准化的操作方法，使用标准化的工具、机器和材料，并使作业环境标准化，这就是所谓的标准化原理。

泰勒在伯利恒钢铁公司做过有名的铁锹试验。当时公司的铲运工人拿着自家的铁锹上班，这些铁锹各式各样，大小不等。堆料场中的物料有铁矿石、煤粉、焦炭等，每个工人的日工作量为 16 吨。泰勒经过观察发现，由于物料的密度不一样，一铁锹的负载大不一样。如果是铁矿石，一铁锹有 38 磅；如果是煤粉，一铁锹只有 3.5 磅。那么，一铁锹到底负载多大才合适呢？经过试验，最后确定一铁锹 21 磅对于工人是最适合的。根据试验的结果，泰勒针对不同的物料设计不同形状和规格的铁锹。以后工人上班时都不自带铁锹，而是根据物料情况从公司领取特制的标准铁锹，工作效率大大提高。堆料场的工人从 400～600 名降为 140 名，平均每人每天的操作量提高到 59 吨，工人的日工资从 1.15 美元提高到 1.88 美元。这是工具标准化的典型事例。

3. 能力与工作相适应

为了提高劳动生产率，必须为工作挑选一流的工人。一流的工人是指：能力最适合做这种工作而且愿意去做这种工作的人。要根据人的能力把他们分配到相应的工作岗位上，鼓励他们努力工作，并进行培训，教会他们科学的工作方法，使他们成为一流的工人。

4. 差别计件工资制

泰勒认为，工人磨洋工的一个重要原因是报酬制度不合理。计时工资不能体现劳动的数量。计件工资虽能体现劳动的数量，但工人担心劳动效率提高后雇主会降低工资率，这样等同通过时间和动作研究来制定有科学依据的工作定额。实行差别计件工资制有助于鼓励工人完成或超额完成工作定额。所谓“差别计件工资制”，是指计件工资率随完成定额的程度而上下浮动。如果工人完成或超额完成定额，则定额内的部分连同超额部分都按比正常单价高 25％计酬；如果工人完不成定额，则按比正常单价低 20％计酬。

5. 计划职能与执行职能相分离

泰勒认为，应该用科学工作方法取代经验工作方法。经验工作方法是指每个工人采用什么操作方法、使用什么工具等，都根据个人经验来决定。科学工作方法是指每个工人采用什么操作方法、使用什么工具等，都根据试验和研究的结果来决定。为了采用科学的工作方法，泰勒主张把计划职能同执行职能分开，由专门的计划部门承担计划职能，由所有的工人和部分工长承担执行职能。计划部门的具体工作包括：①进行时间和动作研究；②制定科学的工作定额和标准化的操作方法，选用标准化的工具；③拟定计划，发布指示和命令；④对照标准，对实际的执行情况进行控制等。

（二）经营管理之父：法约尔的管理思想

法约尔于 1916 年在法国矿业协会的年报上公开发表了他的著作《工业管理与一般管理》。这本著作是他一生管理经验和管理思想的总结。他认为，他的管理理论虽以大组织为研究对象，但除了可应用于工商组织外，还可应用于政府、教会、慈善机构和军事组织等。所以，法约尔被公认为第一位概括和阐述一般管理理论的管理学家。他的理论贡献主要体现在对组织活动的划分和管理原则的归纳上。

1. 组织的基本活动

法约尔指出，任何组织都存在着六种基本活动，管理只是其中的一种。这六种基本活动是：①技术活动，指生产、制造和加工；②商业活动，指采购、销售和交换；③财务活动，指资金的筹措、运用和控制；④安全活动，指设备的维护和人员的保护；⑤会计活动，指货物盘点、成本统计和核算；⑥管理活动，指计划、组织、指挥、协调和控制。

2. 管理的十四条原则

法约尔提出了一般管理的十四条原则：①分工。在技术工作和管理工作中进行专业分工可以提高效率。②权力与责任。权力是指："指挥他人的权以及促使他人服从的力。"在行使权力的同时，必须承担相应的责任，不能出现有权无责和有责无权的情况。更为重要的是，法约尔区分了管理者的职位权力和个人权力，前者来自个人的职位高低，后者是由个人的品德、智慧和能力等个人特性组成的。一个优秀的领导人必须两者兼备。③纪律。纪律是组织领导人同下属之间在服从、勤勉、积极、举止和尊敬等方面所达成的一种协议。组织内所有成员都要根据各方达成的协议对自己在组织内的行为进行控制。④统一指挥。组织内每一个人只能服从一个上级并接受他的命令。⑤统一领导。凡目标相同的活动，只能有一个领导、一个计划。⑥个人利益服从集体利益。集体的目标必须包含员工个人的目标，但个人的利益不能超越集体的利益。当两者矛盾时，领导人要以身作则，使其一致。⑦报酬合理。报酬制度应当公平，对工作成绩和工作效率优良者给予奖励，但奖励应有一个限度。法约尔认为，任何优良的报酬制度都无法取代优良的管理。⑧集权与分权。提高下属重要性的做法是分权，降低这种重要性的做法是集权。要根据组织的性质、条件和环境、人员的素质来恰当地决定集权和分权的程度。⑨等级链与跳板。等级链是指："从最高的权威者到最低层管理人员的等级系列。"它表明权力等级的顺序和信息传递的途径。为了保证命令的统一，不能轻易违背等级链，请示要逐级进行，指令也要逐级下达。有时这样做会延误信息，鉴于此，法约尔设计了一种"跳板"，便于同级之间的横向沟通。但在横向沟通前要征求各自上级的意见，并且事后要立即向各自上级汇报，从而维护统一指挥的原则。⑩秩序。秩序是指："每件东西都放在该放置的地方，每个人都安排在应安排的职位上"。⑪公平。在待人上，管理者必须做到"善意与公道结合"。⑫人员稳定。培养人才需要花费时间和金钱。所以，人员特别是管理人员的经常变动，对组织很不利。⑬首创精神。首创精神是创立和推行一项计划的动力。领导者不仅本人要有首创精神，还要鼓励全体成员发挥他们的首创精神。⑭集体精神。在组织内部要形成团结、和谐和协作的气氛。

管理小故事

传说南海的帝王叫作“倏”，北海的帝王叫作“忽”，中央的帝王叫作“混沌”。倏与忽经常作客于混沌的国土，接受混沌丰盛的招待。倏与忽欲报答混沌这样热情的款待，想着人都有七窍而混沌却没有，就想一天凿出一窍，让混沌也能跟他们一样享受美食、音乐、愉人的景色等，没想到等七天凿完七窍后，混沌却也因此死了。

其实每个人都有他的体质与活动的条件，很难将其他人的条件硬套在另一个人的身上；同样地，每一个企业也有它不同的组织形态与资源，所有的管理制度、经营策略都是无法套用的，只能通过学习，由经营者谨慎地找出一个属于自己的最佳经营方式。

启示： 生活的方式虽有多种，但智者只采用适合自己的一种。

（三）组织管理之父：马克斯·韦伯的管理思想

马克斯·韦伯是德国著名的社会学家。他对管理理论的主要贡献是提出了“理想的行政组织体系”理论。他的思想集中反映在《经济与社会》一书中。韦伯认为，等级、权威和行政制是一切社会组织的基础。对于权威，他认为有三种类型：个人崇拜式权威、传统式权威和理性—合法的权威。其中，个人崇拜式权威的基础是“对个人的明确而特殊的尊严、英雄主义或典范的品格的信仰”，传统式权威的基础是先例和惯例，理性—合法的权威的基础是“法律”或“升上掌权地位的那些发布命令的权利”。韦伯认为，在这三种权威中，只有理性—合法的权威才是理想组织形式的基础。要指出的是，韦伯所用的“理想”不是指合乎需要，而是指组织的“纯粹形式”。

韦伯的“理想的行政组织体系”或理想组织形式具有以下一些特点：

存在明确的分工，把组织内的工作分解，按职业专业化进行分工，明文规定每个成员的权力和责任；

按等级原则对各种公职或职位进行法定安排，形成一个自上而下的指挥链或等级体系；

根据经过正式考试或教育培训而获得的技术资格来选拔员工，并完全根据职务的要求来任用；

除个别需要通过选举产生的公职以外，所有担任公职的人都是任命的；

行政管理人员是“专职的”管理人员，领取固定的“薪金”，有明文规定的升迁制度；

行政管理人员不是他所管辖的那个组织的所有者，只是其中的工作人员；

行政管理人员必须严格遵守组织中规定的规则、纪律和办事程序；

组织中成员之间的关系以理性准则为指导，不受个人情感的影响。

三、行为科学时期（20 世纪 20 年代至 50 年代）

行为科学管理理论形成于 20 世纪 20 年代，早期被称为人际关系学说，以后发展为行为科学，即组织行为理论。组织行为已经成为一个新的学科，它结合了大量心理学的原理，深入分析人的心理与行为的关系，并诞生了领导理论和激励理论，大大丰富了管理科学。管理科学从以物的管理为中心走向以人的管理为中心。

(一) 行为科学创始人：梅奥

1. 霍桑试验

梅奥原籍澳大利亚，后移居美国。作为一位心理学家和管理学家，他领导了 1924～1932 年在芝加哥西方电气公司霍桑工厂进行的试验，即霍桑试验。

霍桑试验表明：①不同级别的上级，级别越高，越受工人的尊敬，工人对他的顾忌心理也越强。②成员中存在小派系。每个派系都有自己的一套行为规范。谁要加入这个派系，就必须遵守这些规范。派系中的成员如果违反这些规范，就要受到惩罚。③工人工作效率的高低，与工作环境相关度不大，不仅取决于他们自身的情况，还与其所在小组中的同事有关，任何一个人的工作效率都要受同事的影响。

2. 人际关系学说

梅奥对其领导的霍桑试验进行了总结，于 1933 年出版了《工业文明中人的问题》一书。在书中，梅奥阐述了与古典管理理论不同的观点——人际关系学说，该学说主要有以下一些内容：

(1) 工人是社会人，而不是经济人。科学管理学派认为，金钱是刺激人们工作积极性的唯一动力，把人看作经济人。

(2) 组织中存在着非正式组织。组织成员在共同工作的过程中，相互间必然产生共同的感情、态度和倾向，形成共同的行为准则和惯例。这就构成一个体系，即“非正式组织”。

(3) 生产率的提高主要取决于工人的工作态度以及他和周围人的关系。

(二) 马斯洛的需要层次理论

马斯洛（Maslow）在其 1954 年出版的《动机与人格》中提出了需要层次理论。该理论的内容主要有二：第一，人是有需要的动物，其需要取决于他已经得到了什么，尚缺少什么，只有尚未满足的需要才能影响行为。第二，人的需要有层次之分。马斯洛把人的需要划分为五个层次，从低到高，依次为生理需要、安全需要、社交需要、尊重需要和自我实现需要，只有较低层次的需要得到满足之后，较高层次的需要才出现并起到激励作用。管理组织员工首先要了解员工的需要，人的需要又可分为优势需要和一般需要，只有满足人的优势需要才有巨大的激励作用。

(三) 麦格雷戈的 X 理论与 Y 理论

美国麻省理工学院教授麦格雷戈（Mc Gregor）于 1957 年首次提出 X 理论和 Y 理论。在 1960 年出版的《企业的人性方面》中，他对两种理论进行了比较。X 理论以否定和悲观的态度看待工人，而 Y 理论以积极的态度看待工人。麦格雷戈认为，Y 理论更适宜于作为管理实践的基础。X 理论提倡以严格的强制手段进行管理，而 Y 理论强调人是有自觉能动性的，应该给劳动者提供适当的条件，劳动者会自觉工作。

行为科学的理论还有很多，我们在领导和激励章节中将做详细论述。

四、管理科学时期（20 世纪 50 年代至 90 年代）

管理科学是继科学管理、行为科学理论之后，管理理论与实践发展的结果。这一理论源于应用科学的方法在解决生产和作业管理问题中的运用。虽然应用科学的方法解决生产与作业问题早在 18 世纪末就有人尝试，管理科学这一理论体系的形成却是在 20 世纪 50 年代。

（一）现代经营的决策思想

管理科学时期注重研究决策理论：①以决策为主要的着眼点，认为管理就是决策，给定各种决策分析模型。②以经济效果标准作为评价管理行为的依据，建立诸如量本利等模型以讨论行为的结果及变化。③依靠正规数学模型。这些模型实际上是以数学形式表达的解决问题的方法，为此，建立合适的模型就成为管理方案可行性的前提。④依靠计算机技术，计算分析复杂的数学方程式，从而得出定量的结论。

（二）运筹学的产生与应用

运筹学是数量管理理论的基础。第二次世界大战期间，一些英国科学家为解决雷达的合理布置问题而开发了一些分析与计算技术，这些技术构成了运筹学的雏形。就其内容讲，运筹学是一种分析的、实验的和定量的方法，专门研究在既定的物质条件下，为达到一定目的，如何最经济、最有效地使用人、财和物等资源。运筹学后来被应用到管理领域，也称管理数学。

（三）系统分析与决策科学化

系统分析这一概念最初由美国兰德公司于 1949 年提出。运用科学和数学的方法对系统中的事件进行研究和分析，就是系统分析。其特点是，解决管理问题时要从全局出发，进行分析和研究，以制定出正确的决策。决策科学化是指决策时要以充足的事实为依据，采取严密的逻辑思维方式，按照事物的内在联系对大量的资料和数据进行系统分析和计算，遵循科学程序，做出正确决策。

五、现代管理时期（20 世纪 90 年代至现今）

进入 20 世纪 90 年代，现代管理理论的最新思潮当数公司再造和学习型组织。有人甚至认为这是管理的革命，将导致传统管理理论与实践出现全面革命，迎来全新的管理天地。

（一）业务流程再造理论（BPR）的产生与应用

美国人迈克尔·哈默（Michael Hammer）和詹姆斯·钱比（James Champy）于 1994 年出版了一本著作，名为《再造企业：经营革命宣言》（*Reengineering The Corporation, A Manifesto For Business Revolution*）。该书一出版便引起管理学界和组织界的高度重视。

企业再造也叫“公司再造”“流程再造”。

哈默与钱比认为，工业革命两百多年以来，亚当·斯密的分工理论始终主宰着当今社会中的一切组织，大部分的组织都建立在效率低下的功能组织上。公司再造是根据信息社会的要求，彻底改变组织的本质，抛开分工的旧包袱，将硬被拆开的组织架构，如生产、营销、人力资源、财务、管理信息等部门，按照自然跨部门的作业流程，重新组装回去。显然，这样一种重新组装是对过去组织赖以运作的体系与程序的革命。

（二）学习型组织理论

彼得·圣吉（Peter M. Senge）于1990年出版了名为《第五项修炼——学习型组织的艺术与实务》的著作，这本著作一出版便引起轰动。彼得·圣吉以全新的视野来考察人类群体危机最根本的症结所在，认为我们片面和局部的思考方式及由此所产生的行动，造成了目前切割而破碎的世界，为此需要突破线性思考的方式，排除个人及群体的学习障碍，重新就管理的价值观念、管理的方式方法进行革新。彼得·圣吉提出了学习型组织的五项修炼，认为这五项修炼是学习型组织的技能。

第一项修炼：自我超越。“自我超越”的修炼是学习不断深入并加深个人的真正愿望，集中精力，培养耐心，并客观地观察现实。它是学习型组织的精神基础。

第二项修炼：改善心智模式。“心智模式”是指根植于每个人或组织之中的思想方式和行为模式，它影响人或组织如何了解这个世界，以及如何采取行动的许多假设。

第三项修炼：建立共同愿景。如果有任何一项理念能够一直在组织中鼓舞人心、凝聚人心，那么这个组织就有了一个共同的愿景，就能够长久不衰。如国际商用机器公司的“服务”，福特汽车公司的“提供大众公共运输”、苹果计算机公司的“提供大众强大的计算能力”等，都是为组织确立共同努力的愿景。

第四项修炼：团队学习。团队学习的有效性不仅在于团队整体会产生出色的成果。团队学习的修炼从“深度会谈”开始。“深度会谈”的修炼也包括学习找出有碍学习的互动模式。

第五项修炼：系统思考。组织是一个系统，受到各种行动的牵连而彼此影响，这种影响往往要经年累月才完全展现出来。

第三节　组织管理环境研究

任何组织都是在一定的社会条件下开展管理活动的。环境因素可分为宏观环境因素和微观环境因素，各种环境因素的变化既可给组织管理活动带来机遇，也可给组织管理活动带来威胁。管理活动要重视环境研究，采取一定的分析方法，发挥优势，避开威胁，使组织获得更好的发展。

一、宏观环境分析

（一）政治法律因素

政治因素主要是指国家的政体、政局、政策等方面的因素。政体主要是指国家（或地区）的性质、体制、政治倾向等；政局是指执政当局的稳定程度、与邻国的关系、边界安定性、社会安定性等；政策是指政府制定的政策方针。法律因素是指有关的法律、法规、条例、标准、惯例和法令。政治法律因素的影响，主要表现在以下四方面：

（1）国家（或地区）、政局变动对经营管理活动的影响。政府的人事更迭和政府的内外方针政策的变化，对组织管理有重大影响。

（2）国家有关法律、法规对企业经营管理活动的制约。例如，随着《商标法》《专利法》的颁布，国家对获得商标专用权的企业或有专利权的技术，提供法律保护，企业不得随意使用别人的商标或专利技术。

（3）国家有关法律、法规也给不少企业带来经营管理机会。例如，随着《环境保护法》的颁布，国家对污染物的排泄、处理做出了严格的规定，为执行这些规定和标准，很多企业必须购买防治污染的设备，从而为生产经营这些设备的企业提供了发展机会。

（4）国家有关政策对企业经营管理活动的影响。这些政策包括人口政策、就业政策、能源政策、物价政策、财政金融与货币政策等。

管理小故事

小案例：哈默的生财之道

19世纪中期，美国一些地方的居民开始寻求以法律手段制裁酒徒。这种呼声渐渐得到了全国范围的呼应，特别是以维护传统家庭为己任的妇女。1919年美国国会通过宪法第18号修正案，即《全国禁酒令》，规定自次年起正式生效。美国大组织家哈默1931年从苏联到美国时，正是富克兰林·罗斯福竞选总统的时候。哈默深入研究了当时美国的国内形势，分析结果认定罗斯福会掌握美国政权，而罗斯福曾经在竞选纲领中提过要废除《全国禁酒令》。哈默认为，一旦罗斯福新政得势，1920年公布的禁酒令就会废除。哈默在苏联住了多年，十分清楚苏联人有制作酒桶用的白橡木可供出口。于是，他毅然决定向苏联订购几船木板，并在纽约码头附近设立一间临时性的酒桶加工厂，后来又在新泽西州建造了一个现代化的哈默酒桶厂。当哈默的酒桶从生产线上滚滚而出的时候，正好是罗斯福出掌总统大权和废除禁酒令的时候，人们对啤酒和威士忌酒的需求急剧上升，各酒厂生产量也随之直线上升。哈默的酒桶成为抢手货，获得了可观的盈利。

（二）经济环境因素

经济环境因素一般指一个国家的经济发展水平、经济竞争力、经济体制、消费结构和社会收入分配等内容。

1. 经济发展水平

经济总量是反映一个国家经济发展水平的重要指标，经济总量一般用国内生产总值来表达。所谓国内生产总值（Gross Domestic Product，简称 GDP），是指在一定时期内，一个国家或一定地区的经济中所生产的全部最终产品和劳务的价值，经常被公认为衡量国家经济状况的最佳指标。它不但可反映一个国家的经济表现，更可以反映一个国家的国力与财富。对一个国家而言，经济的发展，人民生活水准的提高，一定来自社会总财富量的不断增加，即一定表现为 GDP 数值的不断提高。

2. 经济竞争力

经济的竞争力反映国家经济发展的动力、后劲，也是企业经济实力的表现，不同发展水平的国家采取不同的经营策略，企业必须认真研究，力求做出正确判断，制定出相应的发展战略。

3. 经济体制

世界存在计划经济体制和市场经济体制。不同的经济体制对企业经营活动的制约和影响不同。在市场经济体制下，企业的一切活动都以市场为中心，市场是其实现价值的场所，因而企业必须特别重视市场营销活动，通过营销实现利润目标。

4. 消费结构

随着收入的变化，消费者的支出模式和消费结构也会发生相应的变化。西方的经济学家常用恩格尔系数（Engel's Coefficient）反映这种变化。恩格尔系数是衡量一个国家、地区、城市、家庭生活水平高低的重要指标。恩格尔系数越大，说明生活水平越低；恩格尔系数越小，说明生活水平越高。

5. 社会收入分配

反映社会收入分配是否平等的指标是基尼系数（Gini Coefficient）。基尼系数是 20 世纪初意大利经济学家基尼根据劳伦兹曲线所定义的判断收入分配公平程度的指标。经济学家们通常用基尼指数来表现一个国家和地区的财富分配状况。这个指数在 0 和 1 之间，数值越低，表明财富在社会成员之间的分配越均匀；反之，数值越高，表明财富在社会成员之间的分配越不均匀。

（三）社会文化环境因素

社会文化环境主要包含一个国家、地区或民族的传统文化、亚文化、价值观念、风俗习惯、宗教信仰等。文化是人们在社会实践中形成的，是一种历史现象的沉淀。文化一般由两部分组成：一是全体社会成员所共有的传统文化，二是社会中各种不同群体所特有的亚文化。

1. 传统文化

传统文化是经过千百年沉淀逐渐形成的，它影响和制约着人们的行为。中华民族历史源远流长，传统文化博大精深，它是中华民族的重要凝聚力。中国文化具有悠久的历史与鲜明的民族特点。文化包括物质文化和精神文化。

2. 亚文化

亚文化是指存在于一个较大社会群体中的一些较小社会群体所具有的特色文化。人类社会的亚文化主要有国籍亚文化、种族亚文化和地域亚文化三大类。

3. 价值观念

价值观念就是指人们头脑中有关价值追求的观念。具体地说，它是人们心目中关于某类事物的价值的基本看法和观念。从微观角度说，价值观念是人心中的一个深层的信念系统，在人们的价值活动中发挥着行为导向、情感激发和评价标准的作用，制约着生活活动的方方面面。从宏观角度说，价值观念是社会文化体系的内核和灵魂，代表着社会对“应该提倡什么，应该反对什么”的规范性判断。

4. 风俗习惯

风俗习惯是历代相沿积久、约定俗成的风尚、礼节、习惯的总和，也是人们在衣食住行、婚丧嫁娶、生产活动、宗教信仰、文化娱乐等方面的行为规范。它是一个国家、民族、地区的物质生活、科学文化、文化心理、个性特征等社会物质文明和精神文明在日常生活中的反映。“千里不同风，百里不同俗”恰当地反映了风俗因地而异的特点。

5. 宗教信仰

宗教信仰对于人们的生活方式、价值观念、购买行为有深刻的影响，极大地影响着消费者的行为。宗教信仰对人们的影响主要表现为：不同的宗教信仰者有着不同的价值观念和行为准则，从而产生不同的需求和消费方式。用于宗教节日的各种商品，节日前后需求往往会大涨大降。宗教禁忌影响人们的行为，如印度教徒禁食牛肉。宗教组织本身是一种大型集团购买者，又是教徒购买决策的重要影响者。

管理小故事

印度麦当劳的不同

在印度，牛被奉为神圣的动物，只要是有点信仰的当地人都会对牛尊敬有加。为什么呢？因为在印度人的眼里，牛为人耕田，牛为人提供牛奶，而牛吃的只是青草。所以在印度的麦当劳店里，比如巨无霸之类的牛肉汉堡原料会变成鸡肉或者羊肉。有机会去印度旅游的朋友可以到当地麦当劳店品尝与众不同的“巨无霸鸡肉堡”。

（四）科学技术环境因素

科学技术是第一生产力，是影响人类前途和命运的伟大力量。科学技术一旦与生产密切结合起来，就会对国民经济各部门产生重大的影响，伴随而来的是新兴产业的出现。传统产业被改造和落后产业被淘汰，从而使企业经营管理面临新的机遇和挑战。

（1）新技术引起经济结构的变化，为某些企业提供了新的机会。第三产业的兴起给企业带来许多经营机会。大量自动化设备和新技术的采用，使新技术培训、新工具维修、计算机教育、信息处理、自动化控制等新兴行业不断涌现；使微电子技术、机器人、光导通讯、激光、遗传工程等新兴工业部门得到迅速发展，为这些行业和部门的企业提供了有利的发展机会。

（2）新技术革命使创新机会增多。新技术革命迅速发展，给企业的发展创造了许多机会，可以利用世界现成的新科技来发展新行业，可以在一些新兴领域里抛弃某些传统工业技术，而直接采用比较新的技术。

（3）新技术引起企业经营管理策略的变化。①产品策略的变化。由于科学技术的迅速发展，新产品开发周期大大缩短，产品更新换代加速，企业的产品策略是不断寻找新科技来源和新技术专利，开发更多的新产品。②定价策略的变化。信息科学的迅速发展，使某些地方的企业能够通过信息系统准确运用供求规律来制定和修改价格策略。③分销策略的变化。科学技术的进步，引起人们生活方式、兴趣、价值观等方面的差异性日益扩大，自我意识和个性日益增强，这就使大量的特色商店和个性服务的商店不断出现，使某些营销机构的经营方式从传统的人员推销演变为顾客个性服务式的销售和各种直接营销方式。④促销策略的变化。新技术的发展，使促销方式多样化，广告媒体多样化。

（4）新技术有利于改善企业经营管理，提高工作效率。电子计算机的出现使人类进入了用技术手段减轻和部分代替人脑的新纪元；自动扫描结算装置是一种更先进的商用电子设备，大大提高了收款效率；自动销售机的出现，为消费者带来了极大的便利。

（五）人口环境因素

人口环境因素包括人口数量、人口分布、人口密度、人口结构、人口受教育程度等。人口是一个动态因素，随时都在变化。如何把人口压力变为人力资源，是管理学研究的重要课题。

1. 人口数量

中国人口众多，是一个巨大的市场，其中河南省、山东省、四川省、广东省各省人口总数都接近甚至超过 1 亿人。

2. 人口分布

人口分布是指在一定时点上，人口在地理空间上的分布状况。全世界人口分布极不平衡。90％以上的人口集聚在 10％的土地上，不到 10％的人口散居在其余 90％的土地上。中国的人口分布也极不平衡。如果从东北黑龙江省的瑷珲县（今黑河市）到西南云南省的腾冲县画一直线（胡焕庸线），约有94%的人口居住在约占全国土地面积42.9%的东南部地区，约6%的人口居住在约占全国土地面积57.1%的西北部地区。人口分布的状况与自然、经济、社会、政治等多种因素有关。地区的自然环境差异、自然资源的多寡，都会影响各地区经济发展和生产布局，从而造成人口分布的不均衡。

3. 人口密度

人口密度是指在一定时期一定单位面积土地上的平均人口数目。一般使用的单位是每平方千米人数或每平方米人数。人口密度是反映人口分布疏密程度的常用数量指标。它通常用于计算一个国家、地区、城市或全球的人口分布状况。适当的人口密度能够保证良好的居住、卫生及经济条件。

4. 人口结构

人口结构分为人口年龄结构和人口性别结构。

（1）人口年龄结构是指一定时间、一定地区各年龄组人口在全体人口中的比重，又称人口年龄构成。按中国第五次和第六次人口普查中间年份的1%抽样调查表明，全国人口中，0～14岁的人口为26 478万人，占总人口的20.27%；15～59岁的人口为89 742万人，占总人口的68.70%；60岁及以上的人口为14 408万人，占总人口的11.03%（其中，65岁及以上的人口为1 045万人，占总人口的7.69%）。从中国人口发展趋势看，未来20年到30年人口老龄化趋势将十分严重。

人口老龄化现象将会使保健品、营养品、老年人生活必需品市场旺盛。政府应制定长远规划，指导企业的生产经营管理活动。

（2）人口性别结构：人口性别结构是指一定时间一定地区男女两性在全体人口中的比重，通常用百分比来表示。人口性别比是衡量人口性别结构最常用的指标。

计算公式：

$$\text{总人口性别比} = \text{男性人数}/\text{女性人数} \times 100 \tag{1-1}$$

计算结果：

=100，说明总人口性别比男女平衡

>100，说明男性人口多于女性人口

<100，说明女性人口多于男性人口

当今世界各国人口性别比例如下表，中国是男女性别比例失衡比较严重的国家。

世界范围内人口性别比正常值为106，性别比例差异会带来一系列社会管理问题，各国都不可忽视。

5. 人口受教育程度

受高等教育人数的增加和比例的提高，标志着劳动力队伍素质的提高，为现代高技术产业的发展提供了重要的人才保障。教育对一个国家的繁荣与富强起着重要作用，当今世界各国间的激烈经济竞争也在教育方面得以体现。如何提高国民教育水平、不断改进教育体制弊端，成为社会各界日益关注的问题。当然，与发达国家相比，我国人口中受过高等教育的人所占比重仍然较低，发展教育事业仍然任重而道远。

（六）自然环境因素

自然因素主要包括自然资源、地理交通环境等。

1. 自然资源

自然资源是自然界中天然存在的资源。它包括空气、水、土、矿产、森林等。一个地区自然资源的种类是否齐全，数量是否丰富，分布是否合理，结构是否协调，开发利用是否充分，其发展状况如何，都直接关系该地的发展和经济的繁荣，也给企业带来了环境威胁或市场机会。

2. 地理交通环境

地理交通环境是指地理位置及辐射范围内的交通运输状况等环境因素。具体来说，交通地理环境对企业经营管理活动有如下五方面的影响：①影响商品流向；②影响商品流通速度；③影响竞争的态势；④影响市场信息的传递；⑤影响商品流通费用。

管理小故事

新加坡东方公司是一家从事贸易活动的华人家族企业，公司最初员工不多，而且大都与公司创建者有关系。由于新加坡和东南亚地区经济的繁荣，贸易活动也兴旺起来，公司发展很快，员工达到150人左右。

创建之初，公司是以华人家庭模式运作，家族成员控制了公司绝大多数的关键活动，如计划、采购、财务等。所有员工都相处得像一家人，并且公司从不无故解雇员工，也不会从外界招募员工。随着不断的发展，不得不从外招收工人，也不得不应用系统的方法管理企业以保持公司的工作效率．对员工的激励也不得不转为以金钱的方式为主，职员希望他们的老板能明确他们的工作任务，公司的工作氛围也明显不同于以往的家族气氛。

东方公司被迫去适应内外环境的变化，解雇和招收员工变得很平常了，原本一目了然的组织已不再能见到，员工认为其直接上司是组织的代表。作为企业所有者和首脑的谭先生为这些急剧变化所苦恼，而且无法面对随之而来的许多问题。

二、微观环境分析

微观环境因素是影响组织管理活动的直接因素。以企业为例，微观环境分析的目的在于掌握企业的市场特性，预测市场变化对企业的影响，为分析企业市场营销能力和制定市场营销战略提供依据。

（一）企业内部因素

企业内部因素是指企业内部的物质、文化环境因素的总和，包括企业资源、企业生产能力、企业文化等因素。企业内部因素分析的目的在于掌握企业历史和现状，明确企业的优势和劣势。它有助于企业制定有针对性的战略，有效地利用自身资源，发挥企业的优势；同时避开企业的劣势，或采取积极的态度改进企业劣势。

（二）企业外部因素

1. 供应商因素

供应商是指为企业生产提供特定的原材料、辅助材料、设备、能源、劳务、资金等资源的单位。这些资源的变化直接影响企业产品的产量、质量以及利润，从而影响企业营销计划和营销目标的完成。供应的及时性和稳定性、供应的货物价格变化和供货的质量保证，是企业必须考虑的问题。

2. 营销中介因素

营销中介是协助企业促销和分销其产品给最终购买者的公司，包括中间商、营销服务机构（广告、咨询、调研）、物资分销机构（仓储、运输）和金融机构（银行、信托、保险）等。这些都是市场营销不可或缺的中间环节，大多数企业的营销活动都需要有它们的协助才能顺利进行。

3. 竞争对手因素

在进行竞争对手分析时，要对那些现在或将来对客户的战略可能产生重大影响的主要竞争对手进行认真分析。这里的竞争对手通常意味着比现有直接竞争对手更广的组织群体。

4. 社会公众因素

企业营销面对的公众，是指对本企业实现目标有实际或潜在利害关系和影响力的一切团体和个人。明智的企业家都会采取有效措施保持与重要公众之间的良好关系，树立良好的企业形象。

三、环境分析方法

（一）PEST 分析方法

PEST 分析是指宏观环境分析，通常用于企业外部环境分析。P 是政治（Politics），E 是经济（Economy），S 是社会（Society），T 是技术（Technology）。在分析一个企业外部所处的环境时，通常是通过分析这四个因素来进行的。

PEST 分析方法通常采用矩阵式的方法，即分成四个象限，如图 1－4 所示。如以政治和经济两个环境来说，政治环境和经济环境都好的情况下，就应该发展，政治环境和经济环境都不理想的情况下，就不能发展；环境一个好一个不太好时，就要适当考虑，可以发展，也可以不发展。

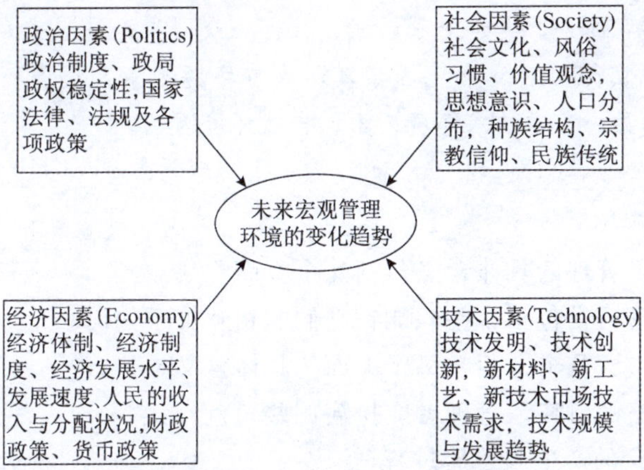

图 1－4　PEST 分析方法

（二）SWOT 分析方法

SWOT 分析法又称为态势分析法，它是由旧金山大学的管理学教授于 20 世纪 80 年代初提出来的，是一种能够较客观而准确地分析和研究一个组织现实情况的方法。SWOT 四个英文字母分别代表：优势（Strength）、劣势（Weakness）、机会（Opportunity）、威胁（Threat）。

SWOT 分析法常常被用于制定组织发展战略和分析竞争对手情况。在战略分析中，它是最常用的方法之一。进行 SWOT 分析时，主要有以下三个方面的内容：

（1）分析环境因素。运用各种调查研究方法，分析出与公司相关的各种环境因素，即外部环境因素和内部能力因素。

（2）构造 SWOT 矩阵。根据轻重缓急或影响程度等排序方式将调查得出的各种因素构造为 SWOT 矩阵。

（3）制订行动计划。制订计划的基本思路是：发挥优势，克服弱点，利用机会因素，化解威胁因素；考虑过去，立足当前，着眼未来。

本章小结

所谓管理，就是为实现一定目标，采用科学与经济的方法，对组织中的人、财、物、时间、信息进行计划、组织、领导、控制的过程。管理的职能有决策、计划、组织、领导、控制。管理的特征包括实践性、科学性、艺术性、创新性、经济性。不同层次的管理者所要求的工作技能是不同的，高层管理者要求有很好的概念技能，基层管理者要求有很好的技术技能，不论哪个层次的管理者，都要求有很好的人际技能。现代管理理论的发展过程可分为四个阶段：科学管理时期、行为科学时期、管理科学时期、现代管理时期。

任何组织都是在不断变化的社会经济环境中运行的。环境力量的变化，既可以给组织带来市场机会，也可以给组织带来威胁。我们可以把环境因素分成两大类：一类是对组织活动（以企业为例）产生直接影响的因素，我们称为微观环境因素，即企业内部因素、供应商因素、中间商因素、顾客因素、竞争对手因素、社会公众因素；另一类是对组织经营活动产生间接影响的因素，我们称为宏观环境因素，即人口环境因素、经济环境因素、政治环境因素、社会文化环境因素、科学技术环境因素、自然环境因素。

思考题

1. 什么是管理？管理的具体含义包括几个方面？
2. 组织中的管理通常包括哪些职能？它们的相互关系如何？
3. 管理的特征包含几个方面？每个方面的具体含义是什么？
4. 根据明茨伯格的研究，管理者应扮演哪些角色？
5. 简述管理理论的产生与发展过程。
6. 简述宏观环境及微观环境的具体含义。环境的分析方法有哪些？

第二章

管理决策工作

一天动物园管理员发现袋鼠从笼子里跑出来了，于是开会讨论，一致认为是笼子的高度过低。所以他们决定将笼子的高度由原来的 10 米加高到 20 米。结果第二天他们发现袋鼠还是跑到外面来，所以他们又决定再将高度加高到 30 米。

没想到隔天居然又看到袋鼠全跑到外面，于是管理员们大为紧张，决定一不做二不休，将笼子的高度加高到 100 米。

一天长颈鹿和几只袋鼠们在闲聊，“你们看，这些人会不会再继续加高你们的笼子?”长颈鹿问。“很难说。”袋鼠说：“如果他们再继续忘记关门的话！”

管理心得 事有“本末”“轻重”“缓急”，关门是本，加高笼子是末，舍本而逐末，当然就不得要领了。管理是什么？管理就是先分析事情的主要矛盾和次要矛盾，认清事情的“本末”“轻重”“缓急”，然后从重要的方面下手。

内容提要 决策是管理工作的核心，在管理学的经典管理职能中，计划、组织、领导、控制等活动都离不开决策。决策是指管理者识别问题并利用机会的过程。正如决策学派的代表人物西蒙（Simon）所说：“管理就是决策，决策就是管理。”可见，决策在管理工作中的重要性。本章分三节介绍决策工作：首先介绍决策的一般理论问题，其次研究定性决策方法，然后研究定量决策方法。在实际的管理工作中，既要了解决策的一般理论，也要掌握决策的定性与定量方法，只有定性决策与定量决策相结合，才能做出科学的决策。

学习目标 理解掌握决策的含义、决策类型，决策的过程及影响因素。理解群体决策的优缺点。了解阿希实验、群体思维及群体转移的内涵。掌握头脑风暴法、名义群体法、德尔菲法、电子会议法的操作过程。能够应用定量决策方法解决实际问题。

第一节 决策工作的一般理论

管理者在决策时离不开信息。信息的数量和质量直接影响决策水平。这要求管理者在决策之前以及决策过程中不断地、尽可能地通过各种渠道收集信息，以此作为决策的依据。适量的信息是决策的依据，信息量大固然有助于提高决策的质量，但对组织而言可能不经济。信息过少则可能使管理者做出错误的判断。决策渗透在管理的各项职能工作中，要做出正确的决策，必须遵循一定的决策理论和程序，并选择适当的决策方法。

一、决策的含义、要素及类型

1. 决策的含义

所谓决策，是指个人或组织为了实现一定的目标，在两个或两个以上的备选方案中进行的分析判断过程。对于决策的含义，可作如下理解：第一，决策是有目的的活动，决策的目的是利用机会和解决问题。决策总是要实现一定的目标的，没有目标就无所谓决策。第二，决策的主体可以是个人，也可以是组织。个人决策是凭借个人的知识和经验，而组织决策是集体决策，它可以综合各方面的智慧和经验。第三，决策必须有两个或两个以上的备选方案。只有一个方案可选就不是决策；多个方案才可以进行对比，分析每个方案的优缺点，最后做出判断。第四，决策都需要一定的分析判断，其中有定性的分析，也有定量的计算。定性分析和定量计算结合使用才能做出正确决策。第五，决策的本质是一个过程，这一过程由多个步骤组成，包括确定决策的目标、制定备选方案、分析评价备选方案、做出判断、执行方案并反馈。

2. 决策的要素

决策是一个活动过程，在一个完整全面的决策过程中，对决策结果有影响的因素包括决策智囊支持系统、决策信息辅助系统、决策的执行系统和决策的监控系统等。决策要素包括五个方面。

(1) 决策者是决策的主体，是决策最基本的要素，为最终决策结果的负责人。

(2) 决策对象是指决策所要达到的目的或要解决的问题。决策对象的确立是科学决策的起点，它为选择行动方案提供了衡量标准，也为决策实施结果是否符合组织要求提供了比较标准。

(3) 决策环境是支持决策的外部条件。一个决策是否正确，能否顺利实施，它的影响效果如何，不仅取决于决策者和决策方案，而且直接取决于决策所处的环境条件。

(4) 决策的方法和技术是决策者发掘备选方案、提供决策依据、补充决策思路的重要手段，决策者通过决策技术和方法从多种方案中选“优”。

(5) 决策结果是指一项决策实施后所产生的效果和影响。决策结果要通过实施决策方案的形式来实现，决策的核心是为了获得一个决策者满意的决策方案。

3. 决策的类型

决策按不同的标准可以进行不同的分类。

(1) 长期决策、中期决策与短期决策。按决策影响的时间长短分，可把决策分为长期决策、中期决策与短期决策。

(2) 战略决策、战术决策与业务决策。从决策在组织中的重要性看，可把决策分为战略决策、战术决策与业务决策。

战略决策对组织最重要，通常包括组织目标、方针的确定，组织机构的调整，企业产品的更新换代、技术改造等，这些决策牵涉组织的方方面面，具有长期性和方向性。

战术决策又称管理决策，是在组织内贯彻的决策，属于战略决策执行过程中的具体决策。

业务决策又称执行性决策，是日常工作中为提高生产效率、工作效率而做出的决策，牵涉范围较窄，只对组织产生局部的影响。属于业务决策范畴的主要有：工作任务的日常分配和检查、生产进度的安排和监督、岗位责任制的制定和执行、库存的控制以及材料的采购等。

(3) 个人决策和集体决策。按决策主体人数的多少可分为个人决策和集体决策。

(4) 程序化决策与非程序化决策。从决策所涉及的问题看，可把决策分为程序化决策与非程序化决策。

(5) 确定型决策、风险型决策与不确定型决策。从环境因素的可控程度看，可把决策分为确定型决策、风险型决策与不确定型决策。

二、决策的模式

(一) 理性决策模式

理性决策模式最初由亚当·斯密提出，主要盛行于 20 世纪 50 年代以前。理性决策模式是一种理想状态下的决策，是指决策者运用完整的理性决策程序做决策，在决策的整个过程中努力占有和理解所有与决策相关的信息，最后要得到的是最优的决策方案。其假设是：人是完全理性的经济人，有完整的信息，具有完成特定目标而采取各种措施的能力，能够寻找到达成目标的所有决策方案，明确每个决策选择方案的收益与费用比例，准确把握每个方案的价值和优劣性以及优先顺序，然后从中选择出最有效的决策方案。理性决策模式使复杂的决策过程变得简单。第一，更多的数学方法被引入决策理论的研究，各种决策的数学模型纷纷建立，只需将决策者的效用值输入模型，就能得出最优的结果，选出最佳的方案。第二，在完全理性的假设下，决策成功的因素是确定的，各种备选方案的产生都可以由辅助决策者操作，最终决策者只要理性地对备选方案进行比较即可，甚至在某些情况下，会自动生成最优方案。

(二) 有限理性决策模式

以西蒙 (Simon) 为代表的管理学家认为，决策者受决策环境、认知局限和个人价值偏好的影响，不可能是绝对理性的，因此提出了“有限理性”决策模式。

西蒙详尽而深刻地分析了理性决策有两个致命弱点：其一是假定目前状况与未来变化

具有必然的一致性；其二是假定全部可供选择的“备选方案”和“策略”的可能结果都是已知的。

西蒙认为，纯粹理性是不可能的，在现实中，所有决策都是有限理性基础上的决策。这是因为：第一，人的知识具有不完备性，要受主观认知、理解能力和客观条件的限制。决策者对政策问题及其环境的理解总是零碎不全的，不可能具备完备的知识。第二，预见的困难。决策是面向未来的，方案的选择以对未来的预见为前提。由于对未来的预见以现象而非实际体验为基础，任何预见都不可能是完整的。第三，选择范围的有限性。按照纯粹理性的要求，决策主体要在全部可能的备选方案中进行比较和选择，但实际上人们只能想到全部可能方案中很少的几个。第四，时效的局限。即使每种可能的行动方案以及每一种行动方案的全部后果都能够考虑到，这在成本上也往往是不合适的。因为决策要考虑时机，决策的时机稍纵即逝，一旦错过，再好的决策也无济于事。正是由于理性有限，决策者不可能达到如理性决策模式所要求的那么完善，只能在有限且力所能及的范围内，对可能找到的备选方案做出“满意的”或是“够好的”决策，因此，实际决策的模式只能是有限理性决策模式，即人们在决策过程中寻找的并非是“最大”或“最优”的标准，而只是“满意”的标准。

（三）直觉决策模式

直觉决策是一种基于决策者的阅历、能力以及知识积累的判断的潜意识的决策过程。直觉决策法是一种定性决策方法。一个问题的出现有很多种可能，解决这个问题自然也就要有很多办法，作为一个决策者，在众多的可能性面前很可能就直接抓住一种可能，深信它的正确性并应用于决策，这就是直觉决策。在组织的日常管理中，绝大多数决策是用直觉决策模式得出的，但直觉决策往往得不到管理者的重视，甚至被视为一种鲁莽的、粗暴的决策方式，这主要是决策者经验不足或者出现某种错觉所致。

根据直觉或者根据感觉制定决策并非与理性决策毫无联系，相反，二者是相互补充的。一个对特定情况或熟悉的事件有经验的决策者，当遇到某种类型的问题或情况时，通常会迅速地做出决策。这样的决策者并不依靠系统性的和详尽的问题分析、识别来评估多种备选方案，而是运用自己的经验和判断来制定决策。

（四）现代决策理论

现代决策理论的核心内容是：决策贯穿于整个管理过程，决策程序就是整个管理过程。

组织是由作为决策者的个人及其下属、同事组成的系统。整个决策过程从研究组织的内外环境开始，继而确定组织目标，设计可达到该目标的各种可行方案，比较和评估这些方案，进而进行方案选择，最后实施决策方案，并进行追踪检查和控制，以确保预定目标的实现。这种决策理论对决策的过程、决策的原则、程序化决策和非程序化决策、组织机构的建立同决策过程的联系等做了精辟的论述。

（五）垃圾桶决策模式

组织内部制定决策的一种模式。人们容易对某些行为模式产生偏好，成为组织中常用的解决问题的方式。组织面对一项决策时，会不断提出问题，研究相应的解决方案，但是这些解决方案实际上都会被抛弃，即被扔进垃圾桶。

（六）渐进决策模式

该模式是由美国著名经济学家、政策学家林德布洛姆（Lindblom）提出的。林德布洛姆认为，决策的制定既是一个科学的过程，又是一个社会互动过程。由于多重主体的参与和制衡，管理决策实际上只是根据过去的经验，经由对现行决策做出局部的、边际性的调适而达到共同一致的新决策。这个新决策，只不过是过去政治体系活动的继续，是决策在一定范围内的修正。

三、决策的过程

决策是解决问题的过程。管理人员每天要解决的问题很多，问题的难度和特点也会不一样，如果能够找到解决问题的共同思路，不仅有助于问题的解决，还有助于提高管理工作的效率。决策过程的研究就是为了达到这种目的。典型的决策过程包括以下五个阶段。

（一）明确组织决策目标

决策目标是制定和实施决策的基础。确定的目标只有含义明确、内容具体，才能对控制和实施决策起到指导作用。明确决策目标，要注意决策目标应有的特定内涵，切忌含混笼统。要明确决策目标是否有附加的约束条件。

（1）要确定衡量目标实现程度的具体标准。明确、清晰的决策目标，对其预定达到的要求，应当有具体的标准规定，以便为拟订方案提供参考依据，同时作为检查决策执行结果的尺度。无论决策目标的内容和性质如何，其衡量标准都应尽量用数量指标表示，以利于监督、控制和检查评价。

（2）区分目标的重要程度和主次顺序。管理决策常常面临多目标并存的情况，尤其是战略决策，经常要考虑两个或者两个以上的目标，问题的解决也有赖于同时满足这些目标的要求。因此，必须根据重要性将目标区分为必须达到的目标和希望达到的目标。必须达到的目标是不能打折扣的，应当首先满足和实现。希望达到的目标是不确定绝对限制的，只规定相对的要求。

（3）确定决策目标，做到需要和可能的统一。确定决策目标，不仅应根据管理需要，还要考虑可能。因为需要只是决策者的主观愿望，是希望解决的问题，但是这要结合客观实际条件才能实现，即主观愿望必须切合实际，才有可能实现。因此，只有将主观需要与客观条件提供的可能性结合起来，决策目标才更有利于实现。

在确定决策目标时，要注意以下问题：第一，决策目标要明确具体。一般地说，越是近期目标，就越要求明确具体，远期目标则允许有一定的模糊性。第二，目标要切合实际，这就是说，要防止目标偏高或偏低。目标高，按现有条件很难达到目标的要求；目标偏低，按现有条件，即使不经过努力也可以达到，这两种情况都不利于充分发挥组织的潜能。第三，多目标应有主次之分。在多目标决策的情况下，应尽可能剔除那些从属性的或不太重要的目标，使决策目标的数量减少，从而更有效地把握主要目标。为此，要首先弄清目标之间的相互关系，分清主次。

（二）拟订备选方案

寻求解决问题的备选方案的过程是一个具有创造性的过程。在这一阶段，决策者必须开拓思维，充分发挥想象力。寻求更多备选方案的方法之一是头脑风暴法。在头脑风暴法中，一群具有为解决问题所需知识和专长的人聚集在一起，讨论出尽可能多的潜在解决方案。由这种方法激起的热情常常能创造出新的和具有价值的想法。产生备选方案的另一种方法是集思广益。这种方法是指几个具有不同背景和受过不同训练的人聚集在一起，直到他们得出一个新的备选方案。

多个可行方案的拟订，奠定了选择或者抉择的基础，所以，它们常被称为备选方案。为了使基于拟订方案而进行的选择具有实质意义，这些备选的不同方案必须是能够相互替代、相互排斥的，而不能是相互包容的。因为如果某个方案要采取的行动包容在另一个方案中，那么这种交叉就会导致方案之间的比较和选择难以公正地进行。

备选方案产生的过程大致可分为以下步骤：首先，在研究环境和发现不平衡的基础上，根据组织的宗旨、使命、任务和消除不平衡的目标，提出改变的初步设想；其次，对提出的各种改进设想加以集中、整理和归类，形成内容比较具体的若干个可以考虑的初步方案；最后，在对这些初步方案进行筛选、修改和补充以后，对留下的可行方案作进一步完善处理，并预计其执行的各种结果，如此便形成了有一定数量的可替代的决策方案。可供选择的替代方案数量越多，备选方案的相对满意程度就越高，决策质量就越有保障。可按以下步骤拟订备选方案。

(1) 科学预测。决策之前，必须对决策对象及其所处的外部条件可能发生的变化进行预测。决策过程中所需要的信息和所要进行的预测，会随着决策的内容和决策对象的不同而有所不同。一般而言，任何决策都需要以下几个方面的信息和预测：决策对象的现状、决策对象的发展规律、决策对象外部条件的发展变化。

(2) 确定原则。决策的本质是选择，因而要有两个以上可行的备选方案。拟订备选方案时，理论上要遵循两个原则：①整体详尽性——拟订的备选方案要把所有可能性都包含其中。②相互排斥性——不同的备选方案是相互排斥的，没有最好的两个方案，即各个方案之间应有原则的差异且相互排斥，执行了方案甲就不能执行方案乙。

(3) 拟订方案。依照决策的目标要求，根据拟订方案的原则，先拟订出适量的初步决策方案，初步淘汰一些优越性不大的方案，然后初步筛选余下的方案，严格论证，细致推敲，反复测算，通过细节确定、系统的可行性研究，估计实施结果。

(三) 评价和选择方案

备选方案拟订以后，决策者应对每一个方案的可应用性和有效性进行检验。决策者必须想象如果这些方案正在实施，结果将会怎么样。决策者必须对每一个备选方案所希望的结果和不希望的结果出现的可能性进行检验。

评价和选择备选方案是从一组能够实现决策目标的可行性备选方案中，选取决策者将要用于实施的最理想的方案。一般有两个评价和选择标准。

(1) 方案评价和选择的标准。为了从多个备选方案中选出最理想的方案，要对这些方案进行比较和评价，对方案的评估不能凭个人的主观好恶，而应采取科学的态度，依据科学的标准来进行。

①价值标准。价值标准是最优的决策标准。根据理性决策模式理论，最理想的决策会给组织带来最大化的效益，越接近决策的目标越好。以此为标准做的决策方案是最理想的方案，也就是最优化的决策。

②满意标准。决策中对结果的“最优”追求并非不可能，但可能付出的成本太高，代

价太大，实现的难度大。很多决策在事后被证明：最满意的决策并不是最优的决策。在这里决策者执行了“满意”标准而不是“最优”标准。换句话说，假如一个方案能够较好地满足决策目标的基本要求，决策者就可把它认定为可付诸实施的方案。这不等于否定决策的最优标准，某些较简单的决策问题，在信息、时间、资源、能力等条件许可时，能够做到相对最优化的，还是应当争取最优化。

（2）方案评价和选择的方法。评价方案通常采用的方法有三种，即经验判断法、数学分析法和实验法。

①经验判断法。它是一种古老的方法，尤其适用于对决定性因素的分析、决断。与方案的拟订中经验运用应注意的问题一样，不能机械地、简单化操作。个人的经验是有限的，要集合大家的经验。对于比较复杂的方案，最好把每一方案的优缺点都列出来对比，用一些关键评价标准来淘汰一些方案。

②数学分析法。它是一种定量的决策方案选择法，用数学模型进行科学测算后对诸多方案加以选择。

③试验法。它是通过一系列试验后最终确定选择一个方案的决策方法，在方案选择中有特殊的用途。对方案的选择既无经验可以借鉴，又难以采用数学模型进行评估，同时这个决策涉及的问题又是重大的，在这些情况下，可先选择少数单位做试点，以取得经验和数据，最终普及方案。

（3）方案评价和选择的限制因素及防范。必须注意限制的因素和防范潜在问题影响方案实施。

①限制因素研究。研究各个方案的限制因素，综合评价各个方案的技术合理性、措施可操作性、经济实效性、环境适应性以及它对社会和生态的影响，分析各个方案可能出现的问题、困难、障碍、风险，并制定相应的防范、应变措施，经过以上分析评价，就可对每一个方案的利弊、长短有一个结论，并可据此来进行选择。这是在决策过程中最为关键的一步。

②防范分析。当最终选取某一方案后，应对这一方案实施的潜在问题进行防范分析。防范分析是前馈控制，是未雨绸缪的做法。防范分析的过程一般按下列步骤进行：一是全面预计方案执行过程中和执行后可能出现哪些潜在问题。二是对所预计的所有潜在问题按其危险度或威胁性进行排队分类，危险度或威胁性的高低是按每一潜在问题出现的概率同其危害性的乘积来表示，一般可分为大、中、小三类。三是根据上述分类来决定是否采取预防措施和应当采取哪些预防措施。四是为危险性极大的潜在问题或事先极难预测的潜在问题准备应急措施，以备后用。

（四）实施决策方案

选择出最佳方案后，决策过程还没有结束，决策者还必须使方案付诸实施。决策者必须设计所选方案的实施方法。一些决策者擅长于发现、确定备选方案和选择最佳方案，却不善于将他们的想法付诸实施。一个优秀的决策者必须具备这两种能力：既要能做出决策，又要有能力将决策转化为有效的行动。

决策者最后的职责是对决策执行过程进行必要的、适时的检查、监督和促进。决策者应按照决策目标以及实施计划的要求和标准，对决策方案的执行进展情况进行检查，以便及时发现新问题、新情况，发现执行情况与预计方案之间是否存在偏差，并找出原因保证和促进决策方案的顺利实施。

（五）监督和评估

一个方案的实施时间可能较长，在这段时间里，形势可能发生变化。因此，管理者要不断对方案进行修改和完善，以适应变化的形势。同时，连续性活动因涉及多阶段控制而需要定期的分析。由于组织内部条件和外部环境的不断变化，管理者要不断修正方案来减少或消除不确定性，根据新的情况，建立新的分析程序。具体来说，职能部门应对各层次、各岗位履行职责情况进行检查和监督，及时掌握执行进度，检查有无偏离目标的情况，及时将信息反馈给决策者。

管理小故事

决策执行过程中的控制

1962 年，英法航空公司开始合作研制“协和”式超音速民航客机，其特点是快速、豪华、舒适。经过 10 多年的研制，耗资上亿英镑，终于在 1975 年研制成功。然而，情况发生了很大变化。能源危机、生态危机威胁着西方世界，乘客和许多航空公司都因此而改变了对在航客机的要求。乘客的要求是票价低，航空公司的要求是节省能源，多载乘客，噪声小。但“协和”式飞机却不能满足消费者的这些要求。首先，它噪声大，飞行时会产生极大的声响，有时甚至会震碎建筑物上的玻璃。其次，由于燃料价格增长快，运行费用也相应大大提高。这些情况表明，消费者对这种飞机的需求量不会很大。因此，不应大批量投入生产该飞机。但是，由于公司没有决策运行控制计划，也没有重新进行评审，而且，飞机是由两国合作研制的，雇用了大量人员参加这项工作，如果中途停止，就要大量解雇人员。上述情况使飞机的研制生产决策不易中断，后来两国对是否要继续协作研制生产这种飞机发生了争论，但由于缺乏决策运行控制机制，只能勉强将决策继续实施。结果，飞机生产出来后销售不出去，原来的“宠儿”变成了“弃儿”。

启示：企业决策运行控制与企业的命运息息相关。一项决策在确定后，能否最后取得成功，除了决策本身性质的优劣外，还要依靠对决策运行的控制与调整，包括在决策执行过程中的控制，以及在决策确定过程中各阶段的控制。

四、决策的影响因素

（一）环境因素

环境对组织决策的影响是双重的。首先，环境的特点影响着组织的活动选择。组织决策要面临的环境包括企业经营的微观环境和宏观环境。微观环境是指与企业产、供、销、人、财、物、信息等直接发生关系的客观环境，这是决定企业生存和发展的基本环境。宏观环境是指影响企业的生存发展的各种社会力量，包括人口环境、经济环境、自然环境、技术环境、政治和法律环境以及社会和文化环境。其次，对环境的习惯反应模式也影响着组织的活动选择。即使在相同的环境背景下，不同的组织也可能做出不同的反应。

（二）过去决策

在大多数情况下，组织决策不是在一张白纸上进行，而是对初始决策的完善、调整或者改革。组织过去的决策是目前决策过程的起点；过去实施的方案，不仅伴随着人力、物力、财力等资源的消耗，而且伴随着内部状况的改变以及对外部环境的影响。“非零点起点”的决策不能不受过去决策的影响。过去的决策对目前的决策的制约程度，主要受他们与现任决策者的关系的影响。

（三）决策者对风险的态度

一定的风险承担能力是成功的管理者必不可少的，因为人们不是对过去的事做决策，决策必然是为将来而作，而将来总是包含着不肯定的因素，所以，那种有百分之百把握，不冒任何风险的决策，不但会因为过于保守而不符合管理的需要，而且客观上也是很少有的。一般来说，那些看上去越是可能获得高收益的方案，包含的风险因素也越大，这已成为一种常识。因此，对决策者来说，一方面，基本的要求是必须敢于冒风险，敢于承担责任，也就是说，要求决策者必须有胆识、有勇气；另一方面，管理决策不是赌博，敢于冒风险不等于蛮干。决策者必须清醒估计到各项决策方案的风险；估计到最坏的可能性并拟定出相应的决策，使风险损失不致因其灾难性导致不可挽回的后果。

管理小故事

拍头决策

《梦溪笔谈》记载：宋朝时海州知府孙冕很有经济头脑，他听说发运司准备在海州设置三个盐场，便坚决反对，并提出了许多理由。后来发运使亲自来海州谈盐场设置之事，还是被孙冕顶了回去。当地百姓拦住孙冕的轿子，向他诉说设置盐场的好处，孙冕解释道：“你们不懂得做长远打算。官家买盐虽然能获得眼前的利益，但如果盐太多卖不出去，三十年后就会自食恶果了。”然而，孙冕的警告并没有引起人们的重视。

他离任后，海州很快就建起了三个盐场，几十年后，当地刑事案件上升，流寇盗贼、徭役赋税等都比过去大大增多。由于运输、销售不通畅，囤积的盐日益增加，盐场亏损负债很多，许多人都破产了。这时，百姓才开始明白，在这里建盐场确实是一个祸患。

启示：一时的利益显而易见，人们往往趋利而不考虑后果。这种现象，古今皆然。看到什么行业赚钱，就一窝蜂而上，结果捷足先登者也许能获利，步人后尘者往往自食恶果。这样的例子可以说是数不胜数。作为一个企业的经营者，在制定一个经营决策的时候，一定要综合考虑各方面的因素，而不能被一时的利益蒙蔽眼睛。团队的领导一定要学会发挥集体的力量，特别是作事关企业命运的决策的时候，可因头脑一时发热，拍拍脑袋就制定一个错误决策而毁掉自己经营一生的成果。决策时拍脑袋，指挥时拍胸脯，失误时拍大腿，追查时拍屁股。这种“四拍”型领导需要反思。

（四）组织文化

在管理领域，组织文化主要指组织的指导思想、经营理念和工作作风，包括价值观念、行业标准、道德规范、文化传统、风俗习惯、典礼仪式、管理制度以及企业形象。它不但包括思想和精神方面的内容，也包括社会心理、技能、方法和组织自我成长的特殊方式等各种因素。

一个组织的文化是由若干要素构成的，并在不同程度上受到各个要素的影响。其中，对组织文化影响较大的要素有共同的价值观、行为规范、形象与文化形象。

（五）决策时间

决策具有及时性，要受时间的制约。决策是在特定的情况下，把组织的当前情况与使组织步入未来的行动联系起来，并旨在解决问题或把握机会的管理活动。这就决定了决策必然受到时间的限制，一旦超出时间的限制，情况发生了变化，再好的决策也不可能达到预期的目标。

这类决策的重点在于抓住可利用的机会，因此在制定和选择方案时，时间上相对宽裕，并不一定要求非得在某一日期以前完成。

第二节　定性决策方法

定性决策方法主要是凭借决策者的知识、经验、阅历而进行的决策。其中又可分为个人决策与群体决策。一般来说，群体决策优于个人决策。但群体决策往往无法发挥群体的作用，有些群体是形式上的，没有发挥群体内每个人的作用。阿希试验证明了这一点，即大多数人都存在从众心理，对此管理学家开发了一些克服从众心理的群体决策方法。

一、群体决策与个体决策的比较分析

在组织中，群体决策的应用范围日益扩大，但这并不意味着群体决策一定比个体单独决策好。在许多情况下，群体决策是无法取代个体决策的。群体决策与个体决策各有其特点和优势，也各有不足，它们在不同的管理情境下可以发挥各自不同的作用。

（一）群体决策的优缺点

1. 群体决策的优点

群体决策和个体决策各有优势，但不是可以适用于所有环境的。与个体决策相比，群体决策有质量高、一贯性强、可接受性高、合法性高等优点。

2. 群体决策的缺点

当然，群体决策的缺点也是明显的，由于参与决策的群体成员倾向于把保持群体和谐一致作为目的，因此往往不能理智地分析各种备选方案，而表现出群体空想症。主要表现在责任不清、决策成本高、从众压力大、由少数人控制四个方面。

（二）决策效果与效率比较

群体决策与个体决策究竟孰优孰劣，实际上取决于衡量决策效果的标准，并不存在绝对的

优劣之分。就决策的准确性或者可靠性而言，群体决策更有优势。研究表明，群体决策比个体决策的科学性更强。但就速度而言，个体决策优势较大。如果对决策的创新性要求比较高，那么群体决策更有效。如果最终方案的可接受性很重要，那么群体决策也比个体决策更适合。

但是任何决策都不能不考虑决策效率问题，就这一点来说，群体决策一般不如个体决策。只有很少的例外情况，即当进行一种决策需要了解多方面的信息，而这种信息的收集需要决策者花费大量的时间时，个体决策的效率可能会不如群体决策的效率高。因为群体可以包括来自多个领域的成员，他们了解多方面的信息，寻求信息所花费的时间成本就可以大大减少。但是，群体决策在效率方面的优势毕竟只是例外情况。因此，在决定是否采用群体决策时，应仔细权衡群体决策在决策效果上的优势是否能够超过它在效率上的损失。如果在效率上的优势不能替代其在效率上的损失，那么采用群体决策方式就会变得毫无意义。

二、群体思维与群体转移

从上面的分析中我们知道，群体决策的效果一般是优于个体决策的，但是如果处理不当，也会出现某些不良倾向。它可能影响群体客观地评估各种方案和达成高质量决策的能力的发挥，因而受到管理学研究者的高度重视。

（一）群体思维

群体思维与群体规范有关，它是这样一种情况：由于群体中从众压力的存在，群体对决策中出现的不同寻常的、少数人的或不受欢迎的观点不能做出客观的评价。或者说，由于参与一个统一群体中的人们倾向于一味保持所谓的思想上的一致性，而忽视了现实的各种可能行动方案的重要性。在这样的群体中，成员认为保持群体的统一、营造和谐的气氛具有特殊意义。由于把这样的目标摆在首位，人们往往不能理智地分析各种可能的备选方案，使决策质量受到很大影响。群体思维是群体的一种疾病，它会严重影响群体绩效。

社会心理学中把个体的这种因群体压力而产生的行为改变叫作从众。群体对于成员的从众压力及其对于成员个人判断和态度的影响，在美国心理学家所罗门·阿希（Solomon Asch）的一个经典实验中得到了证明。阿希把7～9个被试者编成一组，让他们坐在教室里看两张卡片（图2-1），一张卡片上画着一条直线，另一张卡片上画着三条直线。让大家比较三条直线的卡片上哪条直线与另一张卡片上的直线长短相等，在正常情况下被试者都能判断出 $X=B$。错误的概率小于1%。但阿希对实验预先做了布置，在9人的实验组中对前面8个人依次要求他们故意大声喊出一致的错误判断，如 $X=C$，然后让事先并不知情的第9个被试者最后作判断。

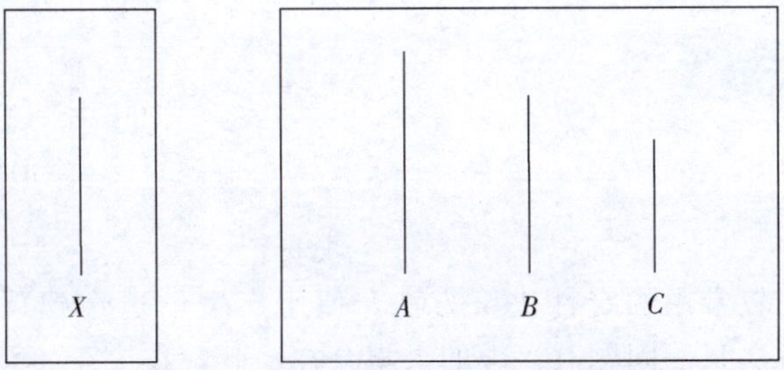

图2-1 阿希试验所用卡片举例

在经过许多组实验之后，阿希得到了这样一个统计结果：大约有85%的被试者选择了与群体中其他成员一致的回答。也就是说，他们知道自己的答案是错误的，但这个错误答案与群体其他成员的回答是一致的。

当然，并不是所有的群体都容易受到群体思维的损害。研究发现，下列四种情形会对群体思维产生影响。

(1) 凝聚力强的群体内部讨论较多，能够带来更多信息，但这种群体是否鼓励群体成员提出反对意见，尚难确定。

(2) 如果群体领导公正无私，鼓励群体成员提出自己的意见，群体成员会提出更多解决问题的方法，并进行更多的讨论。

(3) 群体领导在讨论初期，应该避免表现出对某种方案的偏爱，因为这样做会限制群体成员对这个问题提出批评性意见，使群体很可能把这种方案作为最终的选择方案。

(4) 群体与外界的隔离会使内部可选择和评价的不同的方案减少。

(二) 群体转移

一般认为，群体决策由于集思广益、博采众长，比个人决策更为合理、有效。但是研究表明，群体决策与个人决策相比，往往更倾向于冒险。群体转移就是指这样一种情况，即在讨论可选择方案、进行决策的过程中，群体成员倾向于夸大自己最初的立场或观点。虽然在某些情况下，谨慎态度可能占上风，形成保守转移；但是，在大多数情况下，群体容易向冒险转移。所以，群体转移常常也被称为冒险转移。

群体转移主要有下述四个原因。

(1) 责任分摊。每一种包括风险的决策都与一定的责任相联系。责任往往导致决策人情绪紧张、焦虑不安，不敢贸然采取有较高风险的决策。

(2) 领导作用。在群体中总会有领袖或有影响的人物，他们在群体活动中起着特殊的作用。他们为了显示自己的才能与胆略，往往会采取冒险水平较高的大胆决策。

(3) 社会比较作用。在许多群体内，提出有根据的冒险决策往往会得到好评。因此，群体中的个人提出自己的决策意见时，往往要与别人的意见进行比较。

(4) 文化放大。这种观点认为，若一个国家或社会的文化中占主导地位的价值观是崇尚冒险，则这种价值观会被“放大”从而扩散且反映到该文化的群体中。

总之，从实践的角度看，组织或群体中的管理者应该认识到，群体决策容易放大每个群体成员最初的观点，使之朝着更极端的方向转移。至于是转移到更保守的方向还是更冒险的方向，则要取决于群体成员在群体决策前的倾向。比较而言，群体决策的过分冒险倾向，在管理实践中更值得注意和预防。

三、集体决策方法

(一) 头脑风暴法

头脑风暴法是比较常用的定性决策方法，便于产生创造性建议，主要用于收集新思想。它通常是将对解决某一问题有兴趣的人集合在一起，在完全不受约束的条件下，敞开思路，畅所欲言。头脑风暴法的创始人是英国心理学家奥斯本（Osborn），他为该决策方法的实施提出了四项原则。

（1）对别人的建议不作任何评价，将相互讨论限制在最低限度内，这是首要的原则。无论发言多么离奇、不合理，都不许相互攻击、批评。会议不允许有对任何人的见解进行批评的行为，对任何提议、设想都不下结论。

（2）建议越多越好。参与者不要考虑自己建议的质量，想到什么就应该说出来。这条原则鼓励与会人员尽可能发挥自己的想象力，尽可能地多因素、多角度、多变量、多层次地考虑问题，摆脱传统思维习惯和陈规旧论的束缚，使自己的思维处于一个活跃、自由、独立的状态，尽力捕捉大脑闪现的思想火花。

（3）鼓励每个人独立思考、广开思路。鼓励参与者尽量发挥，见解提得越多越好。会议对与会者所表达的想法是否成熟、是否深刻没有要求，只要求多提供思想的量与点。会议能集聚到更多的见解、主张、理解、看法，为生成优质的思想、方案提供了一个扎实的基础。

（4）可以补充和完善已有的建议以使其更具说服力。与会者除了提出自己的意见外，还可以在吸收别人思想的基础上，从中提出更多的补充性思想，这有益于引起他人对原先提出的思想进行再思考。利用头脑风暴法要达成的就是这种思想碰撞与连锁反应的效果。

（二）名义群体法

名义群体法是指在决策过程中对群体成员的讨论或人际沟通加以限制，小组成员互不通气，也不在一起讨论、协商，小组只是名义上的。这种名义上的小组可以有效地激发个人的创造力和想象力。像召开传统会议一样，群体成员都出席会议，但群体成员首先进行个体决策，具体步骤如下。

（1）主持者向与会者通知开会地点与时间，但不告知议题，而是在与会者到场后，再当场宣布议题。一般每次只讨论和解决一个问题，时间通常限制在两小时以内。

（2）在进行讨论之前，主持者宣布全体成员进行“沉默准备”，发给每人纸和笔，并规定时限（10～20 min），让每个成员写下自己对于解决这个问题的看法或观点。在此时限内成员不允许互相交谈，每人就议题准备意见。

（3）在安静阶段之后，每个成员都要向群体中的其他人报告自己的观点，一个人挨一个人地进行，每个人每次只允许表达一种观点，并由记录员将发言要点记在大家可见的记录纸或记录板上。每轮发言的起点及顺序可由主持者随机指定，直到所有要表达的观点都被记录下来为止。

（4）群体开始讨论每个人的观点，对不明白之处提出疑问，并由原提议者解释澄清。

（5）每个群体成员根据自己的判断，独立对所有观点进行排序，如果备选意见过多，主持者可限定选取方案的数量。最终决策结果是排序最靠前、成员选择最集中的那个观点。

（三）德尔菲法

德尔菲法最早是由兰德公司提出的，它是通过综合专家独立表达意见来对方案做出评价、选择的集体判断法。德尔菲法进行决策的关键是选择专家。

德尔菲法的具体实施过程如下。

（1）工作小组将征询的问题书面递交给专家，同时，提供问题背景材料、要求。每个专家之间彼此不联系，独立进行研究；专家将自己的意见以无记名的方式填于表内。

（2）工作小组对第一轮征询的结果进行汇总整理，并将处理后的意见分布和要询问的问题在第二轮的征询中加以反映。将此轮的征询表分送给各位专家，要求对所有的结果进行评价并说明理由。

(3) 收回并综合归纳，汇总整理第二轮对专家的征询结果。

(4) 根据情况设计第三轮征询表，由各位专家继续填写，再次要求其评价并陈述理由。

(5) 汇总整理第三轮征询结果。如果意见较集中，就可结束这次决策问题的征询活动；若需要，继续下轮的征询。

(6) 分析并处理最后一轮的专家意见，写出总结报告，交给决策者。

德尔菲法的匿名性、集体性、规范性等特点，使它具有不少优点：避免了迷信权威或以权威自居，防止劝说性效应和群体转移现象的出现。

这种方法也有一些缺点，如对所征询的问题基本上只能作直观分析，专家个人和综合而来的集体意见的论证程度可能都不够高。

(四) 电子会议法

最新的一种群体决策方法是名义群体法与计算机技术的混合，称为电子会议法。只要具备技术条件，实施这种方法很简单。50 人左右围坐在马蹄形的桌子旁，面前除了一台计算机终端之外，一无所有。问题通过大屏幕呈现给参与者，要求他们把自己的意见输入计算机终端屏幕上。个人的意见和投票都显示在会议室中的投影屏幕上。

电子会议法的主要优势是匿名、可靠、迅速。与会者可以采取匿名形式把自己想表达的任何想法表达出来。参与者一旦把自己的想法输入计算机，所有的人都可以在屏幕上看到。与会者可以表达自己的真实态度，而不用担心受到惩罚。

表 2-1 给出了上述与传统的群体互动决策方法的比较，这有助于我们更好地理解这些方法。

表 2-1　群体决策方法效果的评价

效果标准	互动群体法	头脑风暴法	名义群体法	德尔菲法	电子会议法
观点的数量	低	中等	高	高	高
观点的质量	低	中等	高	高	高
社会压力	高	低	中等	低	低
财务成本	低	低	低	低	高
决策速度	中等	中等	中等	低	高
任务导向	低	高	高	高	高
潜在的人际冲突	高	低	中等	低	低
成就感	从高到低	高	高	中等	高
对决策结果的承诺	高	不适用	中等	低	中
群体凝聚力	高	高	中等	低	低

四、企业战略决策方法

管理者有时要对企业或企业某部门的经营活动方向进行选择，可以采用波士顿矩阵图 (boston consulting group matrix, BCG Matrix) 和政策指导矩阵 (directional policy matrix)。

（一）波士顿矩阵图

波士顿矩阵图由美国波士顿咨询公司创立，其目的是确定公司某项业务的经营状况，并对业务的发展方向进行决策。

1. 波士顿矩阵图的划分及内容

波士顿矩阵图认为，一项业务的经营现状主要依据两项指标：销售增长率和相对市场份额。销售增长率的高低表明该项业务发展潜力的大小，市场占有率高低表明该项业务的市场地位和获得资金的能力。

销售增长率对活动方向的选择有两个方面的影响：①它有利于市场占有率的扩大，因为在稳定的行业中，企业产品销售量的增加往往来自竞争对手市场份额的缩小；②它决定着投资机会的大小，因为业务增长迅速可以使企业迅速收回投资，并取得可观的投资报酬。

根据上述两个标准，可把企业的经营单位分成四大类，如图 2－2 所示。企业应根据各类经营单位的特征，选择合适的活动方向。

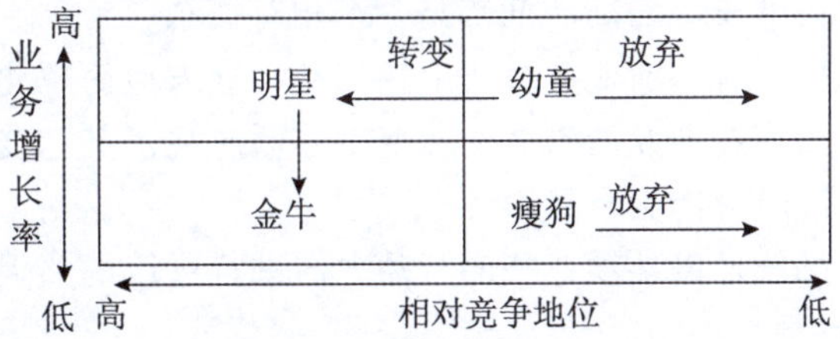

图 2－2　企业经营单位组合

“金牛”业务的特征是低增长率和高市场份额。在市场中具有主导地位，这样的业务一般是公司现在的主要业务，具有投入少、产出高的特点。由于销售增长率低，企业不必大量投资；市场份额说明它是市场中的“领导”业务，因而它具有规模经济和能够创造高边际利润的优势。被称为“金牛”，是因为其创造的资金超过其所需要的资金。“金牛”的业务往往用来支付账款并支持“问题”业务、“明星”业务和“瘦狗”业务对资金的需要，它是被“揩油”的对象。

“明星”业务的市场占有率和业务增长率都较高，因而所需要的和所产生的现金都很多，因而是公司长期发展和有获利机会的支柱业务，关系着公司的长期发展和盈利能力。“明星”业务的投入和产出都较大，根据这一特点，公司在对“明星”业务的发展方向进行决策时，要敢于果断地追加投资，扩大规模，加强其在市场中的地位。

“幼童”业务的经营单位增长率较高，而目前的市场占有率较低，这可能是企业刚刚开发的很有前途的领域。由于高增长速度需要大量投资，而较低的市场占有率只能提供少量的现金，要分析其增长的原因和市场的前景，必须慎重考虑。

“瘦狗”业务的特征是市场份额和业务增长率都较低。由于市场份额和销售量都较低，甚至出现负增长，“瘦狗”业务只能带来较少的现金和利润，而维持生产能力和竞争地位所需的资金甚至可能超过其所提供的资金，从而可能成为资金的陷阱。

管理小故事

鳄鱼法则

假定一只鳄鱼咬住你的脚，如果你用手去试图挣脱，鳄鱼便会同时咬住你的脚与手。你愈挣扎，被咬住的地方越多。所以，万一鳄鱼咬住你的脚，唯一的办法就是牺牲一只脚。譬如在股市中，鳄鱼法则就是当你发现自己的交易背离了市场的方向，必须立即止损，不得有任何延误，不得存有任何侥幸。

2. 波士顿矩阵图的作用及注意事项

波士顿矩阵图对于业务的归类直观清晰、便于操作，提供了一个分析公司业务组合是否合理的决策方法，有利于管理者以前瞻性的眼光看待企业的发展问题，为企业调整业务组合、投资方向提供了一个新的视野，为每个业务确定了工作对策。

对于波士顿矩阵图还有几个要注意的地方。

(1) 市场份额和销售增长率的高和低都是一个相对概念。

(2) 波士顿矩阵图把所有企业业务分成上述四类，这未免简单化，许多位于矩阵中央周围的业务不易被明确归类；涉及的只是两类变量，而忽视了其他变量，容易导致决策不够周密，因而在做出决策时可能会有局限性。

(3) 波士顿矩阵图虽然是以某项业务的行动方向进行决策的，但是其分析的结果可以被公司的其他职能部门利用。

(二) 政策指导矩阵

政策指导矩阵由荷兰皇家壳牌公司创立。政策指导矩阵即用矩阵来指导决策。市场前景取决于盈利能力、市场增长率、产品质量和法律法规限制等因素，分为吸引力强、中、弱三种；相对竞争能力取决于经营单位在市场上的地位、生产能力、产品研究和开发等因素，分为强、中、弱三种。根据上述对市场前景和相对竞争能力的划分，可把企业的经营单位分成九大类（图 2-3）。

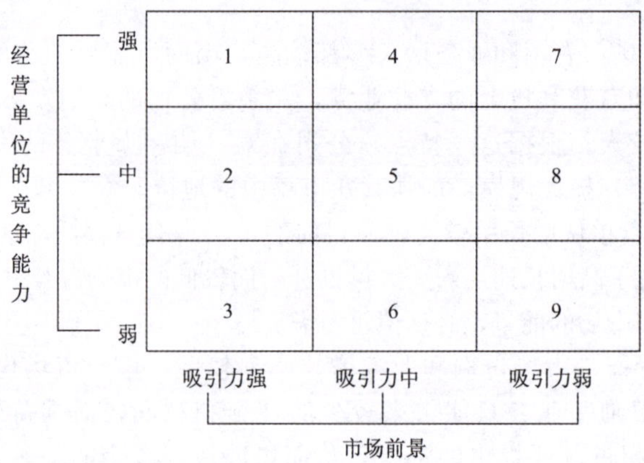

图 2-3 政策指导矩阵

管理者可根据经营单位在矩阵中所处的位置来选择企业的活动方向。

处于区域 1 和 4 的经营单位竞争能力较强，市场前景也较好，业务处于领先地位。应优先发展这些经营单位，确保它们获取足够的资源，以维持自身的有利市场地位。

处于区域 2 的经营单位虽然市场前景较好，但这些经营单位的竞争能力不够强。应分配给这些经营单位更多的资源，以提高其竞争能力。

处于区域 3 的经营单位市场前景虽好，但竞争能力弱。要根据不同的情况，进行筛选，区别对待这些经营单位：最有前途的应得到迅速发展，其余的则要逐步淘汰，这是由企业资源的有限性决定的。

处于区域 5 的经营单位一般在市场上有 2～4 个强有力的竞争对手。应分配给这些经营单位足够的资源以使它们随着市场的发展而发展。

处于区域 6 和 8 的经营单位市场吸引力不强且竞争能力较弱，或虽有一定的竞争能力（企业对这些经营单位进行了投资并形成了一定的生产能力），但市场吸引力较弱。应逐渐放弃这些经营单位，以便把收回的资金投入盈利能力更强的经营单位。

处于区域 7 的经营单位竞争能力较强但市场前景不容乐观。这些经营单位本身不应得到发展，但可利用它们较强的竞争能力为其他快速发展的经营单位提供资金支持。

处于区域 9 的经营单位市场前景黯淡且竞争能力较弱。应尽快放弃这些经营单位，把资金抽出来并转移到前景较好的经营单位。

政策指导矩阵与波士顿矩阵图有相似之处，但是，波士顿矩阵图只考虑业务的特点而忽视业务所在市场的前景，而政策指导矩阵被划分为九个区域，更加有利于业务的归类。不过，政策指导矩阵因为划分区域过多，在一定程度上使相邻区域的特征不够显著，影响行动方向的选择。

第三节　定量决策方法

定量决策方法是指靠数学计算或数学模型进行分析决策的方法。定量决策方法又可分为三类，即确定型决策方法、风险型决策方法、不确定型决策方法。在决定选择哪一个方案时，要比较不同方案的经济效果。由于方案是在未来实施的，因此管理者在计算方案的经济效果时，要考虑到未来的情况。

一、确定型决策方法

在比较和选择活动方案时，如果未来情况只有一种并为管理者所知，则要采用确定型决策方法。常用的确定型决策方法有线性规划、量本利分析和方程分析等方法。

1. 线性规划

线性规划是在一些线性等式或不等式的约束条件下，求解线性目标函数的最大值或最小值的方法。运用线性规划建立数学模型的步骤：首先，确定影响目标函数大小的变量；

其次，列出目标函数的方程；再次，找出实现目标的约束条件；最后，找出使目标函数达到最优的可行解，即为该线性规划的最优解。

例 2-1 某企业生产两种产品 A 和 B，两种产品都需要使用原材料 M 和 N，生产一件 A 产品需要 6 个单位的 M 材料和 3 个单位的 N 材料；生产一件 B 产品需要 4 个单位的 M 材料和 5 个单位的 N 材料。每个 A 产品和 B 产品的利润分别是 10 元和 12 元，如果现在有 54 个单位的 M 材料和 45 个单位的 N 材料，应该如何安排生产才能使企业获得最大的利润呢？（假定 A、B 两种产品市场需求无限）

表 2-2 某企业产品和原材料数据表

	A 产品	B 产品	材料数量
M 材料	6	4	54
N 材料	3	5	45
产品利润（元）	10	12	

解： 假设在现有条件下，企业生产 A、B 产品分别为 a 件和 b 件时，企业的利润 E 最大，有以下数量关系：

$$\begin{cases} 6a+4b\leqslant 54 \\ 3a+5b\leqslant 45 \\ a，b\geqslant 0 \\ E=10a+12b \end{cases}$$

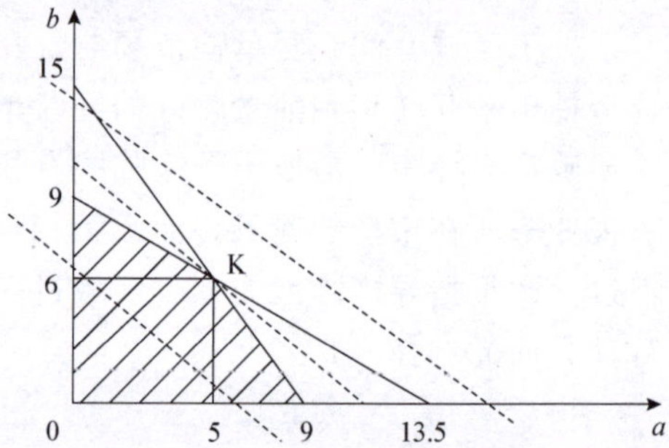

图 2-4 图解法求线性规划方程组

求解这个方程组的解可以使用图解法，如图 2-4所示。

图 2-4 中的阴影部分是由两个约束条件的方程相交形成的区域，a、b 的取值只能在阴影范围内，虚线是斜率与 $E=10a+12b$ 相同的一组直线，当虚线经过 K 点时，E 可取得最大值，K 的坐标为（5，6），因而当 A 产品生产 5 件，B 产品生产 6 件时，能使企业获得最大的利润。

2. 量本利分析

量本利分析又称保本分析或盈亏平衡分析，是通过考察产量（或销售量）、成本和利润的关系以及盈亏变化的规律来为决策提供依据的方法。

在应用量本利分析时，关键是找出企业不盈不亏时的产量，称为保本产量或盈亏平衡产量，此时企业的总收入等于总成本，而找出保本产量的方法有图解法和代数法两种。

（1）图解法。图解法是用图形来考察产量、成本和利润的关系的方法。在应用图解法时，通常假设产品价格和单位变动成本都不随产量的变化而变化，所以销售收入曲线、总变动成本曲线和总成本曲线都是直线。

例 2-2 某企业生产某产品的总固定成本为 60 000 元，单位变动成本为每件 1.8 元，产品价格为每件 3 元。假设某方案带来的产量为 100 000 件，问该方案是否可取？

解： 利用数据，在坐标图上画出总固定成本曲线、总成本曲线和总收入曲线，得出量本利分析图，如图 2-5 所示。

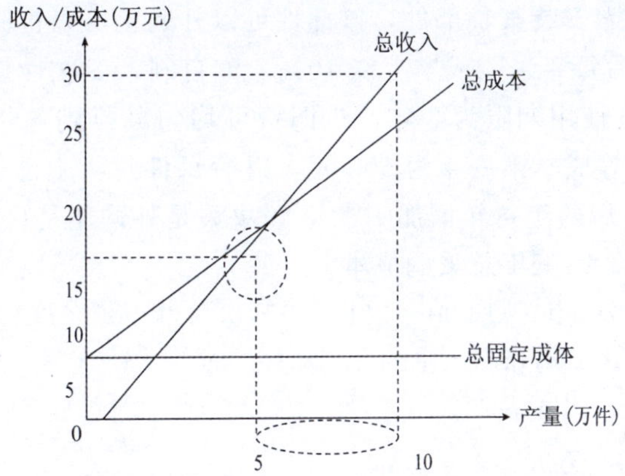

图 2-5　量本利分析

从图 2-5 中可以得出以下信息，供决策分析之用：

a. 保本产量，即总收入曲线和总成本曲线交点所对应的产量（本例中保本产量为 5 万件）；

b. 各个产量上的总收入；

c. 各个产量上的总成本；

d. 各个产量上的总利润，即各个产量上的总收入与总成本之差；

e. 各个产量上的总变动成本，即各个产量上的总成本与总固定成本之差；

f. 安全边际，即方案带来的产量与保本产量之差［本例中安全边际为 5（＝10－5）万件］。

在本例中，由于方案带来的产量（10 万件）大于保本产量（5 万件），因此该方案可取。

（2）代数法。代数法是用代数式来表示产量、成本和利润的关系的方法。

假设 p 代表单位产品价格，Q 代表产量或销售量，F 代表总固定成本，v 代表单位变动成本，π 代表总利润，c 代表单位产品贡献（$c = p - v$）。

①求保本产量。

企业不盈不亏时：

$$pQ = F + vQ \tag{2-1}$$

所以保本产量：

$$Q = F/(p - v) = F/c \tag{2-2}$$

②求保目标利润的产量。

设目标利润为 π，则

$$pQ = F + vQ + \pi \tag{2-3}$$

所以保目标利润 π 的产量：

$$Q = (F + \pi)/(p - v) = (F + \pi)/c \tag{2-4}$$

③求利润。

$$\pi = pQ - F - vQ \tag{2-5}$$

④求安全边际和安全边际率。

$$安全边际＝方案带来的产量－保本产量 \tag{2-6}$$

$$安全边际率＝安全边际/方案带来的产量 \tag{2-7}$$

例 2－3 某产品需安装某种部件，该部件可以外购也可以自制，外购时每件第一年采购成本 1 000 元，以后每年采购成本上涨 10%。如自制，一次性设备购置和安装总投资 3 000 万元，假设设备的使用期限为 3 年，折旧费可均匀分摊到各年。生产该部件每件所用原材料、动力、工资等成本第一年为 500 元，以后每件每年上涨 5%。设该部件第一年的需求量为 20 000 件，后两年每年增加 10%，该决策是外购还是自制？

解： ①若选择采购，则三年总采购成本

外购成本＝1 000×20 000＋1 000×（1＋10%）×20 000×（1＋10%）＋1 000×（1＋10%）^{2}×20 000×（1＋10%）^{2}

＝ 73 482 000 元

＝ 7 3482 万元

②若选择自制，则

自制三年总成本 ＝30 000 000＋500×20 000＋500×（1＋5%）×20 000×（1＋10%）＋500×（1＋5%）^{2}×20 000×（1＋10%）^{2}

＝ 64 890 250 元

＝ 6 4890 万元

③总采购成本 ＞ 总自制成本

因此应选择自制。

二、风险型决策方法

风险决策是在有明确目标的情况下，依据通过预测得出的不同自然状态下的经济效果（损益值）及其出现的概率做出的决策。由于自然状态并非决策者个人所能控制，因此决策结果要承担一定风险，故称为风险型决策。风险型决策一般用决策树法来解决。决策树法的基本原理是首先根据实际情况画出决策树图，然后采用逆序算法计算出各状态点和决策点的期望值，做出最终决策。

决策树的构成。□表示决策点，是对几种可能的方案选择的结果，如果所作的决策属于多级决策，决策树图中间可以有多个决策点，以决策树根部的决策点为最终决策方案。○表示状态点，代表备选方案的经济效果，通过对各状态点经济效果的比较，按照一定的决策标准选出最佳方案。▲表示结果结点，每个方案在各种自然状态下取得的收益值均标注于结果结点的右端。

决策树法是用树状图来描述各种方案在不同自然状态下的收益，据此计算每种方案的期望收益从而做出决策的方法。下面通过举例来说明决策树的原理和应用。

例 2－4 某企业为了扩大某产品的生产，拟建设新厂。据市场预测，产品销路好的概率为 0.7，销路差的概率为 0.3。有三种方案可供企业选择。

方案 1：新建大厂，需投资 300 万元。据初步估计，销路好时，每年可获利 100 万元；销路差时，每年亏损 20 万元。服务期为 10 年。

方案 2：新建小厂，需投资 140 万元。销路好时，每年可获利 40 万元；销路差时，每年仍可获利 30 万元。服务期为 10 年。

方案 3：先建小厂，3 年后销路好时再扩建，需追加投资 200 万元，服务期为 7 年，

估计每年获利 95 万元。

问哪种方案最好？

解：画出该问题的决策树，如图 2-6 所示。

图 2-6 中的矩形结点称为决策点，从决策点引出的若干条树枝表示若干种方案，称为方案枝。圆形结点称为状态点，从状态点引出的若干条树枝表示若干种自然状态，称为状态枝。图中有两种自然状态：销路好和销路差，自然状态后面的数字表示该种自然状态出现的概率。位于状态枝末端的是各种方案在不同自然状态下的收益或损失。据此可以计算出各种方案的期望收益：

方案 1（结点①）的期望收益：［0.7 × 100＋0.3×（－20）］×10－300＝340（万元）。

方案 2（结点②）的期望收益：（0.7×40＋0.3×30）×10－140＝230（万元）。

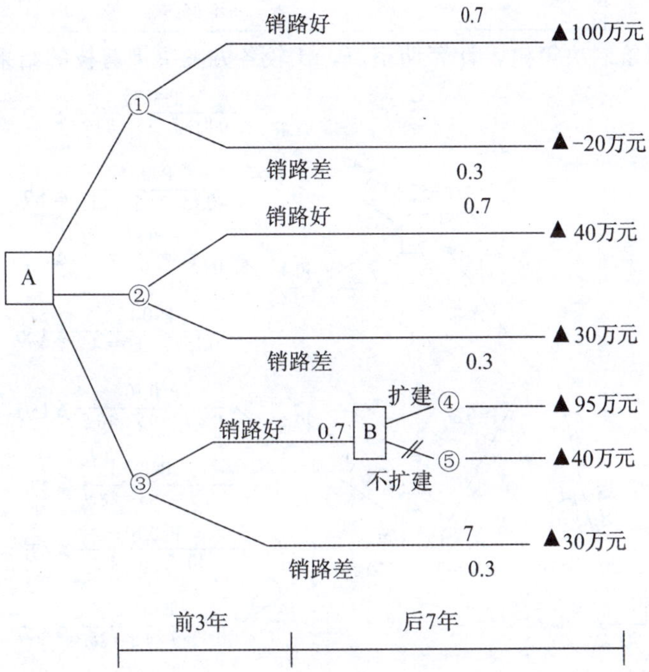

图 2-6　多价段的决策树

至于方案 3，由于结点④的期望收益 465（＝95×7－200）万元大于结点⑤的期望收益 280（＝40×7）万元，因此销路好时，扩建比不扩建好。方案 3（结点③）的期望收益：（0.7×40×3＋0.7×465＋0.3×30×10）－140＝359.5（万元）。

计算结果表明，在三种方案中，方案 3 最好。

例 2-5　某厂技术设备已落后，需要马上更新。厂内有人认为，目前销路增长，应在更新设备的同时扩大生产规模。也有人认为，市场形势尚难判断，不如先更新设备，三年后再根据市场行情决定是否扩大生产规模。所以该厂面临两个决策方案。决策分析以下列资料为依据：

（1）现在更新设备的同时扩大生产规模，总共需投资 60 万元。若销售情况好，前三年每年可获利 12 万元，后七年每年可获利 15 万元；若销售情况不好，每年只能获利 3

万元。

(2) 如果只更新设备，则需投资 35 万元，今后销售情况好，每年可获利 6 万元，销售情况不好，每年仍能获利 4. 5 万元；如果三年后企业决定在更新设备的基础上扩大生产规模，则需追加投资 40 万元，这时如销路好，今后七年每年可获利 15 万元，如销路不好，每年仅能获利 3 万元。

(3) 市场行情在前三年和后七年各种自然状态的预测概率如表 2－3 所示。

表 2－3　前三年和后七年各种自然状态的预测概率

前三年		后七年	
好	0. 7	好	0. 85
		不好	0. 15
不好	0. 3	好	0. 10
		不好	0. 90

根据上述资料绘制决策树，计算期望值，比较各方案决策剪枝的结果如图 2－7 所示。

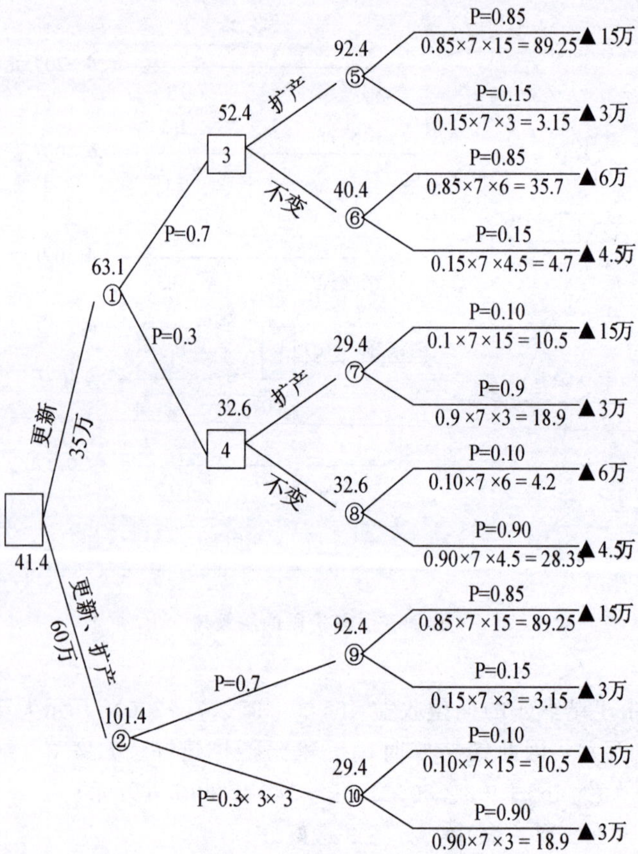

图 2－7　决策树计算图

详细计算步骤如下：

第一步：计算⑤～⑩各状态结点的期望值。如结点⑤表示前三年更新设备后市场销路好，企业决定扩大生产规模时的期望值，即后七年企业扩产后市场行情好与不好时收益的加权平均值。由于前三年销路好后七年销路好的概率为 0.85；由于扩产后七年销路好时每年企业可获利 15 万元，所以后七年销路好时扩产后的期望收益为 0.85×7×15＝89.25；由于前三年销路好后七年销路不好的概率为 0.15，这时企业扩产后的年利润仅为 3 万，所以后七年扩产后销路不好的期望收益为 0.15×7×3＝3.15。将这两种情况下的期望收益相加，得出结点⑤的期望值为 89.25＋3.15＝92.4。其余类推。

第二步：计算决策点[3]、[4]的期望值。为此，需比较与⑤～⑧相应的两组不同方案，并进行第一次剪枝。如决策点[3]上方的数值表示前三年更新后与市场行情好后七年作何决策时得到的收益。为此，需计算和比较后七年可采取的两种方案的收益值：后七年如扩产可累计期望获得 92.4 万元，但需减去 40 万元的追加投资，因此，可期望获纯利 52.4 万元。这个数值显然大于后七年不扩产（从而不需追加投资）的期望收益 40.4。所以减去与此相对应的“不变”，在[3]的上方记下 52.4。决策点[4]的计算与此类似。

第三步：计算结点①、②的期望值，比较两种不同的方案的期望收益，第二次剪枝，进行最终决策：

结点①的期望值表示前三年更新后企业在十年中总的期望收益，所以不仅要考虑更新后前三年市场行情好与不好时企业的加权平均收益，还要考虑后七年的期望收益。

因此：

结点①的期望值＝0.7×［（3×6）＋52.4］＋0.3×［（3×4.5）＋32.6］＝63.1（万元）

结点②的期望值＝0.7×［（3×12）＋92.4］＋0.3×［（3×3）＋29.4］＝101.4（万元）

扣除投资，只更新不扩产案的期望净益为 63.1－35＝28.1（万元）；同时进行更新和扩产方案的期望收益为 101.4－60＝41.4（万元）。所以减去与结点①相应的“更新”方案枝。决策结果是目前应将更新与扩产并举。要说明的是，在上面的计算过程中，我们没有考虑货币的时间价值，这是为了使问题简化。但在实际中，多阶段决策通常要考虑货币的时间价值。

三、不确定型决策方法

不确定型决策方法适用于人们对未来的认识程度低于上述两种情况。如果人们只知道未来可能出现多种自然状态，但对其出现的概率全然不知，那么在比较不同方案的经济效果时，就只能根据主观选择的一些原则来进行。

1. 乐观原则

如果人们比较乐观，认为未来会出现最好的自然状态，所以不论采取何种方案均可能取得该方案的最好效果，那么决策时就可以首先找出各方案在各种自然状态下的最大收益值（在最好自然状态下的收益值），然后进行比较，找出在最好自然状态下能够带来最大收益的方案作为决策实施方案。这种决策原则也叫“最大收益值规则”。

例 2－6　某厂为了扩大经营，准备生产一种新产品，有三种方案可供选择：①改建原来的生产线；②从国外引进一条高效的自动生产线；③按专业化协作原则组织“一条龙”生产。未来市场状况可能出现需求量较高、中等和很低三种，每种情况出现的可能性无法事先估计，但可以根据成本、价格、产量资料测算出每种方案在未来某种自然状态下的损益值表，结果如表 2-4 所示。

表 2-4 各种自然状态下的损益值

方案 损益值/万元	改建生产线（Ⅰ）	引进生产线（Ⅱ）	协作生产（Ⅲ）
需求量较高	700	980	400
需求量中等	250	−500	90
需求量很低	−200	−800	−30

根据乐观原则，企业未来会遇到市场需求量较高的情况，每种方案与此相应的最大收益值分别为 700 万元、980 万元、400 万元。其中，最大者为 980 万元，因此决策时选择与此相对应的方案Ⅱ。

2. 悲观原则

与乐观原则相反，决策者对未来比较悲观，认为未来企业会出现最差的自然状态，因此不论采用何种方案，均只能取得该方案的最小收益值。所以在决策时首先计算和找出各方案在各自然状态下的最小收益值（与最差自然状态相应的收益值），然后进行比较，选择在最差自然状态仍能带来最大收益（或最小损失）的方案作为实施方案。这种方法也叫“小中取大规则”或“最小最大收益值规则”。

在例 2-6 中三种方案在各自然状态下的最小收益值分别为−200 万元、−800 万元和−30 万元，其中以−30 万元为最大。根据悲观原则，应选择与之相应的“协作生产”为实施方案。因为采用该方案，即使出现最差的自然状态，企业也最多亏损 30 万元。

3. 折中原则

折中原则认为应在两种极端中求得平衡。决策时，既不能把未来想象得如何好，也不能把未来描绘得多么差。最好和最差的自然状态均有出现的可能。因此，可以根据决策者的判断，给最好自然状态以一乐观系数，给最差自然状态以一悲观系数（两者之和为 1），然后用各方案在最好自然状态下的收益值与乐悲观数相乘所得的积，加上用各方案在最差自然状态下的收益值与悲观系数相乘所得的积，得出各方案的期望收益值，然后据此比较各方案的经济效果，做出选择。

在例 2-6 中，假定乐观系数为 0.4，悲观系数 0.6，则

方案Ⅰ的期望收益值＝0.4×700＋0.6×（−200）＝160（万元）

方案Ⅱ的期望收益值＝0.4×980＋0.6×（−800）＝−88（万元）

方案Ⅲ的期望收益值＝0.4×400＋0.6×（−30）＝142（万元）

方案Ⅰ的期望收益值最高，因此根据折中原则，企业应通过改进生产线来开发新产品。

4. 最小最大后悔值法

决策者在选定方案并组织实施后，如果遇到的自然状态表明采用另外的方案会取得更

好的收益，企业在无形中遭受了机会损失，那么决策者将为此而感到后悔。最小最大后悔值法就是一种力求使后悔值最小的决策方法。根据这个方法决策时先计算出各方案在各自然状态下的后悔值（用方案在某自然状态下的收益值与该自然状态下的最大收益值相比较的差），然后找出每一种方案的最大后悔值，并据此对不同方案进行比较，选择最大后悔值最小的方案作为实施方案。

以例 2－6 为例，根据表 2－4 的资料，可以计算出各种自然状态下各方案的后悔值（表 2－5）。

表 2－5 各种自然状态下各方案的后悔值

方案 后悔值/万元	改建生产线（Ⅰ）	引进生产线（Ⅱ）	协作生产（Ⅲ）
需求量较高	280	0	580
需求量中等	0	750	160
需求量很低	170	770	0

从表 2－5 中可以看到各方案的最大后悔值分别是 280 万元、770 万元、580 万元。其中最小者为 280 万元，因而选用第一方案是比较保险的决策。因为无论未来自然状态如何，它的损失（包括机会损失）都是最小的。在需求量较高时，它与收益值最大的第Ⅱ方案相比较，只少收入 280 万元，与第Ⅲ方案比较则少收入 580 万元；在需求量中等时它的收益值最高，可得 750 万元收益；在需求量很低时，各种方案都亏损，它虽比亏损最少的方案Ⅲ多损失 170 万元，但方案Ⅱ损失更多，多损失 770 万元。因此，综合起来看，最小最大后悔值原则决策可以保证在任何情况下收益都相对较大，损失都相对较小。

本章小结

本章介绍了三部分内容。首先学习了决策工作的一般理论，包括决策的含义、决策的类型、决策的模式、决策的过程及决策的影响因素。其次研究了定性决策方法，如头脑风暴法、德尔菲法、名义群体法、波士顿矩阵图、政策指导矩阵等。再次，重点研究了定量决策方法，如线性规划、量本利分析、决策树法等内容。本章的重点在于各种决策方法的掌握。定性决策方法要求理解各种方法的实质、操作过程及应用条件。定量决策方法要求理解原理，计算准确，并能综合分析。

思考题

1. 什么是决策？决策有哪些基本类型？决策的过程分几个阶段？
2. 什么是个体决策？什么是群体决策？试比较个体决策与群体决策的优缺点。
3. 什么是群体思维？什么是群体转移？
4. 简述头脑风暴性、德尔菲法的主要含义。
5. 简述波士顿矩阵图、政策指导矩阵的主要内容。
6. 某工厂要招聘技工与辅助工 20～50 人，其中技工不小于辅助工人数的一半，且技工人数至少 12 人，技工的月工资 1 800 元，辅助工的月工资 1 200 元，在这样的条件下，怎样招聘，才能使工厂花费的月工资总数最小？月工资总数最少是多少元？

7. 假定某企业生产某产品每年总固定成本为 8 000 元，这种产品如果质量要求高，每件的变动成本为 2.5 元，如果质量要求低，每件的变动成本为 2 元。两种产品质量的价格和销售量预期如下表所示。

高质量		低质量	
价格/元	销售量/件	价格/元	销售量/件
50	1 000	50	800
40	1 200	40	1 000

该企业的产品质量和价格应定在什么水平上？

8. 某工程甲、乙两队合作 6 天完成，厂家需付甲、乙两队共 8 700 元；乙、丙两队合作 10 天完成，厂家需付乙、丙两队 9 500 元；甲、丙两队合作 5 天完成全部工程，厂家付甲、丙两队共 5 500 元。若工期要求不超过 15 天完成全部工程。哪队单独完成此项工程花钱最少？

9. 设某工厂以批发方式销售产品，每件产品成本 0.3 元，批发价格每件 0.5 元，若每天生产的产品当天销售不完，每天每件要损失 0.1 元，该厂每天的产量可以是 0、1 000、2 000、3 000、4 000 件，每天批发销售量为 0、1 000、2 000、3 000、4 000 件，则该工厂的决策者如何考虑每天的生产量，使它收入最高？

第三章

计划与战略性计划

父子两人住在山上，每天都要赶牛车下山卖柴。老父较有经验，坐镇驾车。山路崎岖，弯道特多，儿子眼神较好，总是在要转弯时提醒道："爹，转弯啦！"

有一次父亲因病没有下山，儿子一人驾车。到了弯道，牛怎么也不肯转弯，儿子用尽各种方法，下车又推又拉，用青草诱之，牛一动不动。

到底是怎么回事？儿子百思不得其解。最后只有一个办法了，他左右看看无人，贴近牛的耳朵大声叫道："爹，转弯啦！"

牛应声而动。

管理心得 牛用条件反射的方式活着，而人则以习惯生活。一个成功的人晓得如何培养好的习惯来代替坏的习惯，当好的习惯积累多了，自然会有一个好的人生。

内容提要 在市场经济条件下，组织管理是否需要计划，计划起到什么样的作用，这是人们十分关心和讨论的课题。本章介绍三节内容：首先，介绍计划工作的基本理论，包括计划的含义及作用、计划的基本类型、计划的层次体系、计划编制过程；其次，介绍计划工作方法，有目标管理、滚动计划方法、网络计划技术；最后，以企业为例介绍战略性计划基本理论。

学习目标 掌握计划的含义、计划的类型、计划的层次体系及计划的编制过程，熟悉目标管理和滚动计划方法的基本原理，能够灵活应用网络计划技术解决实际工作问题，了解战略性计划的含义、类型及适应条件。

第一节　计划工作的基本理论

计划过程是组织决策的落实过程。决策是计划的前提，计划是决策的逻辑延续。计划职能通过将组织在一定时期内的活动任务分解给组织的每个部门、环节和个人，从而不仅为这些部门、环节和个人在该时期的工作提供了具体的依据，而且为决策目标的实现提供了基本保证。

一、计划的含义及相关问题

（一）计划的含义

“计划”一词既可以是名词，也可以是动词。从名词意义上说，计划是指用文字和指标等形式表述组织内不同部门和不同成员在未来一定时期内关于行动内容和行动方式的管理文件和宏伟蓝图。计划既是组织在未来一定时期内的行动目标和方式的进一步展开，又是组织、领导、控制和创新等管理职能的基础。从动词意义上说，计划是指为了实现决策所确定的目标，预先进行的行动安排。这项行动工作安排包括：在时间和空间两个维度上进一步分解任务和目标，选择任务和目标实现方式、进度规定、行动结果的检查与控制等。我们有时用“计划工作”表示动词意义上的计划内涵。因此，计划工作是为决策所确定的任务和目标提供一种合理的实现方法。

正如哈罗德·孔茨（Harold Koontz）所言：“计划工作是一座桥梁，它把我们所处的这岸和我们要去的对岸连接起来，以克服这一天堑。”有了计划工作这座桥，本来无处下手的事情，现在就可以操作了；本来模糊不清的未来现在变得清晰实际了。虽然我们不可能准确无误地预知未来，虽然不可控制的因素可能干扰最佳计划的制订，但是计划为我们实际工作的开展提供了保障。

（二）计划的作用

计划工作具有承上启下的作用。一方面，计划工作是决策的逻辑延续，为目标的实现提供组织保证；另一方面，计划工作又是组织、领导、控制和创新等管理活动的基础，是组织内不同部门、不同成员行动的依据。因此，我们可以从以下四个方面来考察计划的作用。

（1）计划是实现组织目标的保障。决策活动为组织确立了存在的使命和目标，并且确定了实现方式。计划工作是决策工作在时间和空间两个维度上进一步的展开和细化。组织的各种计划及其各项计划工作都必须有助于完成组织的目标。

（2）计划是管理活动的桥梁，是组织、领导和控制等管理活动的基础。计划工作给组织提供了通向未来目标的明确道路，给组织、领导和控制等一系列管理工作提供基础。

（3）计划可以提高工作效率，协调组织资源。计划的制订要考虑各方面因素，不仅包括人力、物力、财力的分配，也包括时间、信息等各种资源的协调，这样可大大提高资源的利用价值，提高组织工作效率。

(4) 计划可以统一思想，提高凝聚力，激励组织成员。在制订计划的过程中，要明确组织的定位，统一思想认识，制订一个既宏远又切实可行的，鼓舞人心、提高士气的计划，这样可提高凝聚力，激励组织成员自觉工作，努力为组织多作贡献。

(三) 计划的内容

计划有名词和动词两个方面的含义，无论在名词意义上还是在动词意义上，任何一个计划都应包括六个方面的内容，管理学中简称为"5W1H"，即计划必须清楚地确定和描述下述内容：

What——做什么？目标与内容。

Why——为什么做？原因与目的。

Who——谁去做？人员与组织。

Where——什么地方做？行动地点。

When——什么时间做？行动时间。

How——怎样做？行动的方式和手段。

英文的六个特殊疑问词很形象地描述了计划的内容，以便我们在实际工作中考虑。

(四) 管理学中计划与决策的关系

有人认为，计划是一个较为宽泛的概念。作为管理的首要职能，计划是一个包括环境分析、目标确定、方案选择的过程，决策只是这一过程中某一阶段的工作内容。例如，法约尔（Fayol）认为，计划是管理的一个基本部分，包括预测未来并在此基础上对未来的行动加以安排；西斯克（Xisco）认为，"计划工作在管理职能中处于首位"，是"评价有关信息资料、预估未来的可能发展、拟订行动方案的建议说明"的过程，决策是这个过程中的一项活动，是在"两个或两个以上的备选方案中做出选择"。而以西蒙（Simon）为代表的决策理论学派强调，管理就是决策，决策是包括情报活动、设计活动、抉择活动和审查活动等一系列活动的过程；决策是管理的核心，贯穿于整个管理过程。因此，决策不仅包括计划，而且包括整个管理，甚至就是管理本身。

二、计划的类型

计划是将决策实施所需完成的任务进行时间和空间上的分解，以便具体落实到组织中的不同部门和个人。因此，计划的分类可以依据时间和空间两个不同的标准。除了时间和空间两个标准外，还可以根据计划的明确程度和计划的程序化程度对其进行分类。把计划分为战略性计划和战术性计划是管理活动中常见的划分方法。这一分类综合了时间和空间两类标准，考察计划涉及的时间长短和涉及的职能范围的广狭程度。表 3-1 列出了按不同方法分类的计划类型。值得说明的是，这些分类方法所划分出的计划类型很难完全独立。另外，虽然理论研究将计划按一定标准进行分类，但现实中的计划往往是综合的，计划工作必须追求时间与空间、明确性、程序化程度等方面的平衡。

表 3-1 计划的类型

分类标准	时间长短	职能空间	组织中的重要性	约束性强弱	程序化程度
类型	长期计划 中期计划 短期计划	业务计划 财务计划 人事计划	战略性计划 战术性计划 操作性计划	指令性计划 指导性计划	程序性计划 非程序性计划

(一) 按时间长短划分

按时间长短划分，管理人员一般采用长期、中期和短期来描述计划。长期通常指五年以上，短期一般指一年以内，中期则介于两者之间。长期计划描述了组织在较长时期，通常为五年以上的发展规划，制定了组织的各个部门在较长时期内从事某种活动应达到的目标和要求，绘制了组织长期发展的蓝图。中期计划是长期计划和短期计划的衔接，一般指一到五年内的计划，如组织各部门的发展计划、企业的营销计划、员工的招聘与培训计划；短期计划具体地规定了组织的各个部门在各个较短的时期，特别是最近的时段中，应该从事何种活动，从事该种活动应达到何种要求，为各组织成员在近期内的行动提供了依据，短期计划一般比较具体。

(二) 按职能空间划分

按职能空间划分，可以将计划分为业务计划、财务计划及人事计划。组织是通过从事一定业务活动立身于社会的，业务计划是组织的主要计划。我们通常用“人财物，供产销”六个字来描述一个企业的必要要素和主要活动。业务计划的内容涉及“物、供、产、销”，财务计划的内容涉及“财”，人事计划的内容涉及“人”。

作为经济组织，企业业务计划包括产品开发、物资采购、仓储后勤、生产作业以及销售促进等内容。长期业务计划主要涉及业务方面的调整或业务规模的发展，短期业务计划则主要涉及业务活动的具体安排。

(三) 按组织中的重要性划分

按组织中的重要性划分，可以将计划分为战略性计划、战术性计划及操作性计划。战略性计划是指应用于组织整体的、为组织未来较长时期（通常为五年以上）设立总体目标和寻求组织在环境中的战略地位的计划。战术性计划是指规定总体目标如何实现的细节的计划，其需要解决的是组织的具体部门或各种职能在未来各个较短时期内的行动方案。操作性计划是战术性计划的执行计划。战略性计划显著的特点是长期性与整体性。长期性是指战略性计划涉及未来的较长时期，整体性是指战略性计划是基于组织整体而制订的，强调组织整体的协调。战略性计划是战术性计划的依据，战术性计划是在战略性计划指导下制订的，是战略性计划的落实。而战略性计划和战术性计划都要靠操作性计划来完成。

(四) 按约束性强弱划分

按约束性强弱划分，可以将计划分为指令性计划和指导性计划。指令性计划具有明确规定的标准，必须严格执行，不能模棱两可。在我国计划经济时期，指令性计划很多。各企业生产的产品、各种产品的生产数量，以及每种产品的销售方向、企业的利润获得都是由国家指令性计划做出的，企业没有经营自主权。而在我国当前市场经济条件下，企业是独立的经济主体，企业的生产经营活动完全由自己负责，生产什么、生产多少、产品销售给谁完全由自己决定，指令计划大大减少。

（五）按程序化程度划分

组织活动可分为两类：一类是例行活动，指一些重复出现的工作，如订货、材料的出入库等。有关这类活动的计划是经常反复的，而且具有一定的规律性，因此可以建立一定的计划程序。每当出现这类工作或问题时，就利用既定的程序来解决，而不需要重新研究，这类计划叫程序性计划。另一类活动是非例行活动，不重复出现，如新产品的开发、生产规模的扩大、品种结构的调整、工资制度的改变等，称为非程序性计划。

三、计划的层次体系

根据不同标准可把计划划分为不同的类型，各种类型的计划从抽象到具体可构成计划的层次体系，如图 3-1 所示。

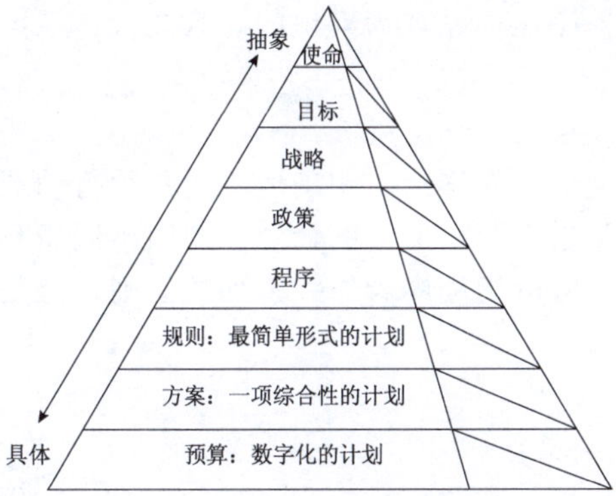

图 3-1　计划的层次体系

（一）目的或使命

目的或使命指明一定的组织机构在社会上应起的作用、所处的地位、具有的职能。目的或使命决定了组织的性质，是决定此组织区别于彼组织的标志。各种组织的活动，如果要使它有意义，至少应该有自己的目的或使命。例如，大学的使命是教书育人、科学研究和服务社会，研究院所的使命是科学研究，医院的使命是治病救人，法院的使命是解释和执行法律，企业生产的目的是销售商品和服务。

（二）目标

组织的目的或使命是抽象的，它要进一步具体化为组织一定时期的目标和各部门的目标。组织的使命支配着组织各个时期的目标和各部门的目标，而且组织各个时期的目标和各部门的目标围绕着组织的使命，并为完成组织使命而存在。虽然教书育人和科学研究是一所大学的使命，但一所大学会将自己的使命进一步具体化为不同时期的目标和各院系的目标，让目标更容易执行。

（三）战略

战略是为了达到组织总体目标而制定的、为资源充分利用的总规划，其目的是通过一系列的战略规划，决定和传达组织期望达成的目标与使命。战略是一种谋划，具有长远性、全局性、竞争性、纲领性的特点。战略不是执行计划，一般很宏大，不具体。但战略可以进一步分解为战术计划。

(四) 政策

政策是指导或决策思想的陈述文件或理解文件，是执行活动的行动指南。政策一般常常会从主管人员的行动中反映出来。例如，主管人员处理某问题的习惯方式往往会被下属作为处理该类问题的模式，这也许是一种含蓄的、潜在的政策。政策可以决定问题的处理方法，这能减少对某些例行事件处理的成本，也能把其他计划统一起来。

(五) 程序

程序是处理未来活动的必要方法。它详细列出必须完成某类活动的切实方式，并按时间顺序对必要的活动进行排列。它与战略不同，它是行动的指南，是具体的而非抽象的。它与政策不同，它没有给行动者自由处理的权力。在理论研究方面，我们把政策与程序区分开，但在实践工作中，程序往往表现为组织的政策。

(六) 规则

规则没有酌情处理的余地。它详细、明确地阐明必须行动或无须行动的情况，其本质是一种管理决策。规则通常是最简单形式的计划。规则不同于程序：其一，规则指导行动但不说明时间顺序；其二，可以把程序看作一系列的规则，但是一条规则可能是也可能不是程序的组成部分。

(七) 方案

方案是一个综合性的计划，它包括目标、政策、程序、规则、任务分配、步骤、资源以及为完成既定行动方针所需的其他因素。一项行动方案可能很大，也可能很小。通常情况下，一个主要方案可能需要很多支持计划。在主要计划进行之前，必须把这些支持计划制订出来，并付诸实施。所有这些计划都必须加以协调和安排人员、费用和时间。

(八) 预算

预算是一份用数字表示的费用方面的预期结果。预算是一种定量计划，用来帮助协调和控制预定时期内资源的获得、配置和使用。编制预算可以看成将构成组织的各种利益整合成一个所有各方都同意的计划，并在试图达到目标的过程中，说明计划是可行的。

管理小故事

企业财务预算

某企业的财务预算包括利税计划、流动资金计划、财务收支计划、财务收支明细计划表和成本计划等。其中财务收支明细计划表详细地规划出企业各管理部门的主要收支项目的金额数量。例如，某企业财务收支明细计划中科技开发费一项就具体规划出新产品的研制、老产品的完善化、科研、新工艺开发、日常费用、描图费和其他项目的预算金额。它事实上规定了新产品试制计划、新产品试验计划、产品完善化工作计划、采用国际标准计划、新工艺计划等派生计划的规模，同时也是这些派生计划的综合反映。

启示：预算实质是一种控制方法，它能使计划工作做得更细致、更精确。

四、计划编制过程

计划编制是一个过程。为了保证计划的合理性，能实现决策的组织落实，计划编制必须采用科学的方法。

（一）确定目标

确定目标是制订计划的第一步。目标是指组织期望的成果，目标为组织整体、各部门和各成员指明了方向，描绘了组织未来的状况，并且作为标准可用来衡量组织工作的实际绩效。计划工作的主要任务是将决策所确立的目标进行分解，以便落实到各个部门、各个活动环节。

（二）分析现状

计划是连接组织的此岸和彼岸的一座桥梁。目标指明了组织要去的彼岸。因此，制订计划的第二步是认清组织所处的此岸，即分析现状。分析现状的目的在于寻求通向彼岸的合理有效的路径，即实现组织目标的途径。

（三）研究过去

研究过去不仅是从过去发生的事件中得到启示和借鉴，更重要的是探讨“过去”通向“现在”的一些规律。从过去发生的事件中探求事物发展的一般规律有两种基本方法：一为演绎法，二为归纳法。演绎法是将某一大前提应用到个别情况，并从中引出结论。归纳法是从个别情况发现结论，并推论出具有普遍原则意义的大前提。现代理性主义的思考和分析方式基本上使用这两种方法。

（四）预测未来

预测未来的前提条件是关于计划执行的假设条件，是关于由所处的此岸到达将去的彼岸的过程中所有可能的假设情况。对未来情况认识越清楚、越深刻，计划工作就越有效。组织成员越彻底地理解组织计划的前提条件，企业计划工作就越协调。因此，预测并有效地确定计划前提条件有重要意义。

（五）拟订行动计划

拟订行动计划包括三个阶段：拟订可行的行动计划、评估计划和选定计划。拟订可行的行动计划要求拟订尽可能多的计划。可供选择的行动计划数量越多，对选中的计划的相对满意程度就越高，行动就越有效。因此，在计划拟订阶段，要发扬民主，广泛发动群众，充分利用组织内外的专家，拟订尽可能多的行动计划。在该阶段，需要“巧主意”，需要创新性。

（六）制订主要计划

制订主要计划就是将所选择的计划用文字形式正式表达出来，作为管理文件。计划要清楚地确定和描述“5W1H”的内容。

（七）制订派生计划

主要计划制订后，还需要派生计划的支持。例如，一家公司年初制订了“全年销售额比上年增长15%”的营销计划，与这一营销计划相连的有许多分项计划，如产品品种计划、生产计划、渠道计划、人员计划、促销计划等。

（八）制定预算，使计划具体化

在做出决策和确定计划后，最后一步就是把计划转变成预算，使计划数字化、具体化。编制预算，一方面是为了使计划的指标体系更加明确，另一方面是使企业更易于对计划执行进行控制。定性的计划在可比性、可控性和进行奖惩方面比较粗略，定量的计划则具有量化的约束指标。

管理小故事

肯德基全球冠军计划

产品只是一个表面现象，在产品背后有很多深层的管理方面的内容。肯德基的真正优势在于其产品背后的一套严格的计划管理制度。

肯德基曾在全球推广“CHAMPS”冠军计划，其内容为：

C（cleanliness），保持美观整洁的餐厅；

H（hospitalitv），提供真诚友善的接待；

A（accuracy），确保准确无误的供应；

M（maintenance），维持优良的设备；

P（product quality），坚持高质稳定的产品；

S（speed）：注意快速迅捷的服务。

肯德基全球冠军计划有非常详尽、可操作性极强的细节。

肯德基在进货、制作、服务等所有环节中，每一个环节都有着严格的质量标准，包括配送系统的效率与质量、每种佐料搭配的精确（而不是大概）分量、切青菜与肉菜的先后顺序与刀刃粗细（而不是随心所欲）、烹煮时间的分秒限定（而不是任意更改）、清洁卫生的具体打扫流程与质量评价量化，乃至于点菜、换菜、结账、送客、遇到不同问题的文明规范用语、每日各环节差错检讨与评估等上百道工序都有严格的规定。为了保证员工能够服务到位，肯德基对餐厅的服务员、餐厅经理到公司的管理人员，都要按其工作性质的要求进行严格培训。

第二节　现代计划工作方法

把战略性计划转化为战术性计划，要求计划在不同期间内和不同职能空间上协调一致，保证计划全面且均衡地得以实施和完成。战略性计划转化为战术性计划，既是中期与短期计划的制订过程，又是长期、中期与短期计划组织实施的过程。

一、目标管理

目标管理是美国管理学家彼得·德鲁克（Peter Drucker）于1954年提出的。我国企业于20世纪80年代初开始引进目标管理法，并取得较好成效。

（一）目标管理基本思想

（1）企业的任务必须转化为目标，企业管理人员必须通过这些目标对下级进行领导并以此来保证企业总目标的实现。凡是工作成就和成果直接地、严重地影响企业的生存和繁荣的部门，目标都是必需的，并且经理取得的成就必须是从企业的目标中引申出来的，他的成果必须用他对企业目标的贡献率来衡量。

（2）目标管理是一种程序，需要一个组织中的上下各级管理人员共同来制定目标，确定彼此的责任，并以此项责任作为指导业务和衡量各自贡献的准则。一个管理人员的职务应该以达到公司目标为基本要求。

（3）每个企业管理人员或工人的分目标就是企业总目标对他的要求，也是这个企业的管理人员或工人对企业总目标的贡献。只有每个人的分目标都完成了，企业的总目标才有完成的希望。

（4）管理人员和工人靠目标来管理，以所要达到的目标为依据，进行自我指挥、自我控制，而不是由他的上级来指挥和控制。

（5）企业管理人员对下级进行考核和奖惩也是依据这些分解的目标。

（二）目标管理的特点

目标表示结果，而总目标要由子目标来支持。这样组织及其各层次的目标就形成了一个目标网络。作为任务分配、自我管理、业绩考核和奖惩实施的目标体系，具有如下特点。

1. 目标的层次性

组织目标形成一个有层次的体系，范围从广泛的组织战略性目标到特定的个人目标。这个体系的顶层是组织的愿景和使命陈述。第二层次是组织的任务。在任何情况下，组织的使命和任务都必须转化为组织总目标和战略。总目标和战略更多地指向组织较远的未来，并且为组织的未来提供行动框架。这些行动框架必须进一步细化为更多具体的行动目标和行动方案，这样在目标体系的基层，有分公司的目标、部门和单位的目标、个人目标等。在组织的层次体系中，不同层次的主管人员参与建立不同的类型目标。对于组织任何层次的人员来说，都应该有个人目标，包括业绩和个人发展目标。

2. 目标网络

如果说目标体系是从整个组织的整体观来考察组织目标，那么，目标网络则是从某一具体目标实施规划的整体协调方面审视组织目标。目标网络的内涵表现为以下四点。

（1）目标和计划很少是线性的，即并非当一个目标实现后接着去实现另一个目标。

（2）主管人员必须确保目标网络中的每个组成部分相互协调，不仅各种规划的执行要协调，这些规划在时间上也要协调。

（3）组织中的各个部门在制定自己部门的目标时，必须与其他部门相协调。

（4）组织制定各种目标时，必须考虑与约束因素的关联度。

3. 目标的多样性

任务和企业的主要目标通常是多种多样的。在目标层次体系的每个层次，具体目标也可能是多种多样的。如果目标的数目过多，其中无论哪一个没有受到足够的注意，计划工作都是无效的。在追求多个目标时，必须对各目标的相对重要程度进行区分。一般认为，一位主管人员有效地追求的目标也许以 2～5 个为宜。其理由是，过多的目标会使主管人员应接不暇从而顾此失彼，更为可怕的是，可能会使主管人员过多地注重小目标而有损于主要目标。

4. 目标的可考核性

目标可考核是一项重要的管理原则，从制定目标规划，进行目标论证，到实施目标过程中的检查、控制，期末目标成果考评，都与它紧密相关。因此，深入研究和解决目标可考核问题，对深入开展目标管理有着重要的意义。目标要有可考核性，就必须将目标加以量化。目标量化往往会使组织运行增加负担，但是为组织活动的控制、成员的奖惩会带来很多方便。定量目标能够考核是显而易见的，如物资损耗率、油料节约率等，只要能确定指标的计算方法和数据的收集方法，问题即可解决。定性目标的考核要模糊得多，要进行深入研究。但原则是：只要有可能，就规定明确的、可考核的目标。

5. 目标的可接受性

根据美国管理心理学家维克多·弗鲁姆（Victor Vroom）的期望理论，人们在工作中的积极性或努力程度（激励力量）是效价和期望值的乘积。其中效价指一个人对某项工作及其结果（可实现的目标）能够给自己带来满足程度的评价，即对工作目标有用性（价值）的评价；期望值指人们对自己能够顺利完成这项工作可能性的估计，即对工作目标能够实现的概率的估计。

6. 目标的挑战性

同样根据弗鲁姆（Vroom）的期望理论，如果一个目标对接受者没有多大意义的话，接受者也没有动力去完成该项工作；如果一项工作很容易完成，那么接受者也没有动力去完成该项工作。目标的可接受性和挑战性是对立统一的，但在实际工作中，必须把它们统一起来。应该制定有一定难度而经过努力又可以实现的目标，这样才有挑战性，对人才有激励作用。

7. 目标的反馈性

信息反馈是把目标管理过程中的目标设置、目标实施情况不断地反馈给目标设置和目标实施的参与者，让管理人员时刻清楚组织对目标的要求、自己对目标的贡献情况。如果建立了合理的目标，再加上良好有效的反馈系统，就能更进一步改善员工的工作表现。

综上所述，设置目标的数量一般不宜太大，应包括工作的主要特征，并尽可能地说明必须完成什么和何时完成，如有可能，也应明示所期望的质量和为实现目标的计划成本。

（三）目标管理的过程

目标管理是一个综合的管理过程，它是用系统的方法使许多关键管理活动结合起来，并且有意识、高效率地实现组织目标和个人目标。在理想的情况下，这个过程开始于组织的最高层，并且有高管的积极支持和指导。但是目标设置并非一定开始于最高层，它可以从分公司一级开始，也可以在职能部门这一级甚至更低层开始。

1. 制定目标

制定目标包括确定组织的总体目标和各部门的分目标。总体目标是组织在未来从事活动要达到的状况和水平，其实现有赖于全体成员的共同努力。为了协调这些成员的工作，各个部门的各个成员都要建立与组织目标一致的分目标。这样就形成了一个以组织总体目标为中心的目标体系。

2. 明确组织的作用

理想的情况是每个目标和子目标都应由某一个人承担明确的责任。然而，几乎不可能去建立一个完美的组织结构，使每一特定的目标都成为某个人的责任。

3. 执行目标

组织中各层次、各部门的成员为达到分目标，必须从事一定的活动，必须利用一定的资源。为了保证组织成员能实现目标，必须授予相应的权力，使之有能力调动和利用必要的资源。有了目标，组织成员便会明确努力的方向；有了权力，他们便会产生强烈的责任感，从而充分发挥自己的判断能力和创造能力，使目标执行活动有效地进行。

管理小故事

老鹰和鸭子

老鹰和鸭子虽然从表面上看有很多相似的地方，但从本质上看它们却是两种截然不同的动物。老鹰并不会有太多的鸣叫，它们在高空盘旋注视四面八方，用犀利的目光追寻猎物，并以最快的速度捕获猎物；而鸭子却只能在水面上生活，它们几乎没有任何能力去争取什么。同时，鸭子整天都会嘎嘎叫，换句话说，除了只会嘎嘎叫以外，它什么都不做。在处理问题时，这不是一个很好的办法，因为只说不练，缺乏执行力，于事无补。

4. 评价成果

评价成果既是实行奖惩的依据，也是沟通的机会，还是自我控制和自我激励的手段。评价成果既包括上级对下级的评价，也包括下级对上级、同级关系部门相互之间的评价，以及各层次的自我评价。上、下级的相互评价，有利于信息、意见的沟通，从而有利于对组织活动的控制；同级关系部门的相互评价，有利于保证不同环节的活动协调进行；各层次组织成员的自我评价，则有利于促进自我激励、自我控制以及自我完善。

5. 执行奖惩

组织对不同成员的奖惩，是以上述各种评价的综合结果为依据的。奖惩可以是物质的，也可以是精神的。公平合理的奖惩，有利于维持和调动组织成员的工作热情和积极性；奖惩有失公正，则会影响成员行为的改善，甚至起到反作用。

6. 制定新目标并开始新的目标管理

成果评价与成员行为奖惩，既是对某一阶段组织活动效果以及组织成员贡献的总结，也为下一阶段的工作提供了参考和借鉴。在此基础上，为组织成员及其各个层次、部门的活动制定新的目标并组织实施，以便展开目标管理的新一轮循环。

管理小故事

目标管理的过程的故事

1984 年，在东京国际马拉松邀请赛中，名不见经传的日本选手山田本一出人意外地夺得了世界冠军。10 年后，这个谜终于被解开了，他在自传中是这么说的："每次比赛之前，我都要乘车把比赛的线路仔细地看一遍，并把沿途比较醒目的标志画下来，比如第一个标志是银行，第二个标志是一棵大树，第三个标志是一座红房子……这样一直画到赛程的终点。比赛开始后，我就奋力地向第一个目标冲去，等到达第一个目标后，我又以同样的速度向第二个目标冲去。40 多千米的赛程，就被我分解成这么几个小目标轻松地跑完了。起初，我并不懂这样的道理，我把我的目标定在 40 多千米外终点线上的那面旗帜上，结果我跑到十几千米时就疲惫不堪了，我被前面那段遥远的路程给吓倒了。"

二、滚动计划方法

滚动计划方法是一种编制具有灵活性，能够适应环境变化的长期计划方法。

（一）滚动计划法的基本思想

在制订工作计划时，一般难以对未来一定时期影响计划实现的因素做出准确无误的预测，因此计划往往不能完全符合企业未来的实际。

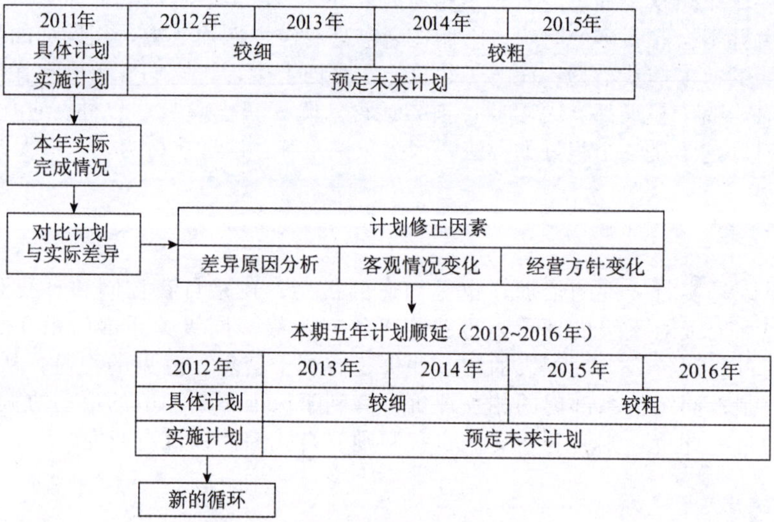

图 3－2　五年期的滚动计划法

由图 3－2 可以看出，在计划期的第一阶段结束时，要根据该阶段计划的实际执行情况、外部与内部有关因素的变化情况，对原计划进行修订，并根据同样的原则逐期滚动。每次修订都使整个计划向前滚动一个阶段。

（二）滚动计划法的工作要领

运用滚动计划法制订工作计划时要注意以下两点。

（1）将工作计划划分为若干个执行期（如年、季度、月、周等）。

（2）计划执行到一定阶段，就根据实际执行情况和环境的变化对以后各期计划内容进行适当的修改或调整，将原来的下一个执行期上升为具有指令性的部分，并向前延续一个新的执行期。

（三）滚动计划法的优越性

滚动计划方法是针对长期计划而开发的，它具有如下优越性。

（1）使用滚动计划法可以使制订出来的工作计划更加符合实际，可以极大地提高工作计划的准确性，更好地保证工作计划的指导作用，提高工作计划的质量。

（2）使用滚动计划法可以使长期计划、中期计划与短期计划相互衔接，这就保证了当环境变化时能及时进行调整，使各期计划基本保持一致。

（3）滚动计划法增加了工作计划的弹性，在环境剧烈变化的时代尤为重要，它可以提高组织的应变能力。

（四）滚动计划法的评价

滚动计划法虽然使计划编制和实施工作的任务量加大了，但优点十分明显。其最突出的优点是计划更加切合实际，并且使战略性计划的实施更加切合实际。

三、网络计划技术

网络计划技术是指用于工程项目的计划与控制的一项管理技术。

（一）网络计划技术的基本原理

网络计划技术的原理，是把一项工作或项目分成各种作业，然后根据作业顺序进行排列，通过网络图对整个工作或项目进行统筹规划和控制，以便用最少的人力、物力、财力资源，用最快的速度完成工作。

（二）网络图的构成

任何一项任务都可分解成许多步骤的工作，根据这些工作在时间上的衔接关系，用箭线表示它们的先后顺序，画出一个由各项工作相互联系并注明所需时间的箭线图，这个箭线图就称为网络图。图 3-4 便是一个简单的网络图形。分析图 3-3 可以发现，网络图由以下部分构成。

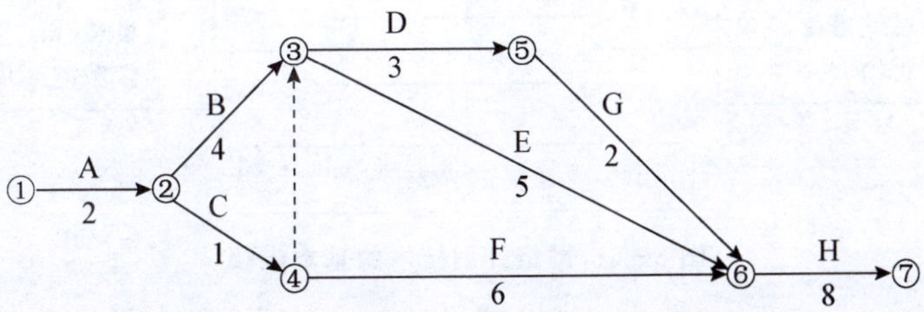

图 3-3 网络图

1. 代表作业（箭线）

（1）先行作业和后续作业。在作业 A 不结束，作业 B 就不能开始或如果作业 A 结束，作业 B 才可以开始的关系时，A 就叫 B 的先行作业，B 就叫 A 的后续作业，如图 3 - 4 所示。

（2）平行作业。若作业 A 和 B 必须同时或可以同时进行，A 和 B 就叫作平行作业，如图 3 - 5 所示。

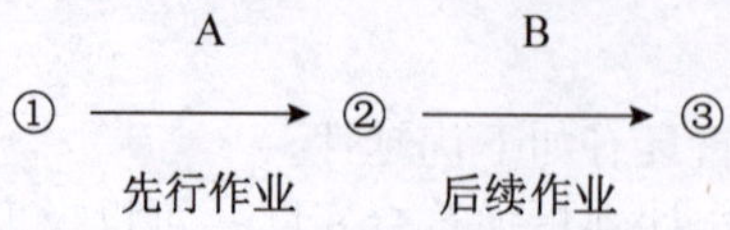

图 3 - 4　先行作业和后续作业

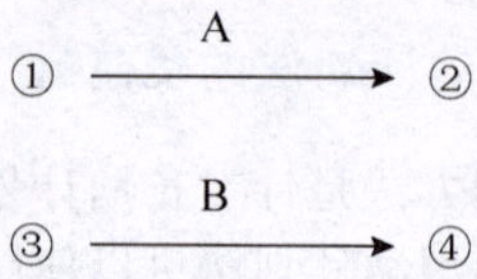

图 3 - 5　平行作业

2. 代表结点（○）

代表结点是两个工序间的连接点。结点既不消耗资源，也不占用时间，只表示前道工序结束、后道工序开始的瞬间。一个网络图中只有一个开始结点、一个终止结点。

3. 路　线

路线是网络图中由始点事项出发，沿箭线方向前进，连续不断地到达终点事项为止的一条通道。图 3 - 3 中从始点连续不断地走到终点的路线有 5 条。

（三）网络图绘制的基本步骤

网络计划技术的应用主要遵循以下步骤，如图 3 - 6 所示。

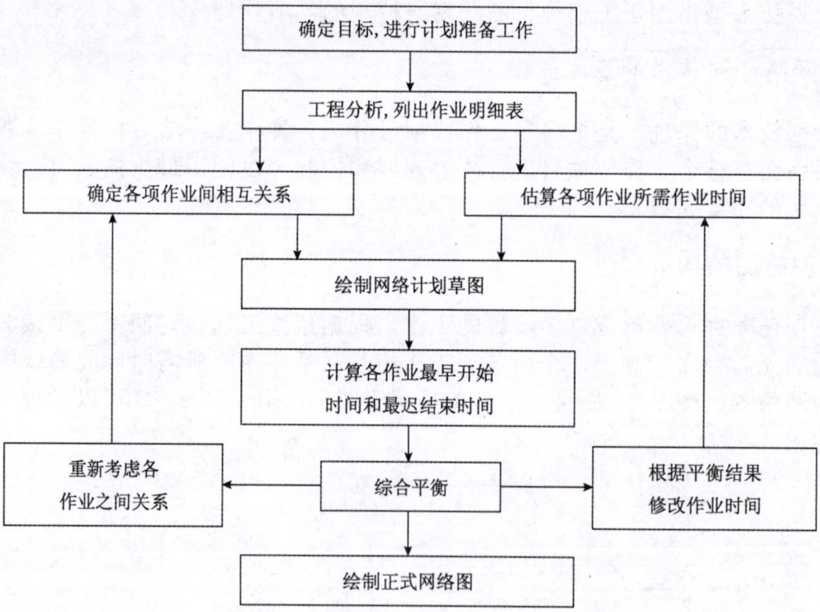

图 3 - 6　网络计划技术的基本步骤

1. 确定目标

确定目标是指决定将网络计划技术应用于哪一个工程项目，并提出对工程项目和有关技术经济指标的具体要求，如在工期方面、成本费用方面要达到什么要求。依据企业现有的管理基础，掌握各方面的信息和情况，利用网络计划技术为实现工程项目寻求最合适的方案。

2. 分解工程项目，列出作业明细表

根据项目管理的要求、级别和项目本身的内在联系，对项目进行作业分解，一般供项目决策层使用的网络图，作业分解可以粗一些；而作为项目具体组织、计划、控制的网络图，应该分解得较为详细。必要时，也可以分别绘制总图和分图，总图可以把一个工程项目粗分解为由许多作业组成，在绘制网络图前就要将工程项目分解成各项作业。

在工程项目分解成作业的基础上，还要进行作业分析，以便明确先行作业、平行作业和后续作业。在划分作业项目后便可计算和确定作业时间。一般采用单点估计法或三点估计法，然后一并填入明细表中。作业明细表的格式如表 3-2 所示。

表 3-2　作业明细表的格式

作业名称	作业代号	作业时间	先行作业	后续作业

作业明细表详细记录了一个项目计划的全部技术资料，包括作业名称、代号、作业时间和作业关系等信息。

作业关系主要是分析各项作业之间的先后顺序关系，具体分析内容有：

①某项作业开始前，有哪些作业必须先期完成（先行作业）？

②某项作业进行过程中，有哪些作业可以同时进行（平行作业）？

③某项作业完成后，有哪些作业应接着开始（后续作业）？

3. 绘制网络图，进行结点编号

根据作业明细表，可绘制网络图。网络图的绘制方法有顺推法和逆推法。

①顺推法：从开始结点出发，根据每项作业的后续作业，按规则顺序逐一绘出各项作业的箭线，直到结束结点为止。

②逆推法：从结束结点开始，根据每项作业的先行作业，按规则逆箭头前进方向逐一绘出各项作业的箭线，直到开始结点为止。

同一项任务，用上述两种方法画出的网络图是相同的。一般习惯于按逆推法安排计划的企业，如机器制造企业，采用逆推较方便；而建筑安装等企业，大多采用顺推法。按照各项作业之间的关系绘制网络图后，要进行结点的编号。

4. 计算网络时间，确定关键路线

作业时间是指完成一项作业所需要的时间，通常可以采用两种方法进行估计。

①单一时间估计法：为每一项作业只确定一个估计值。这种方法适用于不可知因素较少，或有较多的经验和资料可供借鉴的情况。

②三种时间估计法：这种方法适用于不可知因素较多，缺乏相关的经验和资料可供借

鉴的情况。它为每一项作业估计出三个时间值，即最乐观时间（t_a）、最可能时间（t_m）和最悲观时间（t_b），然后确定每项作业的期望时间（t_E）和标准差（σ）。具体的计算方法如下。

作业的期望时间为

$$t_E=(t_a+4t_m+t_b)/6 \tag{3-1}$$

标准差为

$$\sigma=(t_b-t_a)/6 \tag{3-2}$$

根据网络图和各项活动的作业时间，就可以计算出全部网络时间和时差，并确定关键线路。具体计算网络时间并不难，但比较烦琐。在实际工作中影响计划的因素很多，要耗费很多的人力和时间。

5. 进行网络计划方案的优化

找出关键路线，也就初步确定了完成整个计划任务所需要的工期。这个总工期，是否符合合同或计划规定的时间要求，是否与计划期的劳动力、物资供应、成本费用等计划指标相适应，需要进一步综合平衡，通过优化而择取最优方案。然后正式绘制网络图，编制各种进度表以及工程预算等各种计划文件。

6. 网络计划的贯彻执行

编制网络计划仅仅是计划工作的开始。计划工作不仅要正确地编制计划，更重要的是组织计划的实施。网络计划的贯彻执行，要发动群众讨论计划，加强生产管理工作，采取切实有效的措施，保证计划任务的完成。

（四）网络图绘制的基本原则

网络图的绘制不仅仅是把作业的先后关系表示出来，还需要方便计算，因此必须符合一定的要求。这些要求主要体现为以下绘制原则。

（1）任何项目、任务、计划、工程等都必须始于一个结点，终于一个结点，如图 3-7 所示。

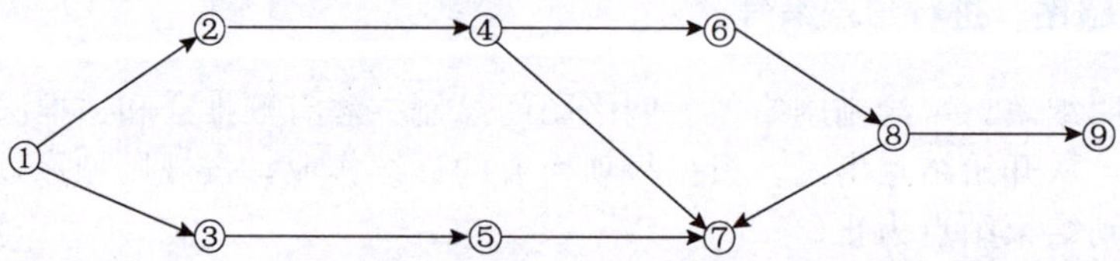

图 3-7　始于结点终于结点

（2）两个结点间只允许有一条作业线，不能出现几条作业线平行的现象，如图 3-8 所示。

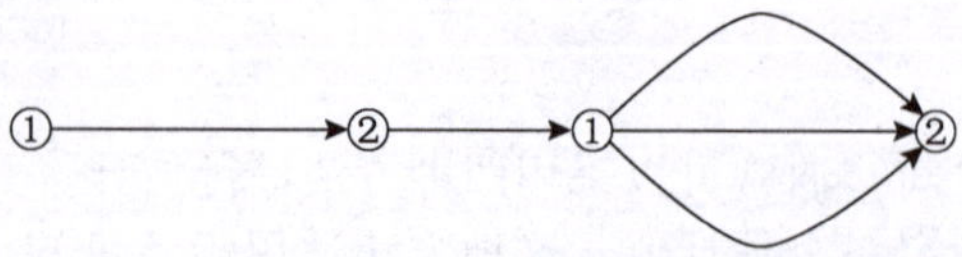

图 3-8　两个结点间不得出现几条平行作业线

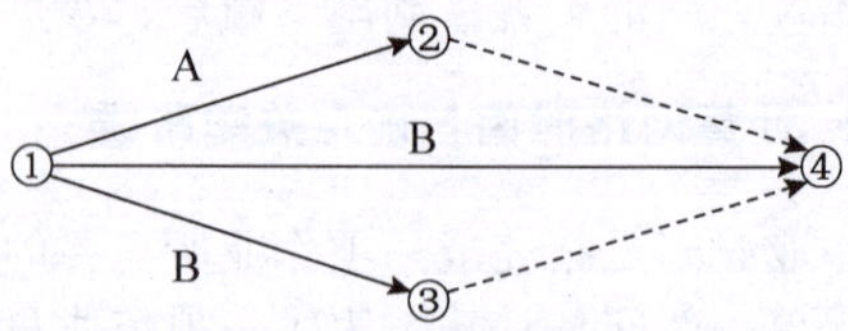

图 3-9　虚线作业线

(3) 如果从结点①开始，必须采取平行作业，然后同时在结点④处交汇，则可采取图 3-9 中的绘制方式。图中虚线叫虚拟作业线，它只表示两个结点之间的联接关系而无日程内容，也就是说作业时间为零。

(4) 结点号的顺序一般是从左至右、从上到下顺序标注的，要用正整数，后边大于前边，结点号不能重复使用，并且每一个结点只能对应唯一一个编号，如图 3-10 所示。

(5) 在路线中不允许出现回流和循环路线，如图 3-11 所示。

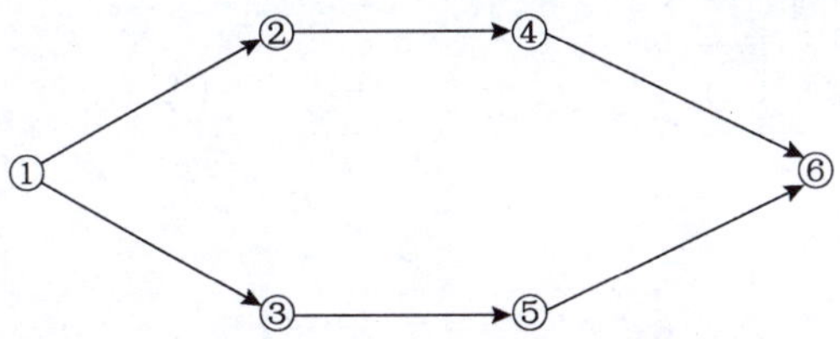

图 3-10　编号规则示意

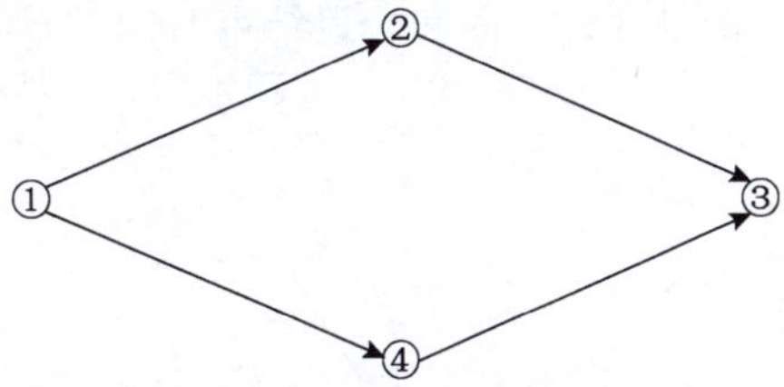

图 3-11　循环的箭线

(6) 在路线中不得随意增加虚拟作业线，否则会引起逻辑混乱或增加结点计算的工作量。

(五) 网络图中时间的计算

当一个项目的网络图绘制好之后，如何确定整个项目的工期，每项作业何时开始，又于何时结束，哪些作业对项目工期的影响最大等一系列问题，都要通过网络图的计算才能解决。

1. 结点时间值的计算

结点时间值的计算是网络图计算的始点。结点时间值包括结点最早开始时间 (ET) 和结点最迟结束时间 (LT)。

(1) 结点最早开始时间。

结点最早开始时间是指从该结点出发的各项作业最早能够开始的时间。其计算方法如下。

①当进入 j 结点的箭线只有一条时，j 结点的最早开始时间 ET_j 的计算公式为

$$ET_j = ET_i + t_{ij} \tag{3-3}$$

式中，ET_i——结点 i 的最早开始时间；

t_{ij}——作业 $i \sim j$ 的作业时间。

②当进入 j 结点的箭线有多条时，j 结点的最早开始时间 ET_j 的计算公式为

$$ET_j = \max\{ET_{ik} + t_{ikj}\} \tag{3-4}$$

式中，ET_{ik}——结点 i_k 的最早开始时间；

t_{ikj}——作业 $i_k \sim j$ 的作业时间；

$k = 1, 2, \cdots$

(2) 结点最迟结束时间。

结点最迟结束时间是指箭头指向该结点的各项作业最迟必须完成的时间。具体计算方法如下：

①当 i 结点的后面只有一条箭线时，i 结点的最迟结束时间 LT_i 的计算公式为

$$LT_i = LT_j - t_{ij} \tag{3-5}$$

式中，LT_j——结点 j 的最迟结束时间。

②当 i 结点的后面有多条箭线时，i 结点的最迟结束时间 LT_i 的计算公式为

$$LT_i = \min \{LT_{jk} - t_{ijk}\} \tag{3-6}$$

式中，LT_{jk}——结点 j_k 的最迟结束时间；

t_{ijk}——作业 $i—j_k$ 的作业时间；

$k = 1, 2, \cdots$

最早开始时间和最迟结束时间的计算示例如图 3-12 所示。

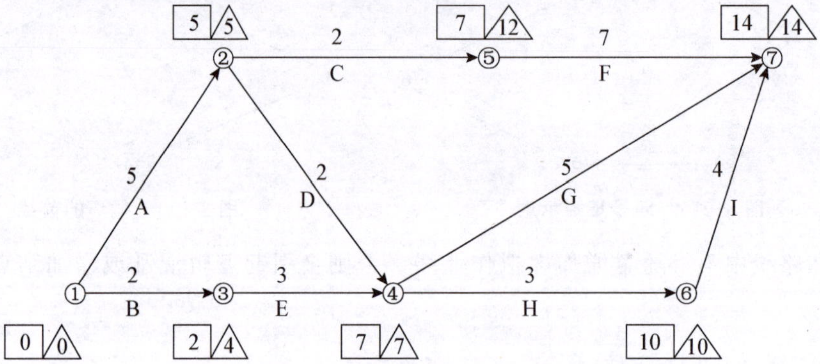

图 3-12 最早开始时间和最迟结束时间的计算示例

2. 作业时间值的计算

计算完结点时间值之后，就可以计算和确定作业的时间值。

（1）作业的最早开始时间和最早结束时间。

作业的最早开始时间（ES_{ij}），是指该作业最早可能开始的时间，它等于代表该作业的箭线的箭尾结点的最早开始时间，即 $ES_{ij} = ET_i$。

作业的最早结束时间（EF_{ij}），是指该项作业最早可能结束的时间，它等于该作业的最早开始时间与该作业的作业时间之和，即 $EF_{ij} = ES_{ij} + t_{ij}$。

（2）作业的最迟开始时间和最迟结束时间。

作业的最迟结束时间（LF_{ij}），是指该作业最迟必须完成的时间，它等于代表该作业的箭线的箭头结点的最迟结束时间，即 $LF_{ij} = LT_j$。

作业的最迟开始时间（LS_{ij}），是指该项作业最迟必须开始的时间，它等于该作业的最迟结束时间与该作业的作业时间之差，即 $LS_{ij} = LF_{ij} - t_{ij}$。

（3）总时差与自由时差。

作业的时差是指在不影响整个项目工期的条件下，某些作业在开工时间安排上可以机动使用的一段时间，因此又称宽裕时间或缓冲时间。

作业的总时差（$S_{总ij}$）表示该作业在开工时间安排上机动时间的幅度，它等于作业的最迟开始时间与最早开始时间之差，即 $S_{总ij} = LS_{ij} - ES_{ij}$。

作业的自由时差（$S_{自ij}$），是指在不影响后续作业在最早开始时间开工的条件下，某项作业所具备的时差。显然只有总时差不为零的作业才可能具有自由时差。自由时差的计算公式为

$$S_{自ij} = ET_j - ET_i - t_{ij} \tag{3-7}$$

在实际网络计算过程中，往往采用列表计算的方法计算上述六项时间值。以图 3-12 所示的网络图为例，计算所得的各项作业的六项时间值如表 3-3 所示。

表 3－3　作业时间值计算示例

①	②	③	④	⑤	⑥	⑦	⑧
作业名称及编号	作业时间	ES_{ij}	EF_{ij}	LS_{ij}	LF_{ij}	$S_{总}$	$S_{自}$
$(i-j)$	t_{ij}	ET_{ij}	③+②	⑥−②	LT_j	⑤−③	—
A（1—2）	5	0	5	0	5	0	—
B（1—3）	2	0	2	2	4	2	0
C（2—5）	2	5	7	10	12	5	0
D（2—4）	2	5	7	5	7	0	—
E（3—4）	3	2	5	4	7	2	2
F（5—7）	2	7	9	12	14	5	5
G（4—7）	5	7	12	9	14	2	2
H（4—6）	3	7	10	7	10	0	—
I（6—7）	4	10	14	10	14	0	—

（4）关键线路和工期。

在网络图中，由总时差为零的作业所构成的线路，称为网络图的关键线路。一般在一个网络图中，关键线路可能不止一条，但每条关键线路都具有一个共同的特点，即线路上各项作业的作业时间之和在所有线路中是最大的。

工程项目的总工期即是关键线路上各项作业的作业时间之和。

（六）网络计划优化

网络计划优化主要是利用时差，不断改善网络的最初方案，缩短周期，有效利用各种资源。网络计划有时间优化、时间—费用优化和时间—资源优化三种。

1. 时间优化

时间优化是指在人力、设备、资金等有保证的条件下，寻求最短的工程周期。它可以争取时间，迅速发挥投资效益。

例 3－1　某厂生产的某产品共有七道工序，其工序流程及每道工序所需时间如表 3－4 所示。

表 3－4　工序流程及工序时间

工序名称	A	B	C	D	E	F	G
工序	—	A	A	B	B	C、D	E、F
时间/天	1	8	5	3	7	3	1

（1）绘制网络图，将各项活动联结起来，如图 3－13 所示。

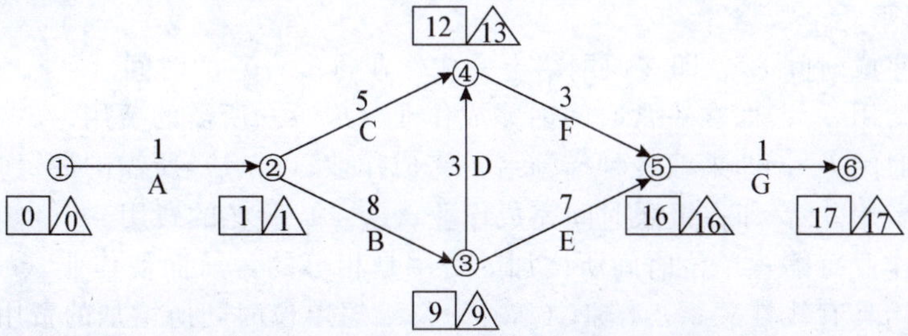

图 3－13　计算完结点时间值的网络图

(2) 确定事件的最早开始时间和最迟结束时间，如表 3-5 所示。

表 3-5　最早开始时间和最迟结束时间

结点	①	②	③	④	⑤	⑥
最早开始时间	0	1	9	12	16	17
最迟结束时间	0	1	9	13	16	17

(3) 计算工序时差，如表 3-6 所示。

表 3-6　工序时差

工序		作业时间	开始时间		结束时间		时差
在先事件	后续事件		最早	最迟	最早	最迟	
①	②	1	0	0	1	1	0
②	③	8	1	1	9	9	0
②	④	5	1	8	6	13	7
③	④	3	9	10	12	13	1
③	⑤	7	9	9	16	16	0
④	⑤	3	12	13	15	16	1
⑤	⑥	1	16	16	17	17	0

(4) 确定关键路线。把上述计算中，时差为零的结点连接起来的线路即关键路线，在网络图中即①—②—③—⑤—⑥，共计时间 17 天。

时间优化可采取下列措施：①利用时差，从非关键路线上的松动时间，合理调配资源到关键工序上，使工期缩短。从网络图中，能清楚地看出非关键路线上诸项活动的松动时间。例如，工序 D（③—④），工序 F（④—⑤）均可以往后“松动”一天，不致影响工序 G 在第 16 天开始。同理，工序 C（②—④）可以往后延迟 6 天，不致影响工序 F 在第 12 天开始。这样总共延迟 6+1=7 天。这就是说，工序 C（②+④）最早可在第 2 天开工，最迟可在第 7 天开工，都不会影响整个生产的进度。②设法缩短关键工序路线上的延续时间。③进行作业分解，采取平行作业或交叉作业方法，调整工序之间的衔接关系。④通过增加人、财、物等资源，使计划达到加快速度、缩短生产周期的目的。

2. 时间—费用优化

时间—费用优化，就是要使总费用支出最小，而工期最短地完成生产任务。

在总费用中，间接费用的发生与生产过程中各工序没有直接关系，间接费用的计算可按工序的作业时间，或生产工人的工资分摊到每个工序。而直接费用与生产过程中各工序的延续时间有关，每个工序的直接费用是随着工序时间的缩短而增加的，因此，在网络计划技术中，要着重分析直接费用与生产过程各工序时间的关系。为此，必须对每个作业 (i, j) 取得以下几个数据。

(1) 正常完成时间 t_{ij}，即在原网络上完成作业 (i, j) 的时间。

(2) 正常费用 a_{ij}，即在正常时间内完成作业 (i, j) 所需的费用。

(3) 极限时间 k_{ij}，即采取各种措施后，完成作业 (i, j) 所需的最短时间。

(4) 极限费用 b_{ij}，即在极限时间完成作业 (i, j) 所花的费用。

假设同一作业每缩短单位时间所增加的费用是相等的，从而使作业 (i, j) 缩短的时间和增加的费用具有线性关系，作业 (i, j) 每缩短单位时间所增加的费用为

$$e_{ij}=\frac{b_{ij}-a_{ij}}{t_{ij}-k_{ij}} \tag{3-8}$$

例 3-2 某项计划共有九项作业，其作业时间、费用及费用率如表 3-7 所示，该项计划的直接费用在正常作业时间下为 310 000 元，间接费用为每天 1 000 元，现求直接费用与间接费用之和最低时的工期。

表 3-7 作业时间、费用及费用率

作业编号	时间/天		费用/千元		费用率/千元/天
$i-j$	正常	极限	正常	极限	
①—②	6	3	40	52	4
①—③	5	1	30	50	5
②—④	7	5	40	100	30
②—⑥	5	2	30	60	10
③—④	6	2	40	70	7.5
④—⑤	6	4	30	60	15
④—⑥	9	5	60	110	12.5
⑤—⑦	2	1	20	40	20
⑥—⑦	4	1	20	50	10

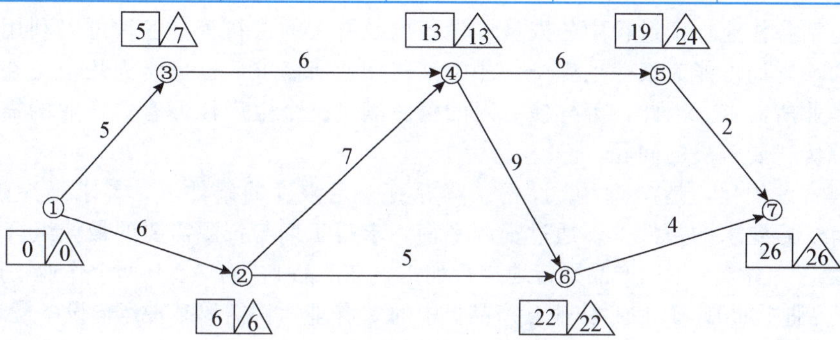

图 3-14 计算完结点时间值的网络图

时间—费用优化步骤如下。

第一，绘制网络图。根据上述资料，绘制网络图（图 3-14）并计算网络时间值，确定关键路线。

第二，用图 3-14 中分析的方法将工期一步一步缩短极限，即缩短到出现一条关键路线上各作业都达到极限时间为止，并求出相应的直接费用。具体步骤和计算方法如表 3-8 所示。

表 3-8 费用计算步骤和计算方法

步骤	费用率最小的作业	缩短时间/天	增加费用/元	直接费用/千元	总工期/天	画网络图
第一步	①—②	2	8	310+8=318	26−2=24	略
第二步	①—③ ①—②	1 1	5+4=9	318+9=327	24−1=23	略
第三步	⑥—⑦	3	30	327+30=357	23−3=20	略
第四步	④—⑥	2	25	357+25=382	20−2=18	略
第五步	④—⑤ ④—⑥	2 2	30+25=55	382+55=437	18−2=16	略
第六步	①—③ ②—④	2 2	10+60=70	437+70=507	16−2=14	略

第三，关键路线上的作业已缩短到最短时间时，计算就可以结束。将计算结果列表（如间接费用 10 000×天数），如表 3－9 所示。

表 3－9 直接费用、间接费用和总费用

工期/天	直接费用/千元	间接费用/千元	总费用/千元
14	507	140	647
16	437	160	597
18	382	180	562
20	357	200	557
23	327	230	557
24	318	240	558
26	260	260	520

计算结果表示最优工期为 20～23 天，最低费用为 557 000 元，缩短工期 3～6 天，节约费用 13 000 元。

3. 时间—资源优化

资源包括各作业加工过程中的人员、设备以及有关的材料等。各种可以利用的资源往往是有限的，它们可能为某一项生产任务中某些作业所需求，也可能为几个正在平行生产任务中的作业所需求。因此，怎样使有限的资源满足整个生产任务有关作业的需要，就是时间—资源优化要解决的问题。

时间—资源优化，是在人力、设备、资源有一定限度的条件下，寻求最短生产周期，或在工期有一定要求的条件下，通过资源平衡，求得工期与资源需要的最佳组合。

例 3－3 有 4 个不同产品平行地进行加工，在产品Ⅰ中有 A、B 两个作业，产品Ⅱ中的 C 作业，产品Ⅲ中的 D、E 和 F 作业，产品Ⅳ中的 G 作业，都需要某种运输设备搬运材料。

分别在网络计划技术中找出这些作业的最早开工时间和时差，以及对某种运输设备的需要量，填入表 3－10 中。

表 3－10 最早开工时间和时差

工序＼日期	1	2	3	4	5	6	7	8	9	10	11
Ⅰ A	5	5	5								
B	3	3	3	3	3	3	△	△	△		
Ⅱ C			5	5	5	5	5	△	△		
Ⅲ D	2	2	2	2	2	2	△	△	△		
E										6	6
F								4	4	△	△
Ⅳ G		5	5	5	5	△	△				
日需要量	10	15	20	15	15	10	5	4	4	6	6

表 3－10 中的数字对应作业当天需要某种运输设备数，每个作业第一个数字填在最早开工日期一栏中，打△处表示该作业活动余地，即时差。

如果每天只有 10 辆运输设备可供分配，就要进行调整，尽量利用各个作业的活动余地。调整后如表 3－11 所示。

表 3 - 11　最早开工时间和时差调整

工序 \ 日期	1	2	3	4	5	6	7	8	9	10	11
Ⅰ A	5	5	5								
B	3	3	△	△	3	3	△	3	3		
Ⅱ C			△	5	△	5	5	5	5		
Ⅲ D	2	2	△	△	2	2	△	2	2		
E										6	6
F								△	△	6	6
Ⅳ G			5	5	5	△	5	△			

这样，就可以使该运输设备的使用均匀而达到充分利用的目的。

（七）网络计划的监督与控制

对经过优化处理的网络计划在实施过程中进行监督、控制，是网络计划技术的重要功能之一。也就是说，在网络计划执行过程中，由于内外部客观条件的变化和影响，工期进度也不断出现变化，这就要对网络图的工期进度进行监督检查，用动态的计划方式对进度进行控制，并根据实际执行过程中的情况，对网络图中的各工序项目重新进行调整，合理组合，形成一个新的网络计划实施图。

（八）网络计划技术的评价

网络计划技术虽然需要大量而烦琐的计算，但在计算机广泛运用的时代，这些计算大都已被程序化。这种技术之所以被广泛地运用，是因为它有一系列的优点。

（1）该技术能清晰地表明整个工程各个项目的时间顺序和相互关系，并指出了完成任务的关键环节和路线。因此，管理者在制订计划时可以统筹安排、全面考虑，又不失重点。在实施过程中，管理者可以进行重点管理。

（2）可对工程的时间进度与资源利用实施优化。在计划实施过程中，管理者调动非关键路线上的人力、物力和财力从事关键作业，进行综合平衡。这既可节省资源，又能加快工程进度。

（3）可事先评价达到目标的可能性。该技术指出了计划实施过程中可能发生的困难点，以及这些困难点对整个任务产生的影响，应准备好应急措施，从而减少无法完成任务的风险。

（4）便于组织与控制。管理者可以将工程，特别是复杂的大项目，分成许多支持系统来组织实施与控制，这种既化整为零又聚零为整的管理方法，可以达到局部和整体的协调一致。

（5）易于操作，并具有广泛的应用范围，适用于各行各业以及各种任务。

第三节　战略性计划与实施

战略性计划是组织根据外部市场环境和内部资源条件而制订的涉及组织管理各方面的带有全局性的重大计划。战略性计划是指应用于整体组织的，为组织未来较长时期（通常为五年以上）设立的总体目标和寻求组织在环境中的地位的计划。战略性计划的任务不在于看清组织目前是什么样，而在于看清组织将来会成为什么样。组织只有具备了明确的任务和目的，才可能制定明确和现实的组织目标。因此，战略性计划的首要内容是愿景陈述(vision statement）和使命陈述（mission statement)。制订战略性计划的第二项内容是通过外部环境和内部条件研究，确定企业在行业中合适的地位，即战略环境分析。战略性计划的第三项内容是选择企业合适的发展途径，即战略选择。

一、愿景和使命陈述

愿景和使命陈述（vision & mission statement）回答的是“我们想成为什么和我们的使命是什么”的问题。愿景和使命陈述应该生动活泼、言简意赅、易于记诵，且富有意义和鼓舞性。组织雇员和管理者共同为公司制定和修改愿景目标反映了他们对组织未来的憧憬。共同的愿景和使命可以使人们的精神从单调的日常操作中得到升华，使人们的积极性受到激励。

愿景和使命陈述包括两个主要部分：核心意识形态（core ideology)、愿景展望(envisioned future)。核心意识形态由核心价值观（core values）和核心目标（core purpose）两部分构成，它给组织提供了长久存在的基础，是组织的精神。愿景展望由10～30年的宏伟的、大胆的、有难度的目标（10-to-30-year big，hairy，audacious goal，BHAG）和生动逼真的描述（vivid description）两部分构成。

（一）核心价值观

核心价值观是组织持久的和本质的原则。它是一般性的指导原则，不能把它与具体的生产或经营做法混为一谈，不能为了经济利益或短期的好处而放弃它。“目光远大的公司(Visionary Company）的核心价值观不需要理性的或外在的理由，它们不随趋势和时尚的变化而变化，甚至也不随市场状况的变化而变化。”下面是对索尼公司和迪斯尼公司核心价值观例子的陈述。

索尼公司：①弘扬日本文化，提高国家地位；②作为开拓者，不模仿别人，努力做看似不可能的事情；③尊重和鼓励每个人的才能和创造力。

迪斯尼公司：①不许悲观失望；②弘扬和宣传健康向上的美国文化；③创新，梦想，想象；④对工作充满热情，细致入微，持之以恒；⑤永远保持迪斯尼公司的神奇形象。

（二）核心目标

核心目标是企业存在的理由或目的，不是具体的目标或公司战略。有效的核心目标反映了为公司工作的内在动力，它不仅描述公司的产出或目标顾客，而且体现了公司的灵魂。好的目标对公司的指导和激励作用可以持续多年，也许长达一个世纪甚至更久。

索尼公司：享受有益于公众的技术革新和技术应用所带来的真正乐趣。

迪斯尼公司：给千百万人带来快乐。

（三）BHAG

目光远大的公司经常利用大胆的目标作为激励员工的一种特别有效的手段。一个有效的BHAG（big，hairy，audacious goals）具有强大的吸引力，人们会不由自主地被它吸引，并全力以赴地为之奋斗；它非常明确，能够使人受到鼓舞；它让人一目了然，几乎无须任何解释。通用电气公司前总裁杰克·韦尔奇（Jack Welch）说，公司的第一步，也是最重要的一步，是用概括性的、明确的语言确定公司的目标。通用电气公司的目标是“不断提高竞争力，争取在所有我们参加的市场中名列前茅；彻底改革我们的公司，使公司像小公司一样行动快捷、灵敏。”

下面是索尼公司和迪斯尼公司 BHAG 陈述的例子。

索尼公司：成为改变日本产品质量低劣的世界形象的最著名的公司，制造一种袖珍晶体管收音机（20 世纪 50 年代）。

迪斯尼公司：建造迪斯尼乐园——根据我们的想象，而不是根据工业标准（20 世纪 60 年代）。

（四）生动逼真的描述

当我们确立了核心价值观、核心目标以及 BHAG 后，要想让其产生激励、鼓舞作用，必须用生动逼真的语言表达出来。

愿景和使命描述了组织未来期望达到的图景和组织为之奋斗的任务。愿景和使命陈述与企业战略是不同的。战略是为了达到组织总目标而采取的行动和利用资源的总计划。战略是硬件，而愿景描述是软件。表 3－12 给出了一个完整的愿景和使命陈述的例子。

表 3－12 索尼公司在 20 世纪 50 年代的愿景和使命陈述

核心意识形态	愿景展望
核心价值观： ·弘扬日本文化，提高国家地位 ·作为开拓者，不模仿别人，努力做看似不可能的事情 ·尊重和鼓励每个人的才能和创造力	BHAG： ·成为改变日本产品质量低劣的世界形象的最著名的公司 ·制造一种袖珍晶体管收音机
核心目标： ·享受有益于公众的技术革新和技术应用所带来的真正乐趣	生动逼真的描述： ·我们将生产遍及全球的产品……我们要成为进入美国市场并在那里直接销售的第一个日本公司。我们要由创新获取成功，而这些创新美国公司却未能获得成功，如晶体管收音机……从现在起的 50 年，我们的品牌要在世界范围内家喻户晓……并且创新与质量能与任何最富创新精神的公司相媲美……“日本制造”将意味着品质优良，而非质量低劣

二、战略环境分析

战略环境分析是为完成企业使命和战略选择服务的。德鲁克曾指出，“企业的目的，只有一个定义说得通：创造顾客。”企业竞争的最终目的是为给顾客创造价值而创造和获取顾客。就企业环境分析而言，“天”指外部一般环境，主要包括政治环境、社会文化环境、经济环境、技术环境和自然环境；“地”指企业竞争所处的行业环境，主要包括行业竞争结构、行业内战略群（strategic groups within industry）等；“彼”指企业竞争对手；“己”指企业自身条件；“顾客”指企业为之提供产品或服务的消费者。由于竞争的相对性，长与短、强与弱、虚与实都是相对的，因此“彼”与“己”研究必须相互比较而进行，而单纯研究“彼”或“己”是没有意义的。“知天知地”认识了企业所面临的利与危、机遇与威胁，“知彼知己”了解了企业的长与短、实力与不足。图 3－15 所示为环境研究的内容与目的。

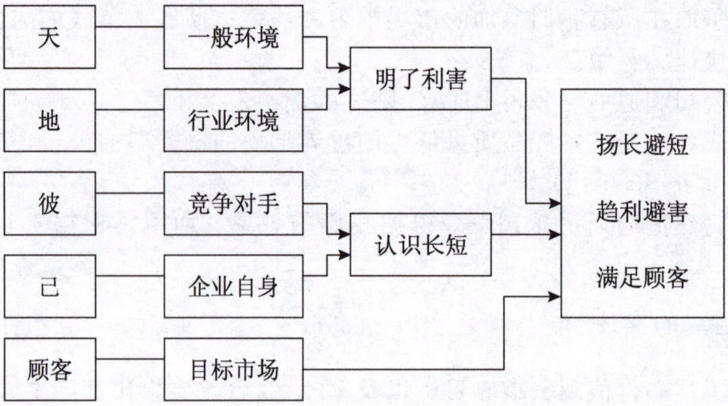

图 3－15　环境研究的内容与目的

（一）外部一般环境

外部一般环境，或称总体环境，是在一定时空内社会中各类组织均面对的环境，所以又称为“天”。其大致可归纳为政治环境、社会文化环境、经济环境、技术环境、自然环境等五个方面。

(1) 政治环境：包括一个国家的社会制度，执政党的性质，政府的方针、政策、法令等。不同的国家有着不同的社会性质，不同的社会制度对组织活动有着不同的限制和要求。

(2) 社会文化环境：包括一个国家或地区的居民教育程度和文化水平、宗教信仰、风俗习惯、价值观念、审美观点等。文化水平会影响居民的需求层次，宗教信仰和风俗习惯会禁止或抵制某些活动的进行，价值观念会影响居民对组织目标、组织活动以及组织存在本身的认可与否，审美观点则会影响人们对组织活动内容、活动方式以及活动成果的态度。

(3) 经济环境：主要包括宏观和微观两个方面的内容。宏观经济环境主要指一个国家的人口数量及其增长趋势，国民收入、国民生产总值及其变化情况以及通过这些指标能够反映的国民经济发展水平和发展速度。微观经济环境主要指企业所在地区或所服务地区的消费者的收入水平、消费偏好、储蓄情况、就业程度等因素。这些因素直接决定着企业目前及未来的市场大小。

(4) 技术环境：除了要考察与企业所处领域的活动直接相关的技术手段的发展变化外，还应及时了解：①国家对科技开发的投资和支持重点；②该领域技术发展动态和研究开发费用总额；③技术转移和技术商品化速度；④专利及其保护情况等。

(5) 自然环境：主要指企业经营所处的地理位置及气候条件和资源禀赋状况等自然因素。

（二）行业环境

制定竞争战略的实质就是将一个公司与其环境建立联系。尽管企业面对的相关环境的范围广阔，包含政治、社会、经济、技术以及自然等环境因素，但公司环境的最关键部分就是公司所在的一个或几个行业。因此，我们称行业环境为“地”。

一个行业内部的竞争状态取决于五种基本竞争作用力，如图 3－16 所示。这些作用力汇集起来决定着该行业的最终利润潜力，并且最终利润潜力也会随着这种合力的变化而发生根本性的变化。一个公司的竞争战略目标在于使公司能在行业内进行恰当定位，最有效地抗击五种竞争作用力并影响它们朝有利于自己的方向变化。

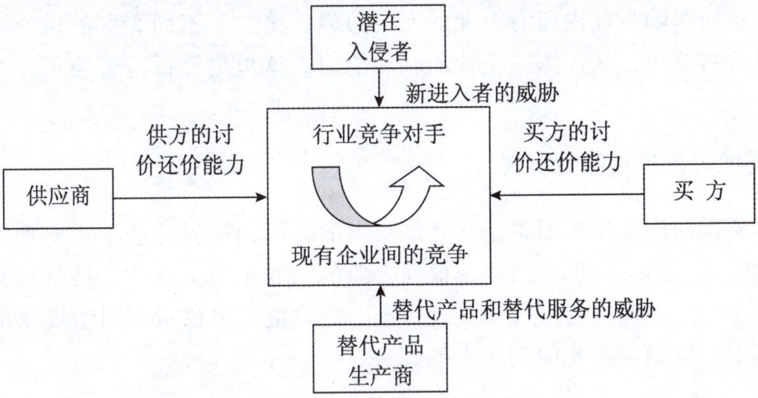

图 3－16 驱动行业竞争的五种作用力

1. 行业内现有竞争对手研究

(1) 竞争对手基本情况研究。主要研究竞争对手的数量有多少，分布在什么地方，有哪些活动，各自的规模、资金、技术力量如何，其中哪些对自己的威胁特别大。反映企业竞争实力的指标主要有销售增长率、市场占有率和产品的获得能力。

(2) 主要竞争对手研究。主要是比较不同企业的竞争实力。主要竞争对手研究的目的是找出主要竞争对手竞争实力的决定因素，以帮助企业制定相应的竞争策略。

(3) 竞争对手的发展动向研究。包括市场发展或转移动向和产品发展动向。

2. 入侵者研究

影响行业进入障碍的因素主要有以下几个。

(1) 规模经济。规模经济表现为在一定时期内产品的单位成本随总产量的增加而降低。

(2) 产品差别化。产品差别化意味着现有的公司由于过去的广告、顾客服务、产品特点或由于第一个进入该行业而获得的商标及顾客信誉上的优势。

(3) 转移成本。转移成本指买方从向某一供应商购买产品转移到向另一供应商购买产品时所产生的一次性成本。

(4) 在位优势。在位优势指行业已在位的厂商由于一段时间经营而积累起来的优势，包括掌握销售渠道的优势、专有的产品技术、最佳原料来源控制、政府补贴、学习或经验曲线等。

3. 替代品生产商研究

企业生产的产品，从表面上看，是具有一定外观形状的物质品，但抽象地分析，它们是能够满足某种需要的使用价值或功能。产品的使用价值或功能相同，能够满足的消费需要相同，在使用过程中就可以相互替代，生产这些产品的企业间就可能形成竞争。

4. 买方的讨价还价能力研究

消费者在两个方面影响着行业内企业的经营：第一，买方对产品的总需求决定着行业的市场潜力，从而影响行业内所有企业的发展边界。第二，不同买方的讨价还价能力会诱发企业之间的价格竞争，从而影响企业的获利能力。这里主要讨论影响买方讨价还价能力的因素。

5. 供应商的讨价还价能力研究

企业生产所需的许多生产要素是从外部获得的，因而提供这些生产要素的经济组织也制约着企业的经营。第一，供应商能否根据企业的需要按时、按质、按量地提供所需生产要素，影响着企业生产规模的维持和扩大。第二，供应商提供货物时所要求的价格决定着企业的生产成本，影响着企业的利润水平。

（三）竞争对手

战略制定的一项任务是竞争对手分析。竞争对手研究的第一步是识别竞争对手。识别行业内现有的竞争对手并非难事，但要识别潜在的竞争对手并非易事。一般来说，竞争对手可以从以下群体中辨识出来：

①不在本行业，但可以克服进入壁垒进入本行业的企业；

②进入本行业可以产生明显的协同效应（synergic effect）的企业；

③因战略实施而自然进入本行业的企业；

④通过后向或前向一体化进入本行业的买方或供方。

竞争对手分析的目的，是认识在行业竞争中可能成功的战略的性质、竞争对手对各不同战略可能做出的反应、竞争对手对行业变迁以及更广泛的环境变化可能做出的反应。

（四）企业自身

企业自身应与竞争对手相对应地进行研究，其目的是“识长短”，即与对手相比，认清企业自身的实力与不足。波特（Porter）认为，将企业作为一个整体来看无法认识竞争优势，因为竞争优势来源于企业在设计、生产、营销、交货等过程及辅助过程中所进行的许多相互分离的活动，并且企业正是通过比其竞争对手更廉价或更出色地开展这些价值活动而赢得竞争优势的。因此，关于企业自身和竞争对手的比较分析可以借用波特的“价值链”（value chain）分析法。

根据价值链分析法，每个企业都是设计、生产、营销、交货以及对产品起辅助作用的各种价值活动的集合。企业的价值活动分为基本活动（primary activities）和辅助活动（support activities）两类，如图 3－17 所示。

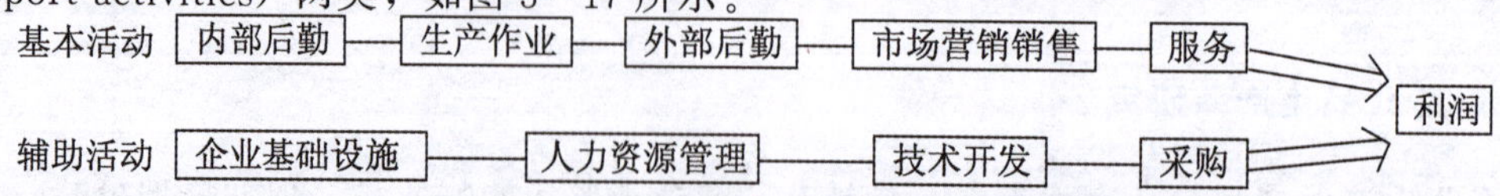

图 3－17　企业价值链：基本活动及其辅助活动

（1）按价值活动的工艺顺序，基本活动由五个部分构成：①内部后勤（inbound logistics），是与接收、存储和分配相关联的各种活动；②生产作业（operations），是与将投入转化为最终产品形式相关的各种活动；③外部后勤（outbound logistics），是与集中、存储和将产品发送给买方有关的各种活动；④市场营销和销售（marketing and sales），是与传递信息、引导和巩固购买行为有关的各种活动；⑤服务（service），是与提供服务以增加或保持产品价值有关的各种活动。

表 3-13 评价了企业的基本价值活动。给表 3-13 中每一项按一定方式赋值，如可以赋值为“优秀”“一般”“差”三等，或赋值为“优秀”“较好”“一般”“差”和“很差”五等，与竞争对手的相应项目比较，评价企业每一项基本活动的情况。

表 3-13　评价企业的基本价值活动

基本活动	评价指标	得分
内部后勤	· 物资和库存控制系统健全性	
	· 原材料入库工作的效率	
	· 与主要竞争对手相比的设备生产率	
生产作业	· 用以提高质量和降低成本的生产控制系统的效果	
	· 工厂、车间设计和工作流动设计的效率	
	· 生产过程的适当自动化程度	
外部后勤	· 产成品交货和服务的及时性和效率	
	· 产成品入库工作的效率	
市场营销	· 用以识别目标顾客和顾客需求的市场研究的效果	
	· 在销售促进和广告方面的创新	
	· 对可供选择的分销渠道的评价	
	· 销售队伍的能力及其激励	
	· 关于质量形象和名誉的发展	
服务	· 顾客对品牌的忠诚度	
	· 在细分市场或整个市场中的优势程度	
	· 促使顾客对产品改进进行投入的方法	
	· 对顾客意见反应的及时性	
	· 企业担保和保证政策的合理性	
	· 对顾客进行教育和培训的质量	
	· 企业提供零部件和维修服务的能力	

（2）辅助活动主要包括：①企业基础设施（firm infrastructure），包括总体管理、计划、财务、会计、法律、信息系统等价值活动；②人力资源管理（human resource management），包括组织各级员工的招聘、培训、开发和激励等价值活动；③技术开发（technology development），包括基础研究、产品设计、媒介研究、工艺与装备设计等价值活动；④采购（procurement），包括原材料采购以及诸如机器、设备、建筑设施等直接用于生产过程的投入品采购等价值活动。

同评价企业基本活动一样，可以与竞争对手比较，评价企业每一项辅助活动的情况，如表 3-14 所示。

表 3-14 评价企业的辅助价值活动

辅助活动	评价指标	得分
企业基础设施	·对新产品的市场机会和潜在环境威胁识别的能力	
	·用以实现企业目标的战略计划体系的质量	
	·对价值链内及价值链间的各价值活动协调和整合的能力	
	·获得成本相对低廉的资本的能力	
	·信息系统对制定战略的或日常的决策的支持水平	
	·有关企业一般环境和竞争环境的信息获取的及时性和准确性	
	·与公共政策制定者和企业利益相关者间的关系	
	·企业公共形象和组织公民行为	
人力资源管理	·各级员工的招聘、培训和激励程序与政策的效果	
	·组织报酬制度的合理性	
	·良好的工作环境，以保证员工缺勤最少和员工在理想岗位间流动	
	·与工会的关系	
	·管理人员和技术人员的积极性	
	·一般员工积极性和工作满意度	
技术开发	·在引导产品和过程创新上，研究与开发的成功性	
	·研究开发人员与企业其他部门间工作关系的质量	
	·技术开发的及时性（能否按时完成）	
	·实验室和其他设施的质量	
	·实验室工程师和科学家的资格和经验	
	·激励创造性和创新性的工作环境	
采购	·为降低对单一供应商的依赖性而开发多采购渠道的能力	
	·原材料采购： 以最恰当的时间　以尽可能低的成本　以可接受的质量水平	
	·有关工厂、机器和厂房采购的程序和制度	
	·租赁与购买标准合理性	
	·与可信赖的供应商间的良好而长期的关系	

（五）目标市场研究

企业的产品和服务是为顾客服务的，但是企业不能在产品和服务创造出来后才考虑顾客的需求，而是应在战略制定阶段就分析企业所服务的顾客及其需求。目标市场研究的主要内容是总体市场分析（general market analyzing）、市场细分（market segmentation）、目标市场确定（market targeting）和产品定位（product positioning），如图 3-18 所示。

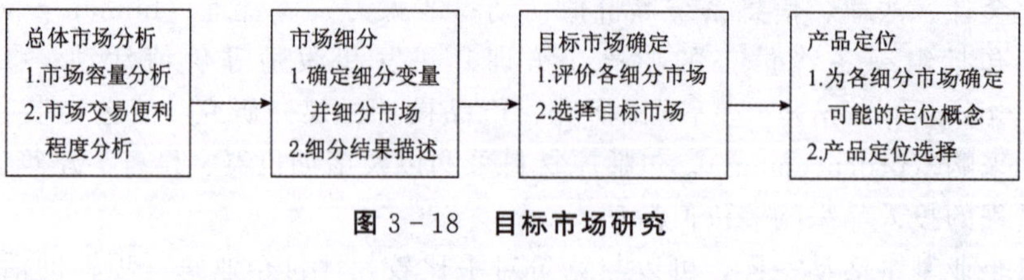

图 3-18 目标市场研究

1. 总体市场分析

市场的主要特征可用市场容量和市场交易便利程度两个指标来描述。市场容量决定了企业发展的可能边界，市场交易便利程度或市场交易成本反映了市场交易的可实现程度。市场容量必须界定地域和需求性质。根据所界定的地域和需求性质，分析市场总需求、总需求中有支付能力的需求、暂时没有支付能力的潜在需求。

2. 市场细分

市场细分就是将一个总体市场划分为若干个具有不同特点的顾客群，每个顾客群需要相应的产品或市场组合。对于一个总体市场，可能存在两种极端：一种是市场中所有顾客都具有完全相同的偏好，这种情况被称为“同质市场”或“无市场细分”；另一种是市场中每位顾客均具有不同的偏好，并且企业对顾客的偏好具有完全信息，企业能够根据每位顾客的需要提供别具一格的产品和服务，这种情况被称为“用户化市场”或“完全市场细分”。

市场细分一般包括以下三个阶段：①调查阶段。②分析阶段。③细分结果描述阶段。

3. 目标市场确定

市场细分揭示了各细分市场的可能机会，企业必须评价各细分市场并选择企业所服务的目标市场。良好的细分市场应具有如下特征：①可测量性（measurability)，即市场规模、容量和购买力可以测量。②丰富性（substantiality)，即市场规模足够大且有利可图，企业可投入该市场。③可接近性（accessibility)，即市场可以有效地接近且能为顾客服务。④可实现性（actionability)，即企业有能力满足该市场的需求。如果细分市场对企业具有吸引力，但市场容量过大、企业过小，从而无法满足该市场的需求，则应该对该市场进一步细分。

4. 产品定位

产品定位是企业为了满足目标市场，确定产品的功能、质量、价格、包装、销售渠道、服务方式等。这里的关键是必须用“整体产品”概念来理解“产品定位”。整体产品是指包括向市场提供的能满足人们某种需要的一切物品和劳务，是由核心产品、形式产品和延伸产品三个层次所组成的整体。企业可以在任一层次或多层次上创造产品差别化，从而创造顾客。

一般来说，定位策略主要有：①抢先定位策略。最早给人以一个印象，是进入顾客心里的捷径。②领导定位策略。一些经验表明，进入顾客心里的第一个产品品牌的长期市场占有率，一般来说比第二个品牌高出两倍，第二个品牌差不多也比第三个品牌高出两倍，而且这种比率不会轻易改变。③依附定位策略。有时当企业推出了新产品，却尽力告诉顾客这个产品不是全新的产品，而是同老产品有联系的新产品。依附定位策略是紧挨着市场中已存在的产品占有自己的市场。④空隙定位策略。空隙定位策略一般是追随者所采用的策略。空隙可以是规模、价格、性别、年龄、时间方面的空隙。⑤重新定位策略。根据市场演进理论，到了一定的阶段，由于市场上每类产品都有数以百计的品种，企业将在顾客的心里再也找不到一个空隙，那么必须改变竞争对手在顾客心里已经占有的位置，为自己的产品创造空隙。

三、战略选择

战略选择（strategy selecting）的实质是企业选择恰当的战略，从而扬长避短、趋利避害和满足顾客需求。

（一）基本战略姿态

企业基本战略揭示企业如何为顾客创造价值。基本的战略有成本领先战略、特色优势战略、目标集聚战略。一种基本战略姿态可以有多种实现形式，如多元化战略和一体化战略都可以实现成本领先或特色优势战略姿态。

从实现顾客价值形式角度而言，企业可以采取三种基本战略姿态中的任一种，但由于每种战略姿态需要企业特别在组织、管理、文化等方面予以支持。表 3－15 列出了选择基本战略姿态的基本原则。

表 3－15　基本战略姿态的基本原则

基本战略姿态	基本原则
成本领先战略	一种先发制人的战略 持续的资本投资和良好的融资能力 能够大规模化的生产技能 对工人严格监督 低成本的分销系统 结构和责任分明的组织 严格以定量目标为基础的激励制度 严格的成本控制和经常、详细的控制报告
特色优势战略	既可以是先发制人，也可以是后发制人的战略 强大的生产营销能力 敏锐的创造性鉴别能力 很强的基础研究能力 具有质量或技术领先的公司声誉 悠久的传统或独特的业务组合 在研究、产品开发和市场营销部门之间的密切协作 重视主观评价、创新精神，而不仅仅以定量指标为基础的激励制度 轻松愉快的工作环境和企业文化，吸引高技能人才
目标集聚战略	一种具有自我约束能力的战略 公司的实力不足以在产业内更广泛地竞争 公司能够以更高的效率、更好的效果为某一狭窄的战略对象服务，能在该范围内超过竞争对手 针对不同的成本或特色目标，相应地对上述原则加以组合

（二）企业核心能力与成长战略

虽然企业所有能力都对企业竞争优势产生贡献，但只有核心能力才能创造持续的动态竞争优势。在企业能力构成中，各种能力的重要程度不是一成不变的，而是随着“天、地、彼、己”以及“顾客”的变化而变化。或因为顾客需求变化，或因为竞争对手在此项能力上表现出更好的能力等，今天的某种能力是自己的核心能力，明天可能不再如此。

企业能力并不表现为企业的实物资产，甚至并不表现为士气、技术或知识。企业能力是企业获取并运用资产的能力，使企业资产呈现良好的结构；是企业通过文化建设和制度安排创造高昂士气的能力，使参与者同心同德并步调一致；是企业获取并充分运用设备、技术和知识的能力，使企业人、财、物同先进适用的技术和知识良好地结合。能力不像有形资产那样逐渐“耗损”，能力用得越多就越精进，越有价值。

如何增强企业的竞争力呢？如何实现企业成长呢？只有一个办法：充分利用符合“天与地”规律，且是企业独特长处的，并“有助于实现消费者看重的价值”的核心能力。“充分利用核心能力”的内涵是，将自己有限的人力、物力、财力配置于核心能力之上，让核心能力长出丰硕的果实。“充分利用核心能力”还有另一层隐含义，即充分利用企业外部的人力、物力、财力配置于自己非核心能力之上。但核心能力一般不能与别人共享。

企业成长的基础是核心能力。核心能力可以通过一体化、多元化和加强型战略等战略形式在企业内扩张，也可以通过出售核心产品、非核心能力的虚拟运作和战略联盟等战略形式在企业间扩张，各种战略形式选择的条件如表 3 - 16 所示。

表 3 - 16 企业核心能力与企业成长战略选择条件

成长战略			选择条件
核心能力企业向内扩张	一体化战略	前向一体化	企业现有的销售商或不可靠或成本高昂，或不能满足企业需要 可资利用的高质量销售商数量很有限 企业所在行业明显快速增长或预期快速增长 企业具有销售自己产品所需的资金和人力资源 稳定的生产对企业十分关键 现在利用的经销商或零售商有丰厚的利润
		后向一体化	企业现在利用的供应商或成本高昂，或不可靠，或不能满足企业需要 可资利用的供应商数量少且需求方数量多 企业所在行业明显快速增长或预期快速增长 企业具有自己生产原材料所需的资金和人力资源 原材料价格稳定和供货稳定对企业十分关键 现在利用的供应商有丰厚的利润 企业要尽快地获取所需资源
		横向一体化	企业所在行业目前较零散，但具备集中的基本经济条件 企业在一个成长的行业中进行竞争 规模扩大，有利可图 企业具备管理更大的组织的能力 竞争者由于管理原因或资源限制而停滞不前

续表

<table>
<tr><th colspan="3">成长战略</th><th>选择条件</th></tr>
<tr><td rowspan="7">核心能力企业向内扩张</td><td rowspan="3">多元化战略</td><td>混合多元化</td><td>企业的主营业务产业处于成熟期或衰退期
企业拥有增加业务所需的资金和管理人才
企业有机会收购不相关但发展前景良好的企业
并购的企业与本企业存在资金上的互补性
避免反垄断法指控</td></tr>
<tr><td>同心多元化</td><td>企业所在行业增长或缓慢，或为零
增加新的但相关的产品将会显著地促进现有产品的销售
企业有能力提供具有竞争力的新的相关产品
新的但相关的产品需求和生产的季节性正好与现有产品具有互补性
企业现有产品处于产品生命周期的衰退期
企业拥有强有力的管理队伍</td></tr>
<tr><td>横向多元化</td><td>增加新的不相关的产品可显著地增加现有产品的盈利
企业所在行业属于高度竞争或停止增长的行业，其表象为低产业盈利和低投资回报
企业可以利用现有销售渠道销售新产品
新产品的生产与销售波动与企业现有产品正好互补</td></tr>
<tr><td rowspan="4">加强型战略</td><td>市场渗透</td><td>企业特定产品与服务在目前市场中还未达到饱和
现有顾客对产品的使用率还可以明显提高
在整个产业的销售额增长时主要竞争对手的市场份额却在下降
产业历史显示，销售额与营销费用高度正相关
规模的提高可以带来很大的竞争优势</td></tr>
<tr><td>市场开发</td><td>企业可以获得新的、可靠的、高质量的、经济的销售渠道
企业在所经营的领域极其成功
存在未开发或未饱和的市场
企业拥有扩大经营所需的资金和管理人才
企业存在过剩的生产能力
企业所经营的主业属于区域扩张型或全球化的产业</td></tr>
<tr><td>产品开发</td><td>企业拥有成功的但处于产品生命周期成熟期的产品
企业所在行业属于快速发展的高技术行业
竞争对手实施竞争性定价
竞争对手不断进行产品开发
企业所在行业属于高速增长的行业
企业拥有实力较强的研究与开发能力</td></tr>
<tr><td>战略联盟</td><td>合作对手的价值活动比自己做得更好，而这些价值活动是企业需要的
企业已经建立了保护自己核心能力的壁垒
企业自己单独进行某价值活动的风险太大
某些价值活动具有较高的外部性，且易被对手模仿，从而难以专有</td></tr>
</table>

续表

核心能力企业外扩张	虚拟运作	企业在外包出去的价值活动上不具有竞争优势 外包出去的价值活动需要较高的投资和较多的沉淀成本 外包出去的价值活动不是价值链系统中最重要的活动，在顾客价值创造中，企业所集中的价值活动具有关键地位 行业中存在大量企业可以承担、企业外包出去的价值活动
	出售核心产品	进行一体化经营增加了企业经营的成本，且降低了经营灵活性 行业技术进步迅速，产品生命周期短 企业有能力保持核心产品的行业领先地位 企业核心产品具有较高的附加值 企业核心产品在行业生产中具有关键地位

本章小结

本章阐述了三个方面的问题：①介绍了计划工作的基本理论，包括计划的含义、计划的作用、计划的内容、计划的类型、计划的层次体系及计划的编制过程。②学习了现代计划的工作方法，包括目标管理、滚动计划技术、网络计划技术。其中网络计划技术是本章的重点。③研究了企业的战略性计划的选择、定位与实施，重点介绍了企业战略理论。

思考题

1. 计划的含义与作用是什么？计划有哪些基本类型？
2. 什么是目标管理？目标管理的主要思想是什么？
3. 滚动计划技术的方法及特点是什么？它的适用条件是什么？
4. 什么是战略性计划？企业的基本战略姿态有几种？
5. 某一工程项目，其工程所含的作业、作业时间及各作业之间的先后关系如下表所示。

作业名称	A	B	C	D	E	F	G	H	I	J	K
先行作业	—	—	—	A	B	B	C	DE	F G E	F G E	J
平均作业时间/天	18	20	15	24	20	11	13	25	10	22	10

要求：

(1) 绘制网络图。

(2) 计算各事项上的最早开始时间和最迟结束时间。

(3) 确定关键路线。

6. 某一工程项目，其工程所含的作业、作业时间及各作业之间的先后关系如下表所示。

作　业	A	B	C	D	E	F	G	H	I
先行作业	—	A	A	B	BC	E	DF	E	GH

要求：

（1）绘制网络图。

（2）计算各事项上的最早开始时间和最迟结束时间。

（3）确定关键路线。

（4）简述如何对网络图进行时间—费用优化。

7. 某一工程项目，其工程所含的作业、作业时间及各作业之间的先后关系如下表所示。

活动	A	B	C	D	E	F	G	H	I
前序活动	—	—	AB	AB	B	DE	CF	DE	GH
作业时间/天	15	10	10	10	5	5	20	10	15

要求：

（1）绘制网络图。

（2）计算各事项上的最早开始时间和最迟结束时间。

（3）确定关键路线。

（4）简述如何对网络图进行时间—费用优化。

8. 某一工程项目，其工程所含的作业、作业时间及各作业之间的先后关系如下表所示。

作业	A	B	C	D	E	F	G	H	I	J	K
先行作业	—	A	A	B	B	GH	A	CD	EF	GH	IJ
作业时间/天	4	3	2	6	18	5	5	3	5	9	5

要求：

（1）绘制网络图。

（2）计算各事项上的最早开始时间和最迟结束时间。

（3）确定关键路线。

（4）简述如何对网络图进行时间—费用优化。

第四章

组织理论与组织工作

马和骑师

一个骑师，让他的马接受了彻底的训练，因此他可以随心所欲地使唤它。只要把马鞭子一扬，马就乖乖地听他支配，而且骑师说的话，马句句都能明白。

“给这样的马加上缰绳是多余的。”他认为用言语就可以把马驾驭住了。

有一天骑马出去时，就把缰绳解掉了。

马在原野上飞跑，开始还不算太快，仰着头抖动着马拳，雄赳赳地昂首阔步，仿佛要叫他的主人高兴。但当它知道什么约束也没有的时候，英勇的骏马就越发大胆了。它的眼睛里冒着火，脑袋里充着血，再也不听主人的斥责，越来越快地飞驰过辽阔的原野。

不幸的骑师，后来毫无办法控制他的马了，他想用笨拙而颤抖的手把缰绳重新套上马头，但已经无法办到。完全无拘无束的马撒开四蹄，一路狂奔着，竟把骑师摔下马来，而它还是疯狂地往前冲，像一阵风似的，什么也不看，什么方向也不辨，一股劲冲下深谷，摔了个粉身碎骨。

“我的可怜的好马呀”，骑师很伤心，悲痛地大叫道，“是我一手造就了你的灾难，如果我不冒冒失失地解掉缰绳，你就不会不听我的话，就不会把我摔下来，你也就决不会落得这样凄惨的下场。”

管理心得 你很难想象，在现代任何一个管理出色的公司，如果缺乏一个有效的控制系统，公司将如何运转。因为，现代公司已经变成一台规模巨大的机器，有着极为复杂的构造和结构，它的零部件难以计数，而这些零部件往往是充满活力的员工和员工团队，它拥有太多摩擦和出现故障的可能。因此，必须做到适当授权而又不失控。

内容提要 组织理论是管理学的重要内容，包括组织设计、组织变革、组织文化等。组织设计是一项重要管理职能，组织运行和组织人员构成有关，也和组织机构设计有很大关系。同样一批人，采用不同的组织方法，工作绩效显然不同。本章的组织设计研究借鉴了自然科学知识，同时研究了组织变革的过程和方法，并对组织文化的内涵、作用、构建进行了阐述。

学习目标 掌握组织的含义、组织设计的任务及原则、组织设计的影响因素，熟悉组织部门化的基本形式及特征，了解组织管理幅度设计的影响因素及组织授权，熟悉组织变革的类型、程序及方法，掌握组织文化的内涵、特征及塑造途径。

第一节　组织设计理论

一、组织理论的一般问题

1. 组织的含义

组织一般有两种含义：一种是动词，指有目的、有系统地集合起来，如组织活动，这种组织活动是管理的一种职能；另一种是名词，指按照一定的宗旨和目标建立起来的群体，如工厂、机关、学校、医院，各级政府部门、各个层次的经济实体、各个党派和政治团体等，这些都是组织。从名词上说的组织可以有广义和狭义的划分。广义上说，组织是指由诸多要素按照一定方式相互联系起来的系统。从狭义上说，组织就是指人们为了实现一定的目标，互相协作结合而成的集体或团体，如党团组织、工会组织、企业、军事组织等。狭义的组织专门指人群，运用于社会管理之中。本章所要研究的组织是指狭义的组织。

2. 组织的构成要素

任何一个组织都有一定的构成要素，归纳起来包括以下五个方面。

（1）一定数量的成员。一般认为，社会组织是由至少两个人或两个以上的人组成的系统。组织成员是相对固定的，成员明确地意识到自己属于某一组织。

（2）特定的活动目标。组织目标是组织活动的灵魂。组织目标一般是明确的、具体的，表明某一组织的性质与功能，人们围绕某一特定的目标才形成从事共同活动的社会组织。它可以是单一的，也可以是具有内在联系的目标体系。

管理小故事

两头鸟

从前，在某个森林内，有一只叫作“共命”的两头鸟。这鸟的两个头“相依为命”。遇到事情时两个“头”都会讨论一番，如到哪里去找食物、在哪儿筑巢栖息等，才会采取一致的行动。有一天，一个“头”不知为何对另一个“头”产生了很大误会，造成谁也不理谁的仇视局面。其中有一个“头”想尽办法和好，希望还和从前一样快乐地相处。另一个“头”则不理睬，根本没有要和好的意思。结果，这两个“头”为了食物开始争执，那善良的“头”建议多吃健康的食物，以增进体力；但另一个“头”则坚持吃“毒草”，以便毒死对方才可消除心中怒气。于是和谈无法继续，只有各吃各的食物。最后，这只两头鸟终因吃了过多的有毒食物而死去。

启示：一个组织内的组织成员应该为了一个目标的存在和发展而努力，若发生不愉快的事，大家应开诚布公地解决，如果没有一个共同的目标，也就不会有相应的组织存在。

(3) 普遍化的行动规范。它一般以章程的形式出现，并作为组织成员进行活动的依据。

(4) 制度化的组织机构。为了实现特定的目标并提高活动效益，一般具有根据功能和分工而制度化的职位分层与部门分工结构。

(5) 一定的物质基础。组织是一个开放的系统。就每一个组织来说，它自身不仅要与周围环境进行物质、人员、信息的交换，而且要根据与其他组织的关系，组成不同的组织体系，在更大的范围内和更高的水平上与外界环境进行各种形式的交换。一个组织如果绝对地自我封闭，组织的生命也就停止了。

3. 组织的功能

组织的功能是多方面的，概括起来有以下四个方面。

(1) 整合功能。所谓整合，是指调整对象的构成要素之间的关系，使之达到有序化、统一化、整体化的过程。

(2) 协调功能。组织内部各职能部门、各组织成员尽管都要服从组织的统一要求，但是，由于各自的目标、需要、利益等方面得以实现或满足的程度和方式存在着事实上的差异。

(3) 维护利益的功能。组织是基于一定的利益需要而产生的，不同的组织是人们利益分化的结果。组织利益与个人利益息息相关，正所谓“一荣俱荣，一损俱损”。

(4) 实现目标的功能。组织目标的实现要依靠组织成员的统一力量，而这种统一力量的形成，需要组织整合和协调功能的有效发挥作为基础，以利益功能为动力，从而使组织目标功能得以充分发挥。各种组织都是社会大系统的一份子，因此，目标功能既包括实现组织自身目标，也包括实现社会大目标这两个任务。

二、组织设计的任务和原则

(一) 组织设计的含义及目的

1. 组织设计的含义

组织设计就是对组织的结构和活动进行创构、变革和再设计。组织设计是一个动态的工作过程，包含众多的工作内容。科学的组织设计，要根据组织设计的内在规律有步骤地进行，才能取得良好效果。组织设计一般有三种情况：新建的企业需要进行组织结构设计；原有组织结构出现较大的问题或企业的目标发生变化，原有组织结构需要进行重新评价和设计；组织结构需要进行局部的调整和完善。

2. 组织设计的目的

组织设计是由于社会生产的发展而不断提出新的要求，并适应社会发展的需要不断完善的。

综合地讲，组织设计的目的就是要通过创构柔性灵活的组织，动态地反映外在环境变化的要求，并且能够在组织演化成长的过程中，有效积聚新的组织资源要素，同时协调好组织中部门与部门之间、员工与任务之间的关系，使员工明确自己在组织中应有的权力和应担负的责任，有效地保证组织活动的开展，最终保证组织目标的实现。

（二）组织设计的任务与内容

1. 组织设计的任务

组织设计的任务是设计清晰的组织结构，规划和设计组织中各部门的职能和职权，确定组织中职能职权、参谋职权、直线职权的活动范围并编制职务说明书。

2. 组织设计的内容

为了达到组织设计的理想效果，组织设计者要完成以下三项工作。

（1）职能与职务的分析与设计。组织首先要将总的任务目标进行层层分解，分析并确定为完成组织任务究竟需要哪些基本的职能与职务；其次设计和确定组织内从事具体管理工作所需的各类职能部门以及各项管理职务的类别和数量，分析每位职务人应具备的资格条件，应享有的权利范围和应负的责任。

（2）部门设计。根据每位职务人员不同的工作性质以及职务间的区别和联系，可以根据组织职能相似、活动相似或关系紧密的原则，将各个职务人员聚集在“部门”这一基本管理单位内。

（3）层级设计。在职能与职务设计以及部门划分的基础上，必须根据组织内外能够获取的现有人力资源情况，对初步设计的职能和职务进行调整和平衡，同时要根据每项工作的性质和内容，确定管理层级并规定相应的职责、权限，通过规范化的制度安排，使各个职能部门和各项职务形成一个严密、有序的活动网络。

（三）组织设计的原则

在组织设计的过程中，还应该遵循一些最基本的原则，这些原则都是在长期管理实践中经验积累的结果，组织设计工作者应该重视。

1. 统一指挥原则

统一指挥原则就是要求每位下属应该有一个并且仅有一个上级，要求在上下级之间形成一条清晰的指挥链。如果下属有多个上级，就会因为上级可能存在不同甚至相互冲突的命令而无所适从。

2. 控制幅度原则

控制幅度原则是指一个上级直接领导与指挥下属的人数应该有一定的控制限度，并且应该是有效的。法国管理学者格拉丘纳斯（Graicunas）曾提出一套数学公式说明当上级的控制幅度超过 6～7 人时，其和下级之间的关系会越来越复杂，以至于最后使他无法驾驭。该公式为

$$N=n\left(2^{n-1}+n-1\right) \tag{4-1}$$

式中，n——直接向一位上级报告的下级人数；N——需要协调的人际关系数。

表 4－1 列出了随 n 变化的 N 的变化情况。

表 4－1　下级人员和人际关系数变化情况

n	N	n	N
1	1	6	222
2	6	7	490
3	18	8	1 080
4	44	…	…
5	100		

从公式及表 4－1 中可以看出，当 n 呈算术级数增加时，与上级形成互动关系的人数会呈几何级数增加。这就意味着，管理幅度不能无限度增加，毕竟每个人的知识水平、能力水平都是有限的。影响管理幅度的因素有多种，至今尚未形成一个可被普遍接受的有效管理幅度标准。

3. 权责对等原则

组织中的每个部门和部门中的每个人员都有责任按照工作目标的要求保质保量地完成工作任务，同时，组织必须委之以自主完成任务所必需的权力。职权与职责要对等。如果有责无权，或者权力范围过于狭小，责任方就有可能会因缺乏主动性、积极性而导致无法履行责任，甚至无法完成任务；如果有权无责，或者权力不明确，权力人就有可能不负责任地滥用权力，助长官僚主义的习气，这势必会影响整个组织系统的健康运行。

4. 柔性经济原则

所谓组织的柔性，是指组织的各个部门、各个人员都可以根据组织内外环境的变化而进行灵活调整和变动。组织的结构应当保持一定的柔性以减少组织变革所造成的冲击和震荡。组织的经济是指组织的管理层次与幅度、人员结构以及部门工作流程必须设计合理，以达到管理的高效率。组织的柔性与经济是相辅相成的，一个柔性的组织必须符合经济的原则，而一个经济的组织又必须使组织保持柔性。

三、组织设计的影响因素

面对竞争日趋激烈的外部环境和不确定的市场需求变化，任何组织都会察觉到管理日趋复杂。这就必须把权变的组织设计观引入组织设计的思想中。所谓权变的组织设计，是指以系统、动态的观点来思考和设计组织，它要求把组织看成一个与外部环境有着密切联系的开放式组织系统。

管理学者西拉季（Szilagyi）认为，影响组织设计的因素有四个，即环境、战略、技术与组织结构。图 4－1 显示了这些要素之间的互动关系。

综合而言，影响组织设计的主要因素有环境、战略、技术和组织规模等。

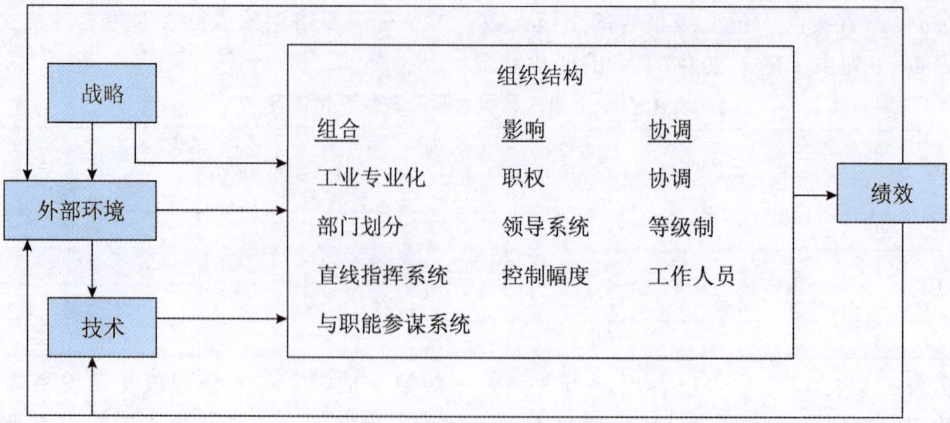

图 4-1　组织设计的影响要素

（一）环境的影响

环境包括宏观环境和微观环境两部分。宏观环境包括对组织管理目标产生间接影响的诸如经济、政治、社会文化以及技术等环境条件，这些条件最终会影响到组织现行的管理实践。微观环境包括对组织管理目标产生直接影响的诸如政府、顾客、竞争对手、供应商等具体环境条件，这些条件对每个组织的影响都是不同的，并且会随环境条件的变化而变化，两者具有互动性。

组织设计工作者可以通过以下五种原则性方法提高组织对环境的应变性。

（1）对传统的职位和职能部门进行相应的调整。

（2）根据外部环境的不确定程度设计不同类型的组织结构。

（3）根据组织的差别性、整合性程度设计不同的组织结构。

（4）通过加强计划和对环境的预测减少不确定性。在一个相对稳定的环境条件下，组织考虑的是如何集中精力去解决当前的主要问题，对组织本身来讲，制订长期计划并预测未来似乎意义不大，因为未来环境的要求与当前是一致的，组织的效率似乎体现在对一些现实问题的有效处理上。

（5）通过组织间合作尽量减少组织自身要素资源对环境的过度依赖性。

（二）战略的影响

1. 战略发展的四个阶段

战略是指决定和影响组织活动性质及根本方向的总目标，以及实现这一总目标的路径和方法。钱德勒（Chardler）的研究认为，新的组织结构如不因战略而异，就将毫无效果。具体来讲，战略发展有四个不同阶段，每个阶段应有与之相适应的组织结构。

第一个阶段为数量扩大阶段，即许多组织开始建立时，往往只有一个单独的工厂，只是比较单一地执行制造或销售等职能。

第二个阶段为地区开拓阶段，即组织随着向各地区开拓业务，为了把分布在不同地区的同行业组织有机地组合起来，就产生了协调、标准化和专业化的问题。

第三个阶段为纵向联合发展阶段，即在同一行业发展的基础上进一步向其他领域延伸扩展，如从专门销售服装用品的零售商店，扩大到销售各种用具和家具等。

第四个阶段为产品多样化阶段，即为了在原产品的主要市场开始衰落的时候，更好地利用和组织现有的资源、设备和技术，而转向新行业，生产新产品，提供新服务。

2. 战略类型和组织结构类型

(1) 防御者型。采用这种战略类型的组织一般处于比较稳定的环境之中，决策者通过高度的集权和专业化分工以及程序化、标准化作业活动使组织稳固地发展，并据此防御竞争对手。

(2) 探险者型。采用这种战略类型的组织一般处于动荡变化的环境之中，决策者要不断地开发新产品，寻找新市场。

(3) 分析者型。采用这种战略类型的组织所处的环境也是动荡不定的，但决策者的目标比较灵活，尽可能使风险最小而收益最大。

(4) 反应者型。采用这种战略类型的组织一般处于动荡变化的环境之中，但限于决策者的市场判断能力、内部管理能力、主动应变能力，组织者很难及时对外在环境变化做出反应，只好采用被动反应的战略以应付环境的不确定性。

(三) 技术的影响

1. 伍德沃德的技术观

技术是指把原材料等资源转化为最终产品或服务的机械力和智力。任何组织都要通过技术将投入转换为产出，那么，组织的设计就要因技术的变化而变化，特别是技术范式的重大转变，往往要求组织结构做出相应的改变和调整。伍德沃德 (Woodward) 等人根据制造业技术的复杂程度把技术划分为以下三类。

单件小批量生产 (unit production) 由定制产品生产单件或小批量生产单件组成。大批量生产 (mass production) 由大批和大量生产的制造商组成，它们提供诸如家电和汽车之类的产品，这些产品一般可以通过专业化流水线技术生产实现规模经济。流程生产 (process production) 是技术中最复杂的一类，如炼油厂、发电厂和化工厂这类连续流程的生产者。组织的绩效与技术和结构之间的“适应度”密切相关，如表 4-2 所示。

表 4-2 组织结构特征和技术类型的关系

技术类型 组织结构特征	单位小批量生产技术	大批量生产技术	流程生产技术
纵向管理层级	3	4	6
高层管理人员的控制幅度	4	7	10
基层管理人员的控制幅度	23	48	15
管理人员与一般人员的比例	1∶23	1∶16	1∶8
技术人员的比例	高	低	高
规范化程度	低	高	低
集权化程度	低	高	低
复杂化程度	低	高	低
总体结构	有机	机械	有机

2. 佩罗的技术观

佩罗（Perrow）打破了只在制造业内研究技术与组织之间关系的局限性，提出了从部门层次上研究部门技术与部门结构之间的关系框架，是对组织理论研究的一大贡献。

（1）常规型技术，是指工作的多变性较小而可分析性较大，工作的标准化、规范化程度都较高的部门技术，如汽车装配部门的装配技术、银行出纳部门的出纳技术等。

（2）工艺型技术，是指工作的多变性与可分析性都较小，工作必须依靠直觉、经验判断灵活处理的部门技术，如服装业的设计技术、烹饪师的烹调技术等。

（3）工程型技术，是指工作的多变性与可分析性都较大，工作需要凭借知识和能力并按照公式化、程序化方式操作的部门技术，如工程设计技术、会计做账技术等。

（4）非常规型技术，是指工作的多变性较大而可分析性较小，工作需要凭借丰富的知识和经验，运用综合性、创造性的方法来解决问题的部门技术，如战略计划的制订等。

（四）组织规模与生命周期的影响

1. 组织规模

大型组织与小型组织在组织结构上的区别主要体现在以下四个方面。

（1）规范化程度。研究表明，大型组织可以通过制定和实施严格的规章制度，并按照一定的工作程序来控制和实现标准化作业，员工和部门的业绩也容易考核，因而组织的规范化程度也比较高；相反，小型组织可以凭借管理者的能力来对组织进行控制，组织显得比较松散而富有活力，因而规范化程度也比较低。

（2）集权化程度。在大型层级组织中，决策往往是由那些具有完全控制权的高层主管做出的，因而组织的集权化程度也比较高。

（3）复杂化程度。大型组织的高度复杂性是显而易见的，由于横向和纵向关系的复杂性，大型组织经常要建构新的部门来应对由于规模扩大所带来的新问题。

（4）人员结构比率。研究表明，在迅速成长的组织中，管理人员要比其他人员增幅大得多，在组织衰退过程中，管理人员要比其他人员减幅小得多。

2. 组织生命周期

组织的演化成长呈现出明显的生命周期特征，因此，组织结构、内部控制系统以及管理目标在各个阶段都可能是不同的。

综合来看，组织生命周期各个阶段的特点如下。

（1）创业阶段。起初，组织是小规模的、非官僚制的和非规范化的。高层管理者制定组织结构框架并控制整个运行系统，组织的精力放在生存和单一产品的生产和服务上。

（2）集合阶段。这是组织发展的成长期。

（3）规范化阶段。组织进入成熟期之后就会出现官僚化特征。组织可能会大量增加人员，并通过建构清晰的层级制和专业化劳动分工进行规范化、程序化工作。

（4）精细阶段。成熟的组织往往显得规模巨大和官僚化，继续演化可能会使组织步入僵化的衰退期。

第二节　组织的部门化理论

组织设计任务的实质是按照劳动分工的原则将组织中的活动专业化，而劳动分工又要求组织活动保持高度的协调一致。协调的有效方法就是组织的部门化，即按照职能相似性、任务活动相似性或关系紧密性的原则把组织中的专业技能人员分类集合在一个部门内，然后配以专职的管理人员来协调领导、统一指挥。

一、组织部门化的基本原则

为了有效、合理地集合组织资源，安排好组织内全部的业务活动，必须提供一些基本的指导原则，使组织部门化具备科学性和可操作性。

（一）因事设职和因人设职相结合

为了保证组织目标的实现，必须将组织活动落实到每一个具体的部门和岗位上，确保“事事有人做”。另外，组织中的每一项活动终归要由人去完成，组织部门设计就必须考虑人员的配置情况，使“人尽其能”“人尽其用”。

（二）分工与协作相结合

分工与协作是社会化大生产的必然结果，古典的管理理论强调分工是效率的基础。在组织的部门设计中，必须对每一个部门、每一个岗位进行必要的工作分析和关系分析，并按照分工与协作的要求进行业务活动的组合。部门设计者可以依据技能相似性的归类方法来集合相关的业务活动，以期提高专业分工的细化水平。

（三）精简高效的部门设计

部门精简高效是每一个部门设计者所追求的理想效果，作为一项基本的原则，应当贯彻到部门设计的每一个阶段和每一项活动过程中。按照这一原则要求，部门设计应当体现局部利益服从组织整体利益的思想，并将单个部门效率目标与组织整体效率目标有机地结合起来。

二、组织部门化的形式与特征

组织的部门有多种不同的划分方式，依据不同的划分标准，可以形成不同的部门化形式。

（一）职能部门化

职能部门是一种传统而基本的组织形式。职能部门化就是按照生产、财务管理、营销、人事、研发等基本活动相似或技能相似的要求，分类设立专门的管理部门。

职能部门化的优点主要是：能够突出业务活动的重点，确保高层主管的权威性并使之能有效地管理组织的基本活动；符合活动专业化的分工要求，能够充分有效地发挥员工的才能，调动员工的学习积极性，并且能简化培训，强化控制，避免重叠，最终有利于管理目标的实现。

职能部门化的缺点主要是：由于人、财、物等资源的过分集中，不利于开拓远区市场或按照目标顾客的需求组织分工。

图 4－2 是一个典型的按职能划分的部门化组织。

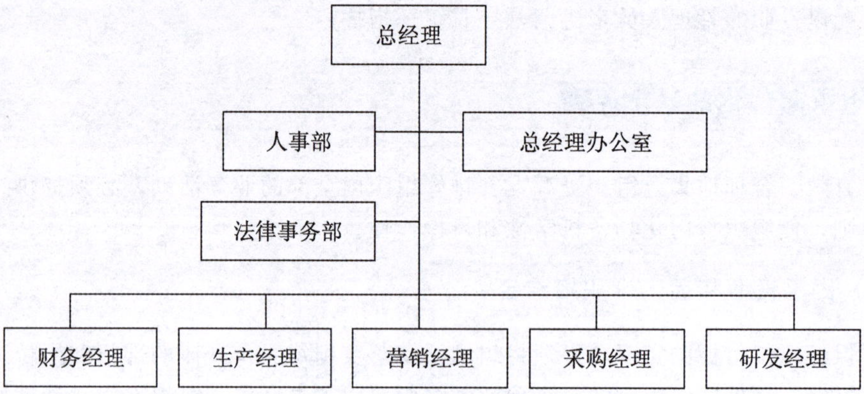

图 4－2 职能部门化组织

（二）产品或服务部门化

在品种单一、规模较小的企业，按职能进行组织分工是理想的部门化划分形式。

产品或服务部门化的优点主要是：各部门会专注于产品的经营，并且充分合理地利用专有资产，提高专业化经营的效率水平。

缺点是：企业需要更多的“多面手”式的人才去管理各个产品部门；各个部门同样有可能存在本位主义倾向，这势必会影响到企业总目标的实现。

图 4－3 是一个典型的按产品划分的部门化组织。

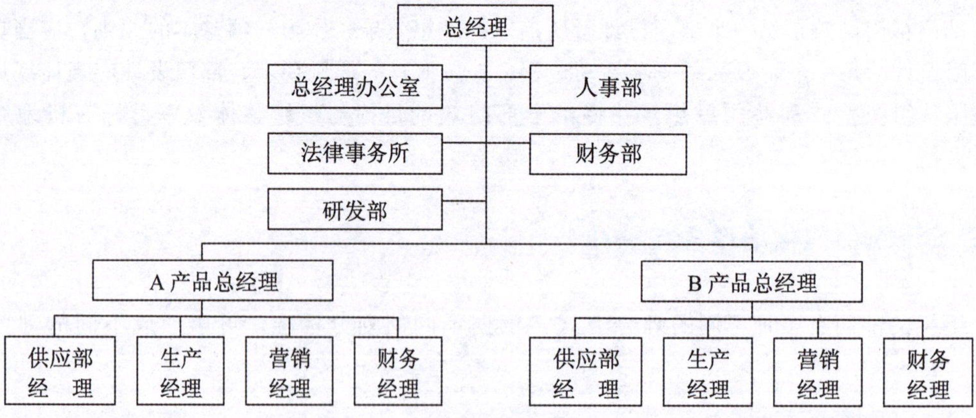

图 4－3 产品或服务部门化组织

（三）地域部门化

地域部门化就是按照地域的分散化程度划分企业的业务活动，继而设置管理部门管理其业务活动。

地域部门化的主要优点是：可以把责权下放到地方，鼓励地方参与决策和经营；地区管理者还可以直接面对本地市场的需求灵活决策。

地域部门化的主要缺点是：企业所需的能够派赴各个区域的地区主管比较稀缺，且比较难控制。

图 4－4 是一个典型的按地域划分的部门化组织。

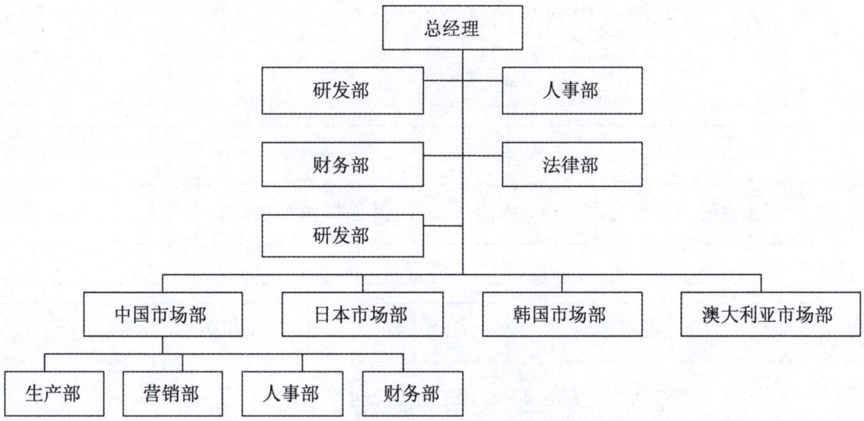

图 4－4　地域部门化组织

（四）顾客部门化

顾客部门化就是根据目标顾客的不同利益需求来划分组织的业务活动。在激烈的市场竞争中，顾客需求导向越来越明显，企业应当在满足市场顾客需求的同时，努力创造顾客的未来需求，顾客部门化顺应了需求发展的这种趋势。

顾客部门化的优点是：企业可以通过设立不同的部门满足目标顾客各种特殊而广泛的需求，同时能有效获得用户真诚的意见反馈，这有利于企业不断改进自己的工作。

顾客部门化的缺点是：可能会增加与顾客需求不匹配而引发的矛盾和冲突；需要更多能妥善协调和处理与顾客关系问题的管理人员和一般人员。

图 4－5 是一个典型的按顾客划分的部门化组织。

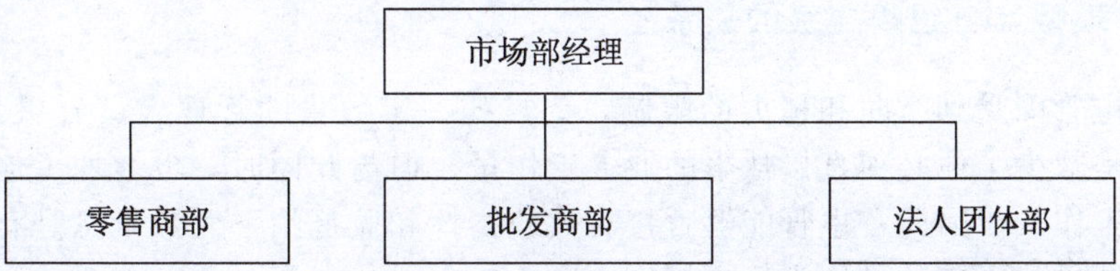

图 4－5　顾客部门化组织

(五) 流程部门化

流程部门化就是按照工作或业务流程来组织业务活动。人员、材料、设备比较集中或业务流程比较连续、紧密是流程部门化的实现基础。

流程部门化的优点是：组织能够充分发挥人员集中的技术优势，易于协调管理，对市场需求的变动也能够快速敏捷地反应，容易取得较明显的集合优势；简化了培训，容易在组织内部形成良好的相互学习氛围，会产生较为明显的学习经验曲线效应。

流程部门化的缺点是：有可能难以实现部门之间的紧密协作，也会产生部门间的利益冲突。

图 4 - 6 是一个典型的按流程划分的部门化组织。

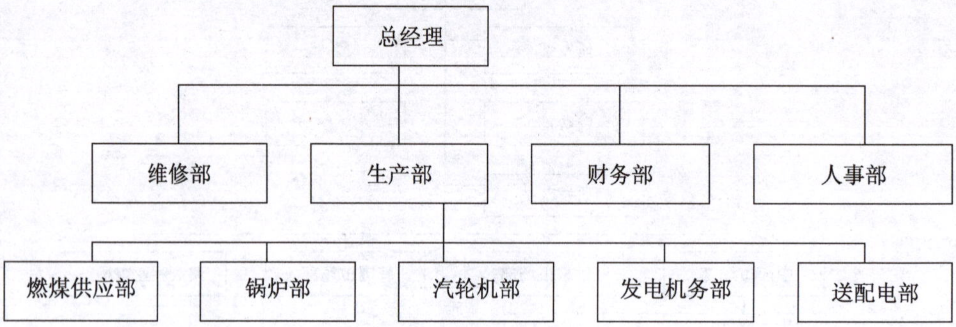

图 4 - 6　流程部门化组织

第三节　组织的层级化理论

组织的层级化是指组织在纵向结构设计中需要确定层级数目和有效的管理幅度，需要根据组织集权化的程度，规定纵向各层级之间的权责关系，最终形成一个能够对内外环境要求做出动态反应的有效组织结构形式。

一、组织的层级化与管理幅度

(一) 管理幅度与组织层级的关系

组织的主管因受到时间和精力的限制，要委托一定数量的管理人员分担其管理工作。委托的结果是减少了他必须直接从事的业务工作量，但与此同时，也增加了他协调受托人之间关系的工作量。因此，主管能够直接有效地指挥和监督的下属数量总是有限的。这个有限的直接领导的下属数量称为管理幅度。

管理层次与管理幅度的反比关系决定了两种基本的管理组织结构形态：锥形结构形态和扁平结构形态。图 4 - 7 显示了这两种组织幅度与层级的差别。

扁平结构是指组织规模已定，管理幅度大，管理层次较少的一种组织结构形态。这种形态的优点是：由于层次少，信息的传递速度快，因此管理者可以尽快地发现信息所反映的问题，并及时采取相应的纠偏措施。

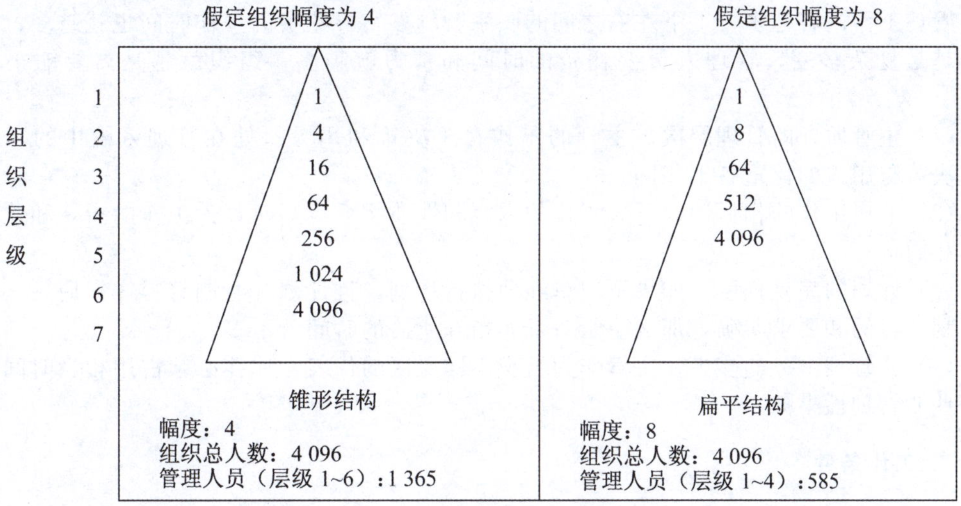

图4-7　组织幅度与组织层级比较

锥形结构呈管理幅度较小，管理层次较多的高、尖、细的金字塔形态。其优点与局限性正好与扁平结构相反：较小的管理幅度可以使每位主管仔细地研究从每个下属那里得到的有限信息，并对每个下属进行详细的指导；但过多的管理层次，不仅影响了信息从基层传递到高层的速度，而且由于经过的层级太多，每次传递都可能被各层主管加进了自己的理解和认识，从而使信息在传递过程中失真。

管理小故事

诸葛亮的管理幅度

“出师未捷身先死，长使英雄泪满襟。”诸葛亮一生事必躬亲，积劳成疾，卒于军中，终年54岁，虽业绩彪炳，却始终未能为蜀国培养出一些像样的人才，最后落得“蜀中无大将，廖化做先锋”，国家大业后继无人的结局。

启示：从现代的管理理论来看，诸葛先生的问题在于：作为一名管理人员，究竟能够有效地管理多少下属呢？这就是管理幅度问题。

（二）管理幅度设计的影响因素

1. 工作能力

主管的综合能力、理解能力、表达能力强，则可以迅速地把握问题的关键，就下属的请示提出恰当的指导建议，并使下属明确地理解，从而可以缩短与每一位下属在接触中使用的时间。同样，如果下属具备相应的能力，受过良好的系统培训，则可以在很多问题上根据自己的主见去解决，从而可以减少向上司请示、占用上司时间的频率。

2. 工作内容和性质

管理工作内容越多，上下左右之间的联系就越多，要花费的工作时间也就越多；管理工作越是复杂多变，管理人员要耗费的时间和精力就越多，组织就越是需要缩小控制幅度。

（1）主管所处的管理层次。主管的工作在于决策和用人。处在管理系统中的不同层次，决策与用人的比重各不相同。

（2）下属工作的相似性。下属工作的内容和性质相近，则对每人工作的指导和建议也大体相同。

（3）计划的完善程度。如果下属单纯地执行计划，且计划本身制订得详细周到，下属对计划的目的和要求明确，那么主管对下属指导所需的时间就不多。

（4）非管理事务的多少。主管作为组织不同层次的代表，往往必须占用相当时间去处理一些非管理性事务。

3. 工作条件

（1）助手的配备情况。如果有关下属的所有问题都要由主管亲自处理，那么，他必然要花费大量的时间，他能直接领导的下属数量也会受到进一步的限制。如果给主管配备了必要的助手，由助手和下属进行一般的联络，并直接处理一些明显的次要问题，则可以大大减少主管的工作量，增加其管理幅度。

（2）信息手段的配备情况。掌握信息是进行管理的前提。

（3）工作地点的相近性。不同工作岗位的下属在地理上的分散，会增加下属与主管以及下属之间的沟通难度，从而会影响主管直属部下的数量。

4. 工作环境

组织环境稳定与否影响组织活动内容和政策调整频率与幅度。环境变化越快，变化频率越大，组织中遇到的新问题越多，下属向上级的请示就越有必要，频率也越大；相反，上级能用于了解下属工作的时间和精力就越少，因为他必须花更多的时间去关注环境的变化，考虑应变的措施。

二、组织的层级化、集权与分权

（一）职权的含义及形式、来源及职责

1. 职权的含义及其形式

职权是指组织内部授予的指导下属活动及其行为的决定权，这些决定一旦下达，下属必须服从。职权和组织层级化设计中的职位紧密相关，和个人特质无关。传统观念认为，职权来源于组织的顶层，即职权的发展由上至下，然后贯穿整个组织。

职权分为直线职权、参谋职权、职能职权三种形式。

（1）直线职权，是指管理者直接指导下属工作的职权。

（2）参谋职权，是指管理者拥有某种特定的建议权或审核权，可以评价直线方面的活动情况，进而提出建议或提供服务。

(3) 职能职权，则是一种权益职权，是由直线管理者向自己辖属以外的个人或职能部门授权，允许他们按照一定的程度和制度，在一定的职能范围内行使的某种职权。

2. 职权的来源

管理中的职权来源于以下三个方面。

(1) 在层级组织中居于某一特殊职位所拥有的命令指挥权。

(2) 由于个人具备某些核心专长或高级技术知识而拥有的技术能力职权。

(3) 由于个人能够有效地激励、领导和影响他人而拥有的管理能力职权。

3. 职责与职权

要指出的是，一个人获取权力的同时就必须负担责任，这种责任就叫作职责。职责与职权是有区别的。职权是一种权力，其合法性来自于组织中的职位，职权要围绕工作而展开。另外，职权喻示着下属必须完成被指派的任务，职责则喻示着下属所完成的任务必须符合上级规定的标准。

（二）组织层级化设计中的集权与分权

1. 集权与分权的含义

集权和分权是组织层级化设计中的两种不同的权力分配方式。

集权是指决策指挥权在组织层级系统中较高层次上的集中，也就是说下级部门和机构只能依据上级的决定、命令和指示办事，一切行动必须服从上级指挥。组织管理的实践告诉我们，组织目标的一致性必然要求组织行动的统一性，所以，组织实行一定程度的集权是十分必要的。

分权是指决策指挥权在组织层级系统中较低管理层次上的分散。组织高层将其一部分决策指挥权分配给下级组织机构和部门的负责人，可以使他们充分行使这些权力，支配组织的某些资源，并在其工作职责范围内自主地解决某些问题。一个组织内部要实行专业化分工，就必须分权。否则，组织便无法运转。

管理小故事

子贱放权

孔子的学生子贱有一次奉命担任某地方的官吏。当他到任以后，却时常弹琴自娱，不管政事，可是他所管辖的地方却被治理得井井有条，民兴业旺。这使那位卸任的官吏百思不得其解，因为他每天即使起早摸黑，从早忙到晚，才把地方治理好。于是他请教子贱："为什么你这样也能把地方治理得这么好？"子贱回答说："你只靠自己的力量去进行，所以十分辛苦；而我却是借助别人的力量来完成任务。"

启示：现代企业中的有些领导人喜欢把一切事揽在身上，事必躬亲，从来不放心把一件事交给手下人去做，这样，他不仅整天忙忙碌碌，还会被公司的大小事务搞得焦头烂额。其实，一个聪明的领导人应该如子贱，正确地利用部属的力量，发挥团队协作精神，不仅能使团队很快成熟起来，同时也能减轻自己的负担。在公司的管理方面，要相信少就是多的道理：你抓得少些，反而收获就多了。管理者要管头管脚（指人和资源），但不能从头管到脚。

2. 影响集权和分权的因素

在组织层级化设计中，影响组织集权和分权的主要因素有以下五个。

（1）组织规模的大小。组织规模增大，管理的层级和部门数量就会增多，信息的传递速度和准确性就会降低。

（2）政策的统一性。如果组织内部各个方面的政策是统一的，集权最容易达到管理目标的一致性。

（3）员工的数量和基本素质。如果员工的数量和基本素质能够保证完成组织任务，组织可以更多地分权；组织如果缺乏足够受过良好训练的管理人员，其基本素质不符合分权式管理的基本要求，分权将会受到很大的限制。

（4）组织的可控性。组织要考虑的是围绕任务目标的实现，如何对分散的各类活动进行有效的控制。

（5）组织的成长阶段。在组织成长的初始阶段，为了有效管理和控制组织的运行，组织往往采取集权的管理方式。

（三）组织层级化设计中的有效授权

1. 授权的含义及其有效性

所谓授权，就是组织为了共享内部权力，增进员工的工作积极性，而把某些权力或职权授予下级。这些权力或职权委派给下级之后，下级可以在其职权范围内自由决断，灵活处置问题，但同时负有完成任务并报告上级的责任，上级仍然保留着对下级的指挥权与监督权。

要想使授权充分而有效，组织必须提供一定的条件。

（1）共享的信息。组织中的信息作为一种资源具有共享性，组织如果能够使员工充分地获取必要的信息资料，就会大大提高员工的积极性和工作的主动性。

（2）知识与技能。组织必须对员工进行及时、有效的培训，以帮助他们获取必需的知识和技能。这种培训能够有效地帮助员工进行自主的决策，提高他们参与组织活动的能力，并为组织的团队合作和组织目标的实现打下扎实的基础。

（3）权力。组织若要充分发挥团队的作用，就必须真正地放权给团队中的各个专家和基层人员，使每个成员都能根据工作过程实际进行适当的安排，这样，各种类型的权力才能够充分地发挥作用。

（4）对绩效的奖励。组织应该制定合理的绩效评估和奖励系统，对组织成员的绩效贡献给予奖励。这种奖励系统应该既包括工资和利润提成，也包括一定的股权比例，如职工持股计划（ESOP）等。

2. 授权的过程

（1）第一阶段是授权诊断阶段。

（2）第二阶段是授权实施阶段。

（3）第三阶段是授权反馈阶段。

3. 授权的原则

有效的授权必须掌握以下四个原则。

(1) 重要性原则。组织授权必须建立在相互信任的基础上，所授权限不能只是一些无关紧要的部分，要敢于下放一些重要的权力或职权，使下级充分认识到上级的信任和管理工作的重要性，把具体任务落到实处。

(2) 适度原则。组织授权还必须建立在效率基础上。

(3) 权责一致原则。组织在授权的同时，必须向被授权人明确所授任务的目标、责任及权力范围，权责必须一致，否则，被托付人要么可能会滥用职权并导致形式主义，要么会对任务无所适从，造成工作失误。

(4) 级差授权原则。组织只能在工作关系紧密的层级上进行级差授权。

三、组织的层级化与结构的有机化

(一) 组织的层级化设计中的两种结构形式

1. 古典原则下的层级组织

运用古典原则进行层级化设计的理想形式就是形成所谓的层级组织，这种类型的组织，也称机械式组织、官僚式组织或封闭式组织，它强调的是组织内部必须具有高度分明的层级结构、职位、职权、工作程序和规章制度等。组织任务要求具体明确，并且容易贯彻执行。最高主管通过制定各项规章制度，理性地控制着较低层级的活动。

2. 权变思想下的有机组织

现代组织设计者把权变的组织设计思想引入层级化设计中，使组织结构不再僵硬、机械，而是变得有机、灵活，形成了结构松散而又富有柔性的有机组织。所谓有机组织，也称柔性组织，是指没有过多标准化、规范化的工作和限制，对职务规定灵活性和可调整性较强的组织。

(二) 组织结构的层级化与有机化

层级组织和有机组织是组织层级化设计中的两种理想而又极端化的组织结构形式，在现实的组织中，很少采用完全意义上的层级或有机结构形式。本着更为实际的设计思想和现实选择，大致可以总结出以下几种典型而实际的结构类型，并可总结出它们的一些具体特点。

1. 职能型结构

职能型结构是一种以职能为导向的组织结构形式。其特点是：将技能相似的专业人员集合在各自专门的职能机构内，并在各自的业务范围内分工合作，组织任务集中明确，上行下达。其主要优点是：适应了大生产分工合作的要求，提高了专业化的管理水平，同时降低了设备和职能人员的重复性，减轻了高层管理者的责任压力，使其能专心致力于最主要的决策工作。其缺点是：各职能部门往往会片面追求本部门的利益，部门之间缺乏交流合作，且矛盾冲突会增多，这又会增加最高主管协调、统领全局的难度，加大完成任务的压力。

图 4-8 是一个职能型结构的示意。

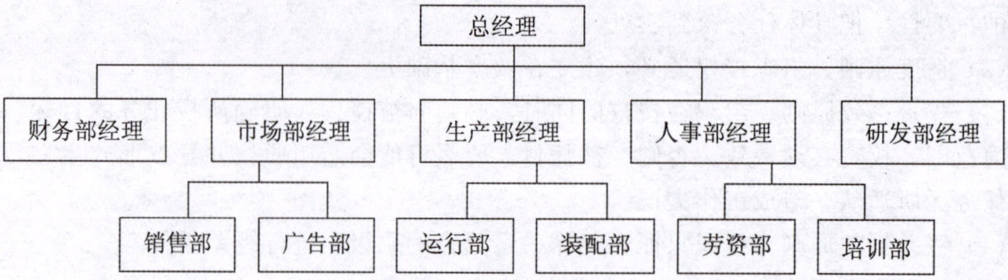

图 4-8　职能型结构示意

2. 分部型结构

分部型结构也称事业部型结构。它是指组织面对不确定的环境，按照产品或类别、市场用户、地域以及流程等不同的业务单位分别成立若干事业部，并由这些事业部进行独立业务经营和分权管理的一种分权式结构类型。

分部型结构包括以下两种基本的组织形态：

(1) 战略事业单位（strategic business unit，SBU）。

(2) 独立事业单位（independent business unit，IBU）。

分部型结构的优点是：它使高层管理部门摆脱了繁杂的行政事务，可以专注于公司的战略决策事务。

图 4-9 是一个典型的分部型结构示意。

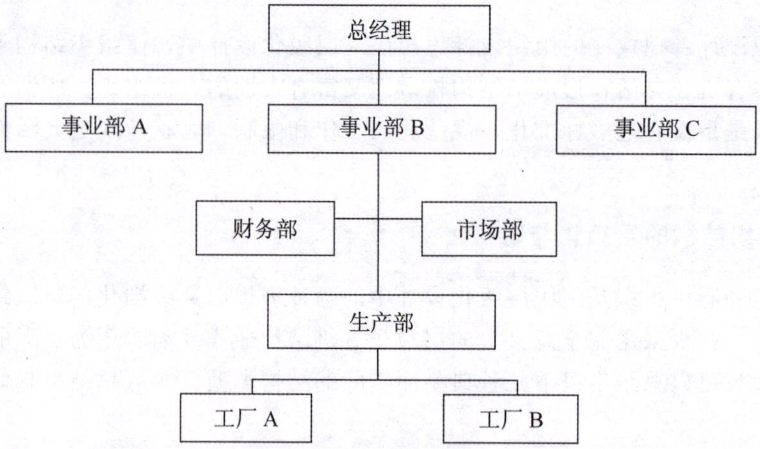

图 4-9　分部型结构示意

近几年来，西方国家大型企业所出现的超事业部制组织形式是对 SBU 式分部型结构的一种改进。这主要是企业规模过于庞大，事业部过多而导致管理幅度过大，因而在总公司与各个事业部之间又增加了一层管理组织机构——超事业部，目的是加强对各事业部组织活动的协调，进一步减轻最高管理层的繁杂行政事务，使其能够集中于企业更重要的战略决策与指挥。

3. 矩阵型结构

矩阵型结构是由纵横两套管理系统组成的矩形组织结构，一套是纵向的职能管理系统，另一套是为完成某项任务而组成的横向项目系统，横向和纵向的职权具有平衡对等性。矩阵型结构打破了统一指挥的传统原则，它有多重指挥线。当组织面临较高的环境不确定性，组织目标要同时反映技术和产品双重要求时，矩阵型结构应该是一种理想的组织形式。

矩阵型结构的优点是：由不同背景、不同技能、不同专业知识所组成的项目人员为某个特定项目共同工作，一方面可以取得专业化分工的好处，另一方面可以跨越各职能部门，获取他们所需要的各种支持活动，资源可以在不同产品之间灵活分配。通过加强不同部门之间的配合和信息交流，可以有效地克服职能部门之间相互脱节的弱点，同时易于发挥事业单位机构的灵活性特点，增强职能人员直接参与项目管理的积极性，增强矩阵主管和项目人员共同组织项目实施的责任感和工作热情。缺点是：组织中的信息和权力等资源一旦不能共享，项目经理与职能经理之间势必会为争取有限的资源或权力不平衡而发生矛盾。协调处理这些矛盾必然要牵扯管理者更多的精力，并付出更多的组织成本。

图 4-10 是一个典型的矩阵型结构示意图。

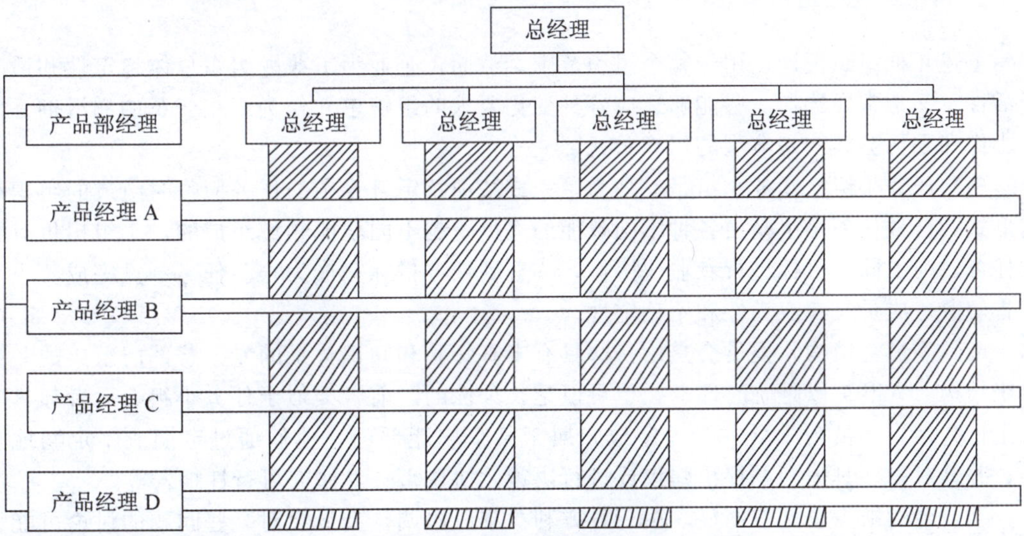

图 4-10 矩阵型结构示意图

4. 动态网络型结构

动态网络型结构是一种以项目为中心，通过与其他组织建立研发、生产制造、营销等业务合同网，有效发挥核心业务专长的协作型组织形式。动态网络型结构是组织基于信息技术的日新月异以及更为激烈的市场竞争而发展起来的一种临时性组织。

动态网络型结构的优点是：组织结构具有更大的灵活性和柔性；以项目为中心的合作可以更好地结合市场需求来整合各项资源，而且容易操作，网络中的各个价值链部分也随时可以根据市场需求的变动情况增加、调整或撤并。

图 4-11 是一个典型的动态网络型结构示意。

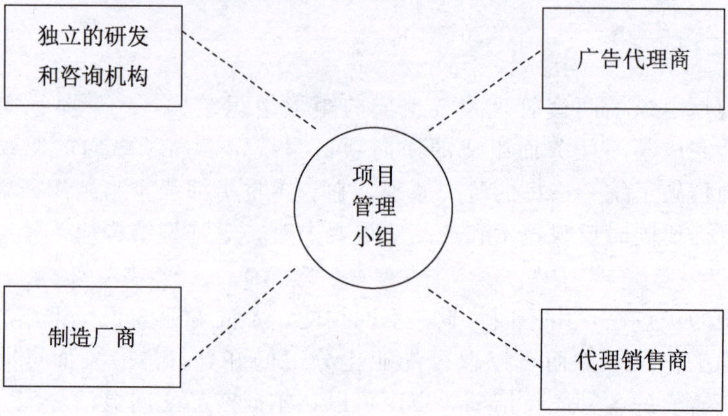

图 4-11 动态网络型结构示意

动态网络型组织有时也称为“虚拟组织”，即组织中的许多部门是虚拟存在的，管理者最主要的任务是集中精力协调和控制好组织的外部关系。为了获取持续性的竞争优势，组织往往要通过建立广泛的战略联盟来保持相对稳定的联合经营。

5. 两个典型的组织单元

上述几种组织设计适用于整个组织范围。然而，企业为了兼顾组织总体稳定性和适时灵活性，又常常要选择一些能够适应各种变化要求的组织单元作为组织变革的润滑剂。任务小组和委员会结构是典型的组织单元。

(1) 任务小组。任务小组是一种为了完成某项特定且复杂的任务而临时组成的组织结构形式。这种任务小组是由各种不同技能的人员跨越不同职能领域组成的，小组担负有特殊任务，为了同一目标进行专业化协作，一直到任务目标完成为止。任务一旦完成，小组即告解散，成员具有流动性和不确定性。

(2) 委员会结构。委员会是由一些具有丰富经验和知识背景的专家跨部门组成的一种组织结构。它既可以是临时性的，也可以是长久性的。前者类似于任务小组，后者却具有稳定持久性。委员会成员一般固定地归属于某个职能部门，他们通过定期或不定期地开会，并针对一些具体问题提出建议或进行决策，协调事务，研究可行性报告等。

委员会的缺点也比较明显，由于各方利益难以协调，委员会对某些问题的讨论可能议而不决，为谋求完全一致或接近完全一致的结论或决定，委员可能不得不维持少数人的专断，这又可能与委员会设置的初衷相矛盾。

第四节 组织变革与组织文化

随着社会环境的变化，组织变革已成为组织管理的一项经常性工作。本节将围绕组织变革的一般规律以及变革中的冲突、压力等一些具体问题进行讨论，同时研究组织文化以及组织文化构建等问题，从中总结出管理组织变革和组织文化的具体对策。

一、组织变革的一般规律

（一）组织变革的动因

1. 组织变革的现实意义

哈默（Harmer）和钱皮（Champy）曾在《公司再造》一书中把顾客（customers）、竞争（competition）、变革（change）看成影响市场竞争最重要的三种力量，并认为三种力量中尤以变革最为重要，“变革不仅无所不在，而且持续不断，这已成为常态”。

组织变革就是组织根据内外环境的变化，及时对组织中的要素进行结构性变革，以适应未来组织发展的要求。

2. 组织变革的动因

推动组织变革的因素可以分为外部环境因素和内部环境因素两个部分。

（1）外部环境因素。外部环境因素主要有以下几个。

①整个宏观社会经济环境的变化。

②科技进步的影响。

③资源变化的影响。

④竞争观念的改变。

（2）内部环境因素。推动组织变革的内部环境因素主要以下几个。

①组织机构适时调整的要求。

②保障信息畅通的要求。

③克服组织低效率的要求。

④快速决策的要求。

⑤提高组织整体管理水平的要求。

（二）组织变革的类型和目标

1. 组织变革的类型

依据不同的划分标准，组织变革可以有不同的类型。例如，按照变革的程度与速度不同，组织变革可以分为渐进式变革和激进式变革；按照工作的对象不同，组织变革可以分为以结构为中点的变革、以技术为中点的变革和以人为中点的变革；按照组织所处经营环境状况的不同，可以分为主动性变革和被动性变革。下面具体介绍按照工作的对象不同划分的组织变革。

(1) 以结构为中心的变革。以结构为中心的变革是指组织要根据环境的变化适时对组织的结构进行变革，并重新在组织中进行权力和责任的分配，使组织变得更为柔性灵活，易于合作。

(2) 以技术为中心的变革。以技术为中心的变革是指组织紧密围绕其关键目标和核心能力，充分应用现代信息技术对组织进行重新构造。

(3) 以人为中心的变革。以人为中心的变革是指组织必须通过对员工的培训、教育和引导，使他们能够在观念、态度和行为方面与组织保持一致。

2. 组织变革的目标

组织变革应该有其基本的目标，总的来看，应包括以下三个方面。

(1) 使组织更具环境适应性。环境因素具有不可控性，组织要想阻止或控制环境的变化，可能只是单方面的意愿。

(2) 使管理者更具环境适应性。一个组织中，管理者是决策的制定者和组织资源的分配者。

(3) 使员工更具环境适应性。组织变革的最直接感受者就是组织的员工。

(三) 组织变革的内容

组织变革具有互动性和系统性，组织中任何一个因素的改变，都会带来其他因素的变化。然而，就某一阶段而言，由于环境情况各不相同，变革的内容和侧重点也有所不同。综合而言，组织变革过程的主要变量因素包括人员、结构、技术与任务，具体内容如下。

(1) 人员的变革。人员的变革是指员工在态度、技能、期望、认知和行为上的改变。

(2) 结构的变革。结构的变革包括权力关系、协调机制、集权程度、职务与工作再设计等其他结构参数的变化。

(3) 对技术与任务的变革。技术与任务的变革包括对作业流程与方法的重新设计、修正和组合，包括更换机器设备，采用新工艺、新技术和新方法等。

二、管理组织变革

(一) 组织变革的过程与程序

1. 组织变革的过程

为使组织变革顺利进行，并能达到预期效果，必须先对组织变革的过程有一个全面的认识，然后按照科学的程序组织实施。管理学家勒温（Lewin）把组织变革的过程概括为“解冻——变革——再冻结”三个阶段。

(1) 解冻阶段。这是变革前的心理准备阶段。

(2) 变革阶段。这是变革过程中的行为转换阶段。

(3) 再冻结阶段。这是变革后的行为强化阶段，其目的是通过平衡变革的驱动力和约束力，使新的组织状态保持相对的稳定性。

2. 组织变革的程序

组织变革的具体工作可以分为以下四个步骤。

(1) 通过组织分析，发现变革的必要性。组织变革的第一步就是要对现有的组织进行全面的分析。

(2) 研究变革因素，制订改革方案。组织分析任务完成之后，就要对组织变革的具体因素进行研究，如职能设置是否合理、决策中的分权程度如何、员工参与变革的积极性怎样、流程中的业务衔接是否紧密、各管理层级间或职能机构间的关系是否易于协调等。

(3) 选择正确方案，实施变革计划。制订变革方案的任务完成之后，组织要选择正确的实施方案，然后制订具体的变革计划并贯彻实施。

(4) 评价变革效果，及时进行反馈。组织变革是一个包括众多复杂变量的转换过程，再好的变革计划也不能保证完全取得理想的效果。

(二) 组织变革的阻力及克服

1. 组织变革的阻力

组织变革是一种对现有状况进行的改变，也可以说是一次利益再分配。任何变革都会涉及一定人群的利益，因此必然会遇到来自各种变革对象的阻力。产生这种阻力的原因可能是传统的价值观念和组织惯性，也有一部分来自于对变革不确定后果的担忧，这集中表现为来自个人的阻力和来自团体的阻力。

(1) 个人阻力。个人阻力来自利益和心理上的影响。

①利益上的影响。变革从结果上看可能会威胁到某些人的利益，如机构的撤并、管理层级的扁平等都会给组织成员造成压力和紧张感。

②心理上的影响。变革意味着原有的平衡系统被打破；要求成员调整已经习惯的工作方式，而且变革意味着要承担一定的风险。

(2) 团体阻力。团体阻力源自组织结构变动及人际关系调整的影响。

①组织结构变动的影响。组织结构变动可能会打破过去固有的管理层级和职能机构，并采取新的措施对责权重新做出调整和安排，这就必然要触及某些团体的利益和权力。

②人际关系调整的影响。组织变革意味着组织固有的关系结构的改变，组织成员之间的关系也随之需要调整。非正式团体的存在使这种新旧关系的调整需要有一个较长过程。

2. 克服组织变革阻力的对策

为了确保组织变革的顺利进行，必须事先针对变革中的种种阻力进行充分的研究，并采取一些具体的管理对策。

(1) 客观分析变革的推力和阻力的强弱。勒温曾提出运用群体动力场理论分析、研究变革的阻力。其要点是：把组织中支持变革和反对变革的所有因素分为推力和阻力两种力量，前者发动并维持变革，后者反对和阻碍变革。

(2) 创新组织文化。“冰山理论”认为，假如把水面之上的冰山比作组织结构、规章制度、任务技术、生产发展等要素，那么，水面之下的冰体便是组织的价值观体系、组织成员的态度体系、组织行为体系等组成的组织文化。

(3) 创新策略方法和手段。为了避免组织变革中可能会形成的重大失误，使人们坚定变革成功的信心，必须采用比较周密可行的变革方案，并从小范围逐渐延伸扩大。

(三) 组织变革中的压力及其管理

1. 压力的定义

所谓压力，是在动态的环境条件下，个人面对种种机遇、组织规定以及追求目标的不确定性导致的一种心理负担。压力既可以带来正面激励效果，也可以造成负面影响。显然，变革就是要把个人内在的潜能充分地发挥出来，对变革起到正面的效果。

2. 压力的起因

产生压力的因素可能会有多种，变革中产生压力的因素是组织因素和个人因素。

(1) 组织因素。组织中的结构变动和员工的工作变动是产生压力的主要因素。例如，矩阵结构要求员工具有两个上级，从而打破了组织的统一指挥原则，并要求员工具有更强的组织协调能力。

(2) 个人因素。组织中的个人因素如家庭成员的去世、个人经济状况的困难、离异、伤病、配偶下岗、借债、法律纠纷等都是产生压力的主要因素。

3. 压力的特征

(1) 生理上的反应。医学界认为，压力会造成一系列的生理反应，如新陈代谢的改变、心跳和呼吸频率加快、血压升高、头痛、心脏病、胃溃疡等。

(2) 心理上的反应。压力产生不满意，产生对工作的不满足，这可以说是最简单、最明显的心理现象。除此之外，还有其他心理现象，如紧张、焦虑、易怒、枯燥、拖延等。

(3) 行为上的反应。由于受到压力，表现在行为上有工作效率降低、饮食习惯的改变、增加吸烟和酗酒频率、说话速度增快、不安、睡眠不规律等。

4. 压力的释解

并非所有的压力都是不良的。对于员工而言，如何对待因工作要求和组织结构的变革而产生的压力是重要的，如何减轻和消除不良的压力则是更为重要的。

对于组织因素而言，必须从录用员工时就要确定员工的潜力大小，看其能否适应工作的要求。显然，当员工能力不足时，就会产生很大的压力。另外，改善组织沟通也会使沟通不畅所产生的压力减至最小。组织应当建立规范的绩效考核方案，如采取目标管理方法，清楚地划分工作责任并提供清晰的考核标准和反馈路径，以减少各种不确定因素。如果压力来自枯燥的工作或过重的工作负担，可以考虑重新设计工作内容或减少工作量。

对于个人因素而言，减轻个人的压力会存在两个问题：一是管理者很难直接控制和把握某些因素，如团队建设往往需要人们有更多的自觉意识，而这种意识又很难取得观念上的一致；二是必须考虑到组织文化和道德伦理等因素，员工若是因缺乏计划和组织观念而产生压力，组织可以提供帮助；若是涉及个人隐私方面的问题，则一般很难插手。组织可以通过建构强势文化，使员工的目标和组织的目标尽可能趋于一致，也可以采用一些比较适宜的、能够有效减轻压力的放松技术，如深呼吸、改善营养平衡、做形体操等，引导员工减少压力。

（四）组织冲突及其管理

任何一个组织都不同程度地存在各种各样的冲突。所谓冲突，是指组织内部成员之间、不同部门之间、个人与组织之间由于在工作方式、利益、性格、文化价值观等方面的不一致性所导致的彼此相抵触、争执甚至攻击等行为。

1. 组织冲突的影响

（1）竞争胜利对组织的影响。组织内部更加团结，成员对团体更加忠诚，这有利于加强和保持团体的凝聚力。组织内部气氛更为轻松，紧张的情绪有所消除，同时容易失去继续奋斗的意志，容易滋生骄傲和得意忘形的情绪。

（2）竞争失败对组织的影响。如果胜败的界限不是很分明，团体就会以种种借口和理由来掩饰自己的失败，团体之间也容易产生偏见，每个团体总是只看到其他团体的弱处而非长处。

2. 组织冲突的类型

（1）正式组织与非正式组织之间的冲突。由于正式组织与非正式组织的成员是交叉混合的，更由于人们心理上存在的感性、非理性因素的作用，因此非正式组织的存在必然要对正式组织的活动产生影响。

（2）直线主管与参谋之间的冲突。组织中的管理人员是以直线主管或参谋两类不同身份出现的，现实中这两类人员之间的矛盾往往是组织缺乏效率的重要原因。

（3）委员会成员之间的冲突。委员会是集体工作的一种形式，它起到了汇聚各种信息、加强人员交流、协调部门关系等重要作用。

3. 组织冲突的处理

处理组织冲突有许多方法，首先要强调组织整体目标的一致性，同时要制定更高的行动目标并加强团体之间的沟通联系，特别是要注意信息的反馈。

对于非正式组织来讲，首先要认识到非正式组织存在的必要性和客观性，积极引导非正式组织，使其目标与正式组织目标相一致，同时要建立良好的组织文化，规范非正式组织的行为。

三、组织文化及其构建

组织文化是一个组织在长期发展过程中形成的，是被组织成员共同接受的价值观念、思维方式、工作作风、行为准则等群体意识的总称。根据环境的变化适时变革组织文化常被视为组织成功的基础。

（一）组织文化的概念及其特征

1. 组织文化的基本概念

“文化”一词来源于古拉丁文“cultura”，本意为“耕作”“培养”“教习”“开化”。

一般而言，文化有广义和狭义两种理解。广义的文化是指人类在社会历史实践过程中所创造的物质财富和精神财富的总和。其中，物质文化可称为“器的文化”“硬文化”，精神文化可称为“软文化”。狭义的文化是指社会的意识形态以及与之相适应的礼仪制度、组织机构、行为方式等物化的精神。文化具有民族性、多样性、相对性、沉淀性、延续性和整体性。

2. 组织文化的主要特征

(1) 超组织的独特性。每个组织都有其独特的组织文化，这是由不同的国家、民族、地域、时代背景以及不同的行业特点所致。

(2) 相对稳定性。组织文化是组织在长期的发展中逐渐积累而成的，具有较强的稳定性，不会因组织结构的改变、战略的转移或产品与服务的调整而变化。

(3) 融合继承性。每一个组织都是在特定的文化背景下形成的，必然会接受和继承这个国家及民族的文化传统与价值体系。

(4) 时代发展性。组织文化随着历史的积累、社会的进步、环境的变迁以及组织变革逐步演进和发展。

(二) 组织文化的结构层次与内容

组织文化是一种亚文化，它是在传统文化影响下形成的特定的群体文化。传统文化是在一个社会中起主导作用的统治文化。各种组织文化都受传统文化的影响，传统文化的思想渗透在组织文化中。

1. 组织文化的结构层次

一般认为，组织文化有三个层次结构，即潜层次、表层次和显层次三层。

(1) 潜层次的精神层。这是指组织文化中的核心和主体，是广大员工共同而潜在的意识形态，包括思维哲学、敬业精神、价值观念、道德观念等。

(2) 表层次的制度系统。它又被称为制度层，指体现某个具体组织文化特色的各种规章制度、道德规范和员工行为准则的总和，也包括组织内的分工协作关系等组织结构。

(3) 显现层的载体文化。它又被称为物质层，是指凝聚着组织文化抽象内容的物质体的外在显现。显现层是组织文化最直观的部分，也是人们最易于感知的部分。

2. 组织文化的内容

从最能体现组织文化特征的内容来看，组织文化包括组织价值观、组织精神、伦理规范以及组织素养等。无论哪个组织，其组织文化都应含有这些内容。

(1) 组织价值观。组织价值观就是组织内部管理层和全体员工对该组织的生产、经营、服务等活动以及指导这些活动的一般看法或基本观点。

(2) 组织精神。组织精神是指组织经过共同努力奋斗和长期培养所逐步形成的，认识和看待事物的共同心理趋势、价值取向和主导意识。

(3) 伦理规范。伦理规范是指从道德意义上考虑的，由社会向人们提出并应当遵守的行为准则，它通过社会公众舆论规范组织成员的行为。

(4) 组织素养。组织素养包括组织中各层级员工的基本思想素养、科技和文化教育水平、工作能力、精力以及身体状况等。

（三）组织文化的功能与塑造途径

组织文化对人的影响是深远的，对组织的发展起着重要作用。在组织的日常工作中，在组织遭遇重大挫折时、在组织机构有重大调整时、在存在组织冲突时都能体现出组织文化的巨大力量。

1. 组织文化的功能

组织文化作为一种自组织系统具有很多特定功能，主要有以下五点。

(1) 整合功能。组织文化通过培育组织成员的认同感和归属感，建立起成员与组织之间的相互信任和依存关系，使个人的行为、思想、感情、信念、习惯以及沟通方式与整个组织有机地整合在一起，形成相对稳固的文化氛围，凝聚成一种无形的合力，以此激发出组织成员的主观能动性，并为组织的共同目标而努力。

(2) 适应功能。组织文化能从根本上改变员工的旧有价值观念，建立起新的价值观念，使之适应组织外部环境的变化要求。一旦组织文化所提倡的价值观念和行为规范被成员接受和认同，成员就会不自觉地做出符合组织要求的行为选择，倘若违反，则会感到内疚、不安或自责，从而自动修正自己的行为。

(3) 导向功能。组织文化作为团体共同价值观，与组织成员必须强行遵守的、以文字形式表述的明文规定不同，它只是一种软性的理智约束，通过组织的共同价值观不断地向个人价值观渗透和内化，使组织自动生成一套自我调控机制，以一种适应性文化引导着组织的行为和活动。

(4) 发展功能。组织在不断的发展过程中所形成的文化沉淀，通过无数次的辐射、反馈和强化，会随着实践的发展而不断地更新和优化，推动组织文化从一个高度向另一个高度迈进。

(5) 持续功能。组织文化的形成是一个复杂的过程，往往会受到政治的、社会的、人文的和自然环境等诸多因素的影响。

2. 组织文化的塑造途径

组织文化的塑造是一个长期的过程，也是组织发展过程中的一项艰巨、细致的系统工程。许多组织致力于导入企业识别系统（corporate identity system，CIS）。它已成为一种直观的、便于理解和操作的组织文化塑造方法。从路径上讲，组织文化的塑造要经过以下五个过程。

(1) 选择合适的组织价值观标准。组织价值观是整个组织文化的核心，选择正确的组织价值观是塑造良好组织文化的首要战略问题。

在此基础上，选择正确的组织价值标准要注意以下四点。

①组织价值标准要正确、明晰、科学，具有鲜明的特点；

②组织价值观和组织文化要体现组织的宗旨、发展战略和发展方向；

③要切实调查本组织员工的认可程度和接纳程度，使之与本组织员工的基本素质相和谐，过高或过低的标准都很难奏效；

④选择组织价值观要发挥员工的创造精神，认真听取员工的各种意见，并经过自上而下和自下而上的多次反复，审慎地筛选出既符合本组织特点又反映员工心态的组织价值观和组织文化模式。

(2) 强化员工的认同感。在选择并确立组织价值观和组织文化模式之后，就应把基本认可的方案通过一定的强化灌输方法深入人心。具体做法如下。

①利用一切宣传媒体，宣传组织文化的内容和精要，使之家喻户晓，以营造浓厚的环境氛围。

②培养和树立典型。榜样和英雄人物是组织精神和组织文化的人格化身与形象缩影，能够以其特有的感召力和影响力为组织成员提供可以仿效的具体榜样。

③加强相关培训教育。有目的的培训与教育，能够使组织成员系统地接受组织的价值观并强化员工的认同感。

(3) 提炼定格。组织价值观的形成不是一蹴而就的，必须经过分析、归纳和提炼方能定格。

①精心分析。②全面归纳。③精练定格。

(4) 巩固落实。要巩固落实已提炼定格的组织文化，首先要建立必要的制度保障。

(5) 在发展中不断丰富和完善。任何一种组织文化都是特定历史的产物，当组织的内外条件发生变化时，组织必须不失时机地丰富、完善和发展组织文化。

本章小结

本章介绍了组织的含义、组织的构成要素及组织的功能，研究了组织设计的目的、任务、内容、原则，重点介绍了组织设计的影响因素，同时介绍了组织部门化的基本理论，其中组织部门化有职能部门化、产品或服务部门化、地域部门化、顾客部门化、流程部门化。在组织层级化理论中，研究了管理幅度和管理层次的关系、管理幅度设计的影响因素、集权和分权的基本理论。论述了组织变革的含义、过程、类型及组织变革的阻力与克服问题，研究了组织文化的功能及塑造途径。

思考题

1. 什么是组织？为什么会形成组织？组织的构成要素有哪些？
2. 什么是组织设计？组织设计的目的是什么？组织设计的基本内容包括哪些？
3. 简述组织设计的基本原则和组织设计的影响因素。
4. 组织部门化的基本形式有哪些？各种形式的应用条件及优缺点是什么？
5. 什么是管理幅度？管理幅度的影响因素有哪些？管理幅度与管理层次的关系是什么？
6. 什么是组织变革？组织变革的类型有几种？组织变革的程序分几个阶段？
7. 简述组织变革的阻力。如何克服组织变革的阻力？
8. 简述组织文化的含义及主要特征。组织文化有哪些功能？如何塑造组织文化？

第五章

人力资源管理

曾经有一个小国使臣向中国进贡了三个一模一样的金人，皇帝很高兴。可是这小国使臣出了一道题目：这三个金人哪个最有价值？

皇帝想了许多办法，请来珠宝匠检查，称重量，看作工，得出都是一模一样的结论。怎么办？使者还等着回去汇报。最后，有一位退位的老大臣说他有办法。

皇帝将使者请到大殿，老臣胸有成竹地拿着一根稻草，插入第一个金人的耳朵里，这稻草从另一边耳朵出来了。稻草插入第二个金人的耳朵里，结果从嘴巴里出来了。而第三个金人，稻草插进去后掉进了它的肚子里，什么响动也没有。老臣说："第三个金人最有价值！"使者默默无语，答案正确。

管理心得 这个故事告诉我们，最有价值的人，不一定是最能说的人。善于倾听，才是成熟的人最基本的素质。

内容提要 人才是一种稀缺资源，做好人力资源管理工作，就是发现人才、选好人才、用好人才。本章首先介绍人力资源管理的基本理论，包括人力资源规划与招聘，员工培训与绩效评估，员工职业生涯计划与发展。其次，介绍员工职业生涯的发展规划。

学习目标 掌握人力资源规划的含义、作用及内容，熟悉组织中员工招聘的来源及方法，了解员工培训与绩效评估工作，理解员工职业生涯发展的阶段及特点。

第一节　人力资源规划与招聘工作

组织设计为组织系统的运行提供了基本的运行框架。为确保各项任务的顺利完成并使组织能够正常地运行，组织还必须按照组织设计的基本要求，为系统配置合适的人力资源，并进行有效的管理。

一、人力资源管理的一般问题

（一）人力资源的含义和特征

1. 人力资源的含义

对一个组织而言，其所能够运用的资源主要有三种：物质资源、财政资源、人力资源。物质资源，如土地、原料、机器等；财政资源，如金钱与融资信用等。那么，什么是人力资源呢？目前理论界对人力资源的定义并无一致意见。但无论从广义还是从狭义来理解，人力资源的核心都是人。对组织来说，它是指组织内部成员及外部与组织相关的人。把人看作资源，不能简单地从数量上来理解，也要考虑其质量，即体现为人所具有的知识、技能、经验、态度、创造力等。因此，可以将人力资源定义为组织中具有智力和体力两方面能力的人的总和。

在所有资源中，人力资源是第一资源。尽管其他资源都有其重要性，但人力资源最为重要。人力资源是一种能动资源，它在组织中起主导作用，处于中心地位；它发起、使用、操纵、控制其他资源，使其他资源得到合理、有效的开发、配置和利用；同时它是唯一起创新作用的因素。整体而言，人力资源是一个组织系统的动力。

2. 人力资源的特征

人力作为一种资源，与其他资源一样具有使用价值、共享性、可测量性、可开发性和独立存在性，以及需要管理和有效配置等特征。但人力资源作为一种特殊资源，具有社会性、时效性、能动性和再生性。人力资源的特征启示我们在进行人力资源开发和使用的过程中，必须把握人力资源的特征，采取针对性强的对策。

（二）人力资源管理的含义

人力资源管理就是对人力这一资源进行有效开发、合理利用和科学管理，以实现组织的目标。

人力资源管理与传统上所说的人事管理有重要的区别，主要体现为以下几点。

(1) 传统人事管理以“事”为中心。现代人力资源管理以“人”为中心，管理的根本出发点是“着眼于人”。

(2) 传统人事管理把人设为一种成本，将人当作一种“工具”，注重的是投入、使用和控制。而现代人力资源管理把人作为一种“资源”，注重产出和开发。

(3) 传统人事管理是某一职能部门单独使用的工具，似乎与其他职能部门的关系不大，现代人力资源管理却与此截然不同。组织中实施人力资源管理职能的人事部门逐渐成为决策部门的重要伙伴，从而提高了人事部门在决策中的地位。

(三) 人力资源管理的职能

(1) 人员配置。人员配置涉及工作分析、人力资源规划、员工招聘等内容。

(2) 人力资源开发。这是人力资源管理的主要职能之一。它的主要任务是对组织现有人力资源进行系统的开发和培训，以满足组织的需要。

(3) 薪酬和福利。它的主要任务是要设计和实施针对所有员工的薪酬和福利制度。

(4) 安全和健康。它的任务主要是设计和实施确保员工安全和健康的方案。

(5) 劳动关系。现在劳动关系的不和谐现象比较突出。建立起和谐的劳动关系已成为我国人力资源管理的重要问题，劳动关系的管理必须体现在整个人力资源管理的过程中。

二、人力资源规划工作

(一) 人力资源规划的含义

人力资源规划又称人力资源计划，是指根据组织的发展战略、目标及组织内外环境的变化，运用科学的方法对组织中人力资源的需求和供给进行预测，制定相应的政策和措施，从而使组织人力资源供给和需求达到平衡，实现人力资源合理配置，有效激励员工的过程。

人力资源规划是组织计划的重要组成部分，在整个人力资源管理活动中占有重要地位，是各项具体人力资源活动的起点和依据，它直接影响着组织整体人力资源管理的效率。人力资源规划的概念包括以下四层含义。

(1) 组织的发展战略是人力资源规划的基础。人力资源规划的制定必须依据组织的发展战略。组织的发展战略发生变化时，人力资源规划也随之发生变化。

(2) 人力资源规划要适应组织内外部环境的变化。组织环境是一个动态的变化过程，必然带来对人力资源需求和供给方面的变化。例如，文化教育、政策法规、交通状况，特别是劳动力市场状况等的变化，都将直接影响组织人力资源的供给。组织发展战略的改变，将导致组织结构和员工配置的变化，从而导致组织对人力资源的数量、质量和结构的需求的变化。

(3) 制定必要的人力资源政策和措施是人力资源规划的主要工作。制定人力资源规划的实质就是在人力资源供求预测的基础上制定相应的政策和措施，以实现人力资源的供求平衡。

(4) 人力资源规划的目的是使组织人力资源供需平衡，保证组织长期持续发展。人力资源规划要创造良好的条件，充分发挥每个员工的积极性、主动性和创造性，提高工作效率，从而实现组织的目标。

(二) 人力资源规划的作用

在组织的人力资源管理活动中，人力资源规划不仅具有先导性和战略性，而且在实施组织目标的过程中，它还能不断调整人力资源管理的政策和措施，在人力资源管理活动中起着重要的作用，具体体现为以下几个方面。

(1) 有利于组织制定战略目标和发展规划。科学的人力资源规划，有助于高层领导了解组织目前各种人才的余缺情况，这样一定时期内就具备了进行内部抽调、培训或对外招聘的可能性，从而有助于高层领导进行决策。

(2) 确保组织生存发展过程中对人力资源的要求。人力资源部门必须分析组织人力资源的需求和供给之间的差距，制定各种规划来满足组织对人力资源的需求。

(3) 有利于人力资源管理活动的有序化、制度化。人力资源规划是企业人力资源管理的基础，它由总体规划和各种业务计划构成，为管理活动（如确定人员的需求量、供给量，调整职务和任务、培训）提供可靠的信息和依据，进而保证管理活动的有序化。

(4) 有利于调动员工的积极性和创造性。人力资源管理要求实现组织目标的同时，也要满足员工的个人需要，包括物质需要和精神需要。

(5) 有利于控制人力资源成本。人力资源成本是一个组织的总成本中的重要构成部分。

（三）人力资源规划的内容

人力资源规划包括两个层次，即总体规划和各项业务计划。人力资源总体规划是指有关规划期内人力资源管理和开发的总目标、总政策、实施步骤以及总预算的安排等，它是根据组织战略规划制定的。人力资源所属的各项业务计划是人力资源总体规划的进一步展开和细化，一般包括以下八个方面的计划。

(1) 人员补充计划。制订人员补充计划的目的，是合理地填补企业由于各种原因而出现的空缺或新职位，该计划包括补充人员的类型、数量及对人力资源结构和绩效的影响，制定所需人员的标准、来源及待遇等政策。

(2) 人员使用计划。制订人员使用计划的目的，是制定各部门的编制，优化人力资源的结构以及改善工作绩效等。该计划包括制定任职条件、职务轮换的范围以及时间等方面的政策。

(3) 人员晋升计划。制订人员晋升计划的目的，是保持后备人员的数量，有计划地提升有能力的人员提高绩效和改善人力资源结构。该计划要制定选拔的标准、资格、使用期、提升比例以及对未被提升的资深人员的安置等政策。

(4) 教育培训计划。制订教育培训计划的目的，是不断改善现有员工的素质和绩效，转变工作态度和作风，为企业中长期所需弥补的职位空缺事先准备人员。该计划包括培训的内容、时间、达到的效果要求以及培训的待遇、考核及培训后的使用等政策。

(5) 评价激励计划。制订该计划的目的，是通过各种奖励措施表彰在企业中有较大贡献的员工，鼓舞士气，减少人才流失，改进工作绩效。该计划制定了激励的重点、条件及工资等政策。

(6) 员工薪酬计划。员工薪酬计划对于确保企业的人工成本与企业的经营实力保持适当的水平有着重要的作用。该计划包括薪酬结构、工资总额、福利项目等方面的有关政策。

(7) 退休解聘计划。制订退休解聘计划，是按有关规定使员工按期退休，解聘不合适的员工，以降低劳务成本和提高劳动生产率。该计划需要制定这方面的有关政策，制定解聘程序等。

(8) 劳动关系计划。制订该计划的目的，是减少非期望的离职率，改善干群关系或劳资关系，减少投诉率和员工的不满程度。该计划要制定出员工参与管理以及加强各个方面的沟通政策等。

(四) 人力资源规划中的员工配备原则

“合理用人，用好人才”是组织生存和发展的重要环节之一，也是衡量人力资源规划是否有效的一个重要标准。因此，在编制和实施人力资源规划过程中必须坚持以下几个重要的人员配备原则。

(1) 因事择人原则。所谓因事择人，是指应以所空职位和工作的实际要求为标准来选拔符合标准的各类人员。因事择人是实现人事匹配的基本要求，也是组织中人员配备的首要原则。

(2) 因材器用原则。所谓因材器用，是指根据人的能力和素质的不同，去安排不同要求的工作。从组织中人的角度来考虑，只有根据人的特点来安排工作，才能最充分地发挥人的潜能，最大限度地激发人的工作热情。

(3) 用人所长原则。所谓用人所长，是指在用人时不能够求全责备，管理者应注重发挥人的长处。在现实中，由于人的知识、能力、个性发展是不平衡的，组织中的工作任务要求又具有多样性。

(4) 人事动态平衡原则。处在动态环境中的组织是在不断变革和发展的，组织对其成员的要求也是在不断变动的，工作中人的能力和知识也是在不断地提高和丰富的。

三、员工的招聘工作

(一) 员工招聘的来源

员工招聘的来源可以是多方面的，如学校、人才市场、部队转业军人等，但招聘工作的有效性更多地依赖于劳动力市场的状况、组织内部空缺职位的高低、组织规模大小、组织形象等因素。显然，劳动力市场越大，员工就容易招聘，而职位越高或要求的技能越多，招聘的范围就可能越宽泛。一般而言，组织规模越大，可选机会也就越多；组织形象越好，社会地位也就越高。显然，一个组织中，发展的机会越多，应聘者就会越多。

一般来讲，组织可以通过以下几种渠道来获取必要的人力资源。

(1) 广告应聘者。通过广播、报纸、电视等传媒渠道发布用人信息广告是最常用的招聘方式。应聘者可以根据自己的情况选择适合的职业，减少盲目应聘，组织也可以通过此办法集中挑选需要的人员。一般而言，组织中空缺职位越高或者所需具备的技能越多，广告的辐射范围就应该越广。

(2) 员工或关联人员推荐。经内部员工或关联人员推荐的人员要比广告等形式招聘的人员的满意度高。因为这样的推荐事关推荐人名声，并且推荐人对组织比较了解。另外，也可以省去部分招聘成本。

(3) 职业介绍机构推荐。对于规模小或没有正式人力资源机构的组织而言，职业介绍机构能使组织以较低的成本找到职位应聘者。大规模组织也可以求助于此类机构，因为这类机构拥有的专业技术可能会比组织的人力资源部门强。

除了上述机构之外，许多职业学院、高等院校都有职业介绍的服务部门。用人单位可以向这些学校征求所需人才。同时有很多专业组织机构能够提供职业介绍的服务。

(二)员工招聘的程序与方法

为了保证员工招聘工作的有效性和可行性，应当按照一定的程序来组织招聘工作。

(1)制订并落实招聘计划。当组织中出现需要填补的工作职位时，有必要根据职位的类型、数量、时间等要求确定招聘计划，同时成立相应的招聘工作委员会或小组。

(2)对应聘者进行初选。当应聘者数量很多时，选聘小组要对每一位应聘者进行初步筛选。

(3)对初选合格者进行知识与能力的考核。在初选的基础上，要对余下的应聘者进行材料审查和背景调查，并在确认之后进行细致的测试与评估，其内容是：

①智力与知识测试。②竞聘演讲与答辩。③案例分析与候选人实际能力考核。

(4)选定录用员工。在上述各项工作完成的基础上，要利用加权的方法，计算出每个候选人知识、智力和能力的综合得分，并根据待聘职务的类型和具体要求决定取舍。

(5)评价和反馈招聘效果。对整个选聘工作的程序进行全面的检查和评价，并且要对录用的员工进行追踪分析，通过对他们的评价检查原有招聘工作的成效，总结招聘过程中的成功与过失，及时反馈到招聘部门，以便改进和修正。

(三)员工招聘的方式

依据招聘的内外环境不同，组织大致可以通过外部招聘和内部提升两种方式来选择和填补员工的空缺。

1. 外部招聘

外部招聘就是根据组织制定的标准和程序从组织外部选拔符合空缺职位要求的员工。选择员工具有动态性，特别是一些高级员工和专业岗位，组织常常要将选择的范围扩展到全国甚至全球劳动力市场。

(1)外部招聘制度的优势：

①具备难得的“外部竞争优势”。②有利于平息并缓和内部竞争者之间的紧张关系。③能够为组织输送新鲜血液。

(2)外部招聘制度的局限性：

①外聘者对组织缺乏深入了解。②组织对外聘者缺乏深入了解。③外聘行为对内部员工积极性造成打击。

2. 内部提升

内部提升是指组织内部成员的能力和素质得到充分确认之后，被委以比原来责任更大、职位更高的职务，以填补组织中由于发展或其他原因而产生的空缺的职位。

(1)内部提升制度的优点：

①有利于调动员工的工作积极性。②有利于吸引外部人才。③有利于保证选聘工作的正确性。④有利于被聘者迅速展开工作。

(2)内部提升制度的缺点：

①可能会导致组织内部“近亲繁殖”现象的发生。②可能会引起同事之间的矛盾。

第二节　员工的培训与绩效评估工作

一、员工的培训工作

（一）员工培训的目标

培训是指组织通过对员工有计划、有针对性的教育和训练，使其能够改进目前知识和能力的一项连续而有效的工作。培训旨在提高员工队伍的素质，促进组织的发展，实现以下四个方面的具体目标。

（1）补充新知识，提高新技能。随着科学技术进步速度的加快，人们原先拥有的知识与技能在不断老化。

（2）全面发展能力，提高竞争力。员工培训的一个主要目的，是根据工作的要求，努力提高员工在决策、用人、激励、沟通、创新等各方面的综合能力，特别是随着工作的日益复杂化和非个人行为化，组织内部改进人际关系的能力要求不断提高，使合作的培训对组织来说越发重要，这也是衡量组织竞争力的重要体现。

（3）转变观念，提高素质。每个组织都有自己的文化、价值观念、基本行为准则。

（4）交流信息，加强协作。组织培训员工的基本要求是通过培训，加强员工之间的信息交流，特别是使新员工能够及时了解组织在一定时期内的政策变化、技术发展、经营环境、绩效水平、市场状况等方面的情况，熟悉未来的合作伙伴，准确而及时地定位。

（二）员工培训的类型

一个组织中的培训对象主要有新来员工、基层员工、一般技术人员、高级技术人员和管理人员。员工培训的方式有多种。

1. 依据所在职位的不同划分

（1）新来员工的培训。一旦决定录用应聘者之后，组织中的人事部门应该对其将要从事的工作和组织的情况给予必要的介绍和引导，西方国家称之为职前引导。

（2）在职培训。进行在职培训是为了使员工通过不断学习掌握新技术和新方法，从而达到新的工作目标要求所进行的不脱产培训。

（3）离职培训。离职培训是指为使员工能够适应新的工作岗位要求而让员工离开工作岗位一段时间，专心参加一些职外培训。

2. 依据培训的目标和内容不同划分

（1）专业知识与技能培训。专业知识与技能培训有助于员工深入了解相关专业的基本知识及其发展动态，有助于提高人员的实际操作技能。专业知识与技能培训可以采取脱产、半脱产或业余等形式，如各种短期培训班、专题讨论会、函授、业余学校等。

（2）职务轮换培训。职务轮换是指员工在不同部门的各种职位上轮流工作。职务轮换有助于受训人全面了解整个组织的不同工作情况，积累和掌握各种不同的工作经验，从而提高他们的组织和管理协调能力，为其今后的发展和升迁打好基础。

（3）提升培训。提升是指将员工从较低的管理层级暂时提拔到较高的管理层级上，并给予一定的试用期。这种方法可以使有潜力的员工获得宝贵的锻炼机会，既有助于员工扩大工作范围，把握机会，展示其能力和才干，又能使组织全面考察其是否适应和具备领导岗位所需的能力，并为今后的发展奠定良好的基础。

（4）设置助理职务培训。在一些较高的管理层级上设立助理职务，不仅可以减轻主要负责人的负担，而且有助于培训一些后备管理人员。

（5）设置临时职务培训。设置临时职务可以使受训者体验和锻炼在空缺职位上的工作情景，充分展示其个人能力，避免“彼得现象”未解释的发生。

二、员工的绩效评估工作

（一）绩效评估的含义

所谓绩效评估，是指组织定期对个人或群体小组的工作行为及业绩进行考察、评估和测度的一种行为。用过去制定的标准来比较员工的工作绩效，记录并及时将绩效评估结果反馈给员工，可以起到有效的检测及控制作用。

（二）绩效评估的作用

在人力资源管理中，绩效评估的作用体现在以下五个方面。

1. 为最佳人事决策提供重要的参考依据

绩效评估的首要目标是为组织目标的实现提供支持，特别是在制定重要的人事决策时，绩效评估可以使管理者及其下属在制订初始计划过程中及时纠偏，减少工作失误，为最佳人事决策提供重要的行动支持。

2. 为组织发展提供重要的支持

绩效评估的另一个重要目标是提高员工的业绩，引导员工努力的方向，使其能够跟上组织的变化和发展。绩效评估可以提供相关的信息资料，作为激励或处分员工、提升或降级、职务调动以及进一步培训的依据，这是绩效评估最主要的作用。

3. 为员工提供一面有益的“镜子”

绩效评估使员工有机会了解自己的优缺点，以及其他人对自己工作情况的评价，起到了有益的“镜子”作用。

4. 为确定员工的工作报酬提供依据

绩效评估的结果为确定员工的实际工作报酬提供了决策依据。实际工作报酬必须与员工的实际能力和贡献相结合，这是组织分配制度的一条基本原则。

5. 为员工潜能的评价以及相关人事调整提供依据

绩效评估中对能力的考评是指通过考察员工在一定时间内的工作业绩，评估他们的现实能力和发展潜力，看其是否符合现任职务所具备的素质和能力要求，是否具有担负更重要工作的潜能。组织必须根据员工在工作中的实际表现，对人事安排进行必要的调整。

（三）绩效评估的程序与方法

绩效评估的有效性依赖于一定的执行程序。在执行程序之前，首先要对影响绩效评估过程的内外环境因素进行分析，确定哪些因素影响到评估的有效性。例如，一个封闭型的、缺乏信任的组织很难为个人或团队的努力提供需要的环境，而在这样一个环境中，即使个人付出很大的努力，业绩也往往难以实现。绩效评估可以分为以下五个步骤。

1. 确定特定的绩效评估目标

在不同的层级和工作岗位上，每一个员工所具备的能力和所作的贡献是不同的，而一种绩效评价制度不可能适用于所有的评估目标。

2. 确定考评责任者

考评工作往往被视为人力资源管理部门的任务。实际上人力资源部门的主要职责是组织、协调和执行考评方案，要使考评方案取得成效，还必须使那些受过专门评估培训的直线管理人员直接参与其中，因为直线领导可以更为直观地识别员工的能力和业绩，并负有直接的领导责任。

3. 评价员工工作业绩

在确定了特定的绩效评估目标和考评责任者之后，就应当通过绩效评价系统对员工特定的目标评估内容进行正确的考评。考评应当客观、公正，杜绝平均主义和个人偏见。

4. 公布考评结果，交流考评意见

考评人应及时将考评结果通知本人。上级主管可以与考评对象直接单独面谈，共同讨论绩效评价的结果。这种面谈应该被看作一次解决问题而不仅仅是发现错误的良机。

5. 根据考评结论，将绩效评估的结论备案

根据最终的考评结论，可以使组织识别那些具有较高发展潜力的员工，并根据员工成长的特点，确定其发展方向。

上述对绩效评估程序的讨论通常是在一定背景下进行的，在动荡的环境下，评价系统必须具有灵活性和可行性。

（四）员工的解聘

如果人力资源规划过程中存在冗员，组织面临结构性收缩要求或者员工做出违反组织政策的行为时，组织应当裁减一定的员工，这种变动叫作解聘。解聘的方式有多种，表5-1概括了几种主要的解聘方案。

表 5-1　几种主要解聘方案

方案	说明
解雇	永久性、非自愿地终止合同
临时解雇	临时性、非自愿地终止合同；可能持续若干天时间，也可能延续几年
自然减员	对自愿辞职或正常退休腾出的职位空缺不予填补
调换岗位	横向或向下调换员工岗位，通常不会降低成本，但可减缓组织内的劳动力供求不平衡
缩短工作时间	让员工每周少工作一些时间，或者进行工作分担，或以临时工身份工作
提前退休	为年龄大、资历深的员工提供激励，使其在正常退休期限前提早离位

第三节　员工职业生涯的发展规划

一、职业生涯发展的含义

所谓职业生涯发展，是指组织在发展过程中，要根据内外环境变化的要求对员工进行动态调整，以使每个员工的能力和志趣都能与组织的需求相吻合。职业生涯发展体现了一个人在机遇面前所选择的不同发展路径。

1. 传统路径

传统路径是指员工在一个层级组织中经过不断努力，从下向上纵向发展的一条路径。必须看到，由于兼并、重组、收缩、组织再造等行为的日趋增多，管理层的数目正在大量地减少，这使纵向发展的机会大大减少。

2. 网络路径

网络路径是指员工在纵向层级和横向岗位上都具有发展机会。在这条路径上发展的人，如果在纵向晋升的过程中能够多一些横向上的工作经历，将有助于其成长。

3. 横向技术路径

横向技术路径是指员工通过努力不断地拓宽专业技术知识。组织开辟这样的路径可以促使员工在不同的工作领域经受锻炼，可以调动员工不断创新的积极性，最终提升自己在组织中的价值。

4. 双重职业路径

双重职业路径是指组织通过设计技术发展路径，让那些有一技之长的技术专家能够专心致力于技术贡献，而让那些有管理能力的人沿传统的升迁和发展路径发展。双重职业路径的优点在于避免了从合格的技术专家中选拔出不合格的管理者，使那些具有高技能的技术人员和管理者都能沿着各自不同的路径发展。

二、职业生涯发展的意义

组织要想在激烈的竞争环境条件下生存并发展，人才是最为关键的组织要素，杰出的人才更是一种稀缺资源。一般来讲，组织总希望能够通过各种方法留住人才。然而，人才并不都是在职业生涯的每一时刻都能表现出卓越才华的。

设计并管理职业生涯的意义表现在以下四个方面。

1. 确保组织获得需要的人才

职业生涯发展计划与人力资源计划具有目标上的一致性，并且是对后者的必要补充。人力资源计划指出了组织在未来需要哪些人力资源，而职业生涯发展计划指出了员工的需要与理想怎样才能与组织相吻合。

2. 增强组织的吸引力以留住人才

每个组织都希望招到并留住最优秀的人才，而这种人才往往会考虑到他们自己的发展道路，期望能够在更好的组织环境中发挥他们的才能。如果组织对他们的职业生涯有所安排和建议，他们的忠诚度就会比较高。

3. 使组织中的成员都有成长和发展的机会

组织不仅要考虑特殊人才的生涯发展道路，也要使组织中的每一个成员都有成长和发展的机会。职业生涯发展计划应该包括增加培训、横向调动等增加员工价值的方法，使员工相信组织并不歧视员工。

4. 减少员工的不平衡感和挫折感

员工受教育的程度越高，对工作的期望目标也就越高。然而，由于经济周期波动以及组织不断变革的影响，每个组织都不可能有太多的升迁机会。当两者无法匹配时，员工便会产生强烈的心理不平衡和挫折感。职业生涯能够切实地增加员工的信心。

三、职业生涯发展的阶段及其特点

一个人的职业生涯将经历五个阶段——摸索期、立业期、生涯中期、生涯后期和衰退期，每个阶段都有其特点。

1. 摸索期

对于大多数人而言，职业生涯摸索期是指从学校毕业到步入工作岗位这段时期。在这一时期，人们形成了对职业生涯的一种预期，其中有很多是颇有抱负的理想，甚至是不切实际的幻想。这些理想或幻想在工作一开始可能会潜藏不露，到后来会逐渐地暴露出来。

2. 立业期

立业期是指员工从寻找工作和找到第一份工作开始到三十多岁第一次体验工作经历为

止。在这段时间内，员工要经历与同事相处、做好本职工作、处理好个人生活问题以及经受现实中成功或失败感受等过程。

3. 生涯中期

生涯中期是指开始面临第一次严重的职业危机一直到走出困境为止这样一段经历。在这一时期，一个人的绩效水平可能会继续改进和提高，也可能保持稳定，或者开始下降。这一阶段的重要特征是人们此时已不再是一个学习者，不会再有更多的试挫机会，如犯错误将会付出巨大的代价。

4. 生涯后期

生涯后期是指经历了中期考验之后一直到退休这段时间。显然，对于那些成功地进行了中期转换获得了继续发展的人们来说，这段时期意味着收获季节的到来事业成功，工作轻松，他们可以凭借自己多年积累的经验和判断力，以及非凡的能力向组织证明其存在的价值。

5. 衰退期

衰退期是指退休之后的人生经历。这段时期，对于成功的人士来讲，意味着几十年的成就和绩效表现就要停止，容易使人有一种失落感，而对于那些人生经历和绩效表现一般的人来讲，可能会有一个令人舒心的时期，因为此时他们可以把工作中的烦恼抛在脑后。

四、有效管理职业生涯的方法

职业生涯的阶段模型提示我们，处在不同时期员工的特点是不一样的，有效管理职业生涯必须针对员工的具体特点。对于摸索期的新员工来说，他们常常对自己的职务抱有不切实际的预期。因此，组织应该加强职前引导，及时而客观地告知有关工作职务和组织的正面和负面信息，避免由于目标的不匹配给组织和个人造成的震荡。

总的来讲，成功管理职业生涯要注意以下五个方面。

1. 慎重选择第一份工作

员工在组织中的起点，对于其今后的职业生涯发展具有重大影响。实践证明，如果机会适宜，一个人应当选择一个有权力的部门作为自己职业生涯的开端。因为一开始就在组织中权力影响大的部门工作，就有可能在今后的职业生涯中得到快速提升。

2. 努力掌握工作中的平衡

良好的工作绩效是职业生涯成功的一个必要条件，但不是充分条件。成功固然令人欣喜，会给以后的提升带来帮助。但失败也是常常发生的，这对未来的发展会造成不利的影响。

3. 适时表现自我

由于员工绩效的评估具有相当的主观性，因此，通过自己的努力让主管和组织中的权力人认识到自己的贡献是非常重要的。特别是应当明确组织对个人的要求和期望，了解组织文化的特点以及如何与组织中的关键人员协调关系等。

4. 善于同上级处理好关系

自己的未来往往掌握在上级的手中，如本身缺乏足够的实力对上级提出挑战，那么明智的办法是努力帮助你的上级取得成功，特别是在上级处于被动时应当给予大力配合和支持，不能拆台、挖墙脚。经验表明，为了实现个人的目标，还应该努力找到组织中居于权力核心的某个人作为自己的推荐人，如果上司很有才干并拥有权力基础，那么自己升迁的速度将会很快，自己的才能会得到快速的认可。

5. 保持一定的流动性

随着现代管理组织扁平化趋势以及并购、重组的不断发生，工作环境也变得相对动荡不定。显然，如长期陷于那些成长缓慢、不景气或衰退中的组织，自己的职业发展进程可能会得不到更好的促进，进而会扼杀自己的进取心，使自己成为“锅中的青蛙”，并失去发展的能力。

本章小结

本章介绍了人力资源管理的基本问题，包括人力资源规划的含义和作用，人力资源招聘工作的来源、程序、方法。研究了员工培训的目标与类型、员工绩效评估工作的程序与方法。分析了员工职业生涯发展的具体问题。

思考题

1. 什么是人力资源？人力资源的特征是什么？什么是人力资源管理？
2. 人力资源规划的含义是什么？其作用是什么？包括哪些基本内容？
3. 员工的招聘来源有哪些？外部招聘与内部提升各有什么优缺点？
4. 员工的培训目的是什么？有哪些基本的培训方式？
5. 什么是绩效考核？绩效考核的程序与方法是什么？

第六章

领导理论及应用

乐观的拿破仑

拿破仑在一次与敌军作战时，遭遇顽强的抵抗，队伍损失惨重，形势非常危险。拿破仑也因一时不慎掉入泥潭中，被弄得满身泥巴，狼狈不堪。可此时的拿破仑浑然不顾，内心只有一个信念，那就是无论如何也要打赢这场战斗。只听他大吼一声，“冲啊！”他手下的士兵见到他那副滑稽模样，忍不住都哈哈大笑起来，但同时也被拿破仑的乐观自信所鼓舞。一时间，战士们群情激昂、奋勇当先，终于取得了战斗的最后胜利。

管理心得 在任何危急的困境中，都要保持乐观积极的心态。尤其作为一位领导，你的自信，可以感染到无数你接触到的人。有没有乐观自信的态度也直接影响到一项工作的成败与否。领导不是只告诉别人怎么干的人，而是要激发队伍产生一定抱负，并朝着目标勇往直前。

其实在用人者眼里，没有废人，正如武功高手，不需名贵宝剑，摘花飞叶即可伤人，关键看如何运用。

内容提要 领导是管理理论的一个重要方面。什么是领导，领导的作用是什么，具有怎样个性特征的人才能成为领导，这是人们十分关心的问题，也是本章要研究的问题。本章分为五节内容：首先，研究领导理论的基本问题，包括领导的内涵、领导的作用、领导方式的类型、领导者的权力、人性假设的相关理论等。其次，研究领导特质理论与领导行为理论，包括国内外领导特质的理论观点、领导方式的理论。再次，介绍领导权变理论，如菲德勒的权变理论、不成熟—成熟理论等。最后，研究了领导艺术，包括领导艺术的含义及特征和主要内容以及管理沟通的原理。

学习目标 掌握领导的内涵、领导方式的类型、领导者对人性认识的基本假设，熟悉领导特质理论及领导行为理论类型及内容，重点掌握领导权变理论及应用，了解领导艺术的特征及主要内容，掌握管理沟通的原理及有效沟通的方式。

第一节　领导理论的基本问题

一、领导的内涵与作用

（一）领导的内涵

“领导”一词有两种含义：一种是名词属性的含义，即领导者是组织中某一阶层的管理者；二是动词属性的含义，即领导者所从事的组织管理活动。研究什么类型的人适合做领导工作，即领导素质理论；研究什么样的领导方式对组织工作绩效更高，即领导行为理论。

所谓领导，就是指挥、带领、引导和鼓励下属为实现目标而努力的过程。

（1）领导者必须有下属或追随者。

（2）领导者拥有影响追随者的能力或力量，它们既包括由组织赋予领导者的职位和权力，也包括领导者个人所具有的影响力。

（3）领导的目的是通过影响下属来达到实现组织的目标。

（二）领导的作用

一个组织的成长与发展，与组织的领导者有直接关系。领导的作用，是指领导者在带领、引导和鼓舞下属为实现组织目标而努力的过程中，所具有的指挥、协调和激励等多方面的作用。

（1）指挥作用。指挥作用是指在组织活动中，要有头脑清醒、胸怀全局，能高瞻远瞩、运筹帷幄的领导者，帮助组织成员认清所处的环境和形势，指明活动的目标和达到目标的路径。

（2）协调作用。协调作用是指组织在内外因素不断变化的环境下，需要领导者来协调组织各部门之间、组织成员之间的关系和活动，朝着共同的愿景前进。

（3）激励作用。激励作用是指领导者了解组织成员的需要，激发下属人员的动机，为组织成员主动地、创造性地发展职业生涯做好指导与支持。

（4）沟通作用。领导者是组织的各级首脑和联络者，在信息传递方面发挥着重要作用，是信息的传播者、监听者、发言人和谈判者，在管理的各层次中起到上情下达、下情上述的作用，以保证管理决策和管理活动顺利地进行。

除上述作用外，领导的作用还有很多，不同群体领导的作用是不同的。

二、领导方式的基本类型

（一）按领导者权力的集中与分散程度划分

领导方式按领导者权力的集中与分散程度进行划分，一般可以分为两类：集权式领导者和民主式领导者。

1. 集权式领导者

所谓集权，是指领导者把管理的制度权力进行收敛的行为和过程。因此，所谓集权式领导者，就是把管理的制度权力相对牢固地加以控制的领导者。由于管理的制度权力是由多种权力的细则构成的，如奖励权、强制权和收益的再分配权等，这就意味着对被领导者或下属而言，受控制的力度较大。在整个组织内部，资源的流动及其效率主要取决于集权领导者对管理制度的理解和运用，同时，个人专长权和影响权是他行使上述制度权力成功与否的重要基础。这种领导者把权力的获取和利用看成自我的人生价值。

2. 民主式领导者

和集权式领导者形成鲜明对比的是民主式领导者。这种领导者的特征是向被领导者授权，鼓励下属参与，并且主要依赖于其个人专长权和影响权影响下属。从管理学角度看，民主式领导者通过对管理制度权力的分解，进一步通过激励下属的需要，去实现组织的目标。不过，由于这种权力的分散性，组织内部资源的流动速度减缓，因为权力的分散一般导致决策速度降低，进而增大了组织内部的资源配置成本。

（二）按领导者的工作作风划分

按领导者工作作风可分为两类：事务型领导者和战略型领导者。

1. 事务型领导者

事务型领导者一般也称维持型领导者。这种领导者通过明确角色和任务要求，激励下属向着既定的目标活动，并且尽量考虑和满足下属的社会需要，通过协作活动提高下属的生产率。他们对组织的管理职能推崇备至，勤奋、谦和而且公正，以把事情理顺、工作有条不紊地进行而感到自豪。这种领导者重视非人格的绩效内容，如计划、日程和预算，对组织有使命感，并且严格遵守组织的规范和价值观。

2. 战略型领导者

战略型领导者是指拥有预见、洞察、保持灵活性并向他人授权，以创造所必需的战略变革的能力。战略型领导者一般是指组织的高层管理人员，尤其是首席行政长官（CEO）。战略型领导者的特征是用战略思维进行决策。战略本质上是一种动态的决策和计划过程，战略追求的是长期目标，行动过程以战略意图为指南，以战略使命为目标基础。因此，战略的基本特征，是行动的长期性、整体性和前瞻性。

（三）按领导者的个性特点划分

按领导者的个性特点划分，可分为魅力型领导者和变革型领导者。

1. 魅力型领导者

魅力型领导者最重要的品质是责任。责任胜于能力，对一个组织的领导者来说，责任是至高无上的。责任承载着能力，只有充满责任感的人才有机会充分展现自己的能力。魅力型领导者最重要的素质是公正无私、知行合一、言行一致、以身作则，并在具体的工作中做到胸中有全局、办事有招数、控制有分寸、调控有办法。胸中有全局就是胸怀大局，考虑工作从整体出发；办事有招数就是出现问题时不能束手无策，不怕出现问题，就怕没有办法，要做到“做一，备二，考虑三”；控制有分寸就是不偏不倚、不过不及，做到调控有度、收发自如；调控有办法就是遵循规律，科学分析，系统思考，统筹兼顾。学会引领、把握节奏、控制流程，学会借势和顺势。这种领导者鼓励下属为了组织的利益而超越自身利益，并能对下属产生深远而且不同寻常的影响。

2. 变革型领导者

变革型领导者有着鼓励下属超越他们的预期绩效水平的能力。他们的影响力来自以下方面：有能力陈述一种下属可以识别的、富有想象力的未来愿景；有能力提炼出一种每个人都坚定不移地赞同的公司价值观系统；信任下属并获取他们充分的信任回报；提升下属对新结果的意识，激励他们为了部门或组织而超越自身的利益。这种领导者善于创造一种变革的氛围，热衷于提出新奇的、富有洞察力的想法，并且能用这样的想法去刺激、激励和推动其他人勤奋工作。

三、领导者的权力

（一）领导者与权力

权力，最简单的理解，就是影响别人行为的能力。对管理过程和职能的领导者而言，一般认为，这种能力应包括三个方面：一是领导者个人的专长权，即源于领导者所拥有的专门知识或特殊技能；二是领导者的个人影响权，即源于追随者认可的由个人经历、性格或魅力产生的力量；三是领导者担任的管理岗位所赋予的管理制度权力。管理意义上的领导一般是指上述的第三种权力。显然，上述三种权力中，第一和第二种权力的主观性较强。不难理解，如果领导的权力发挥主要来自这两种权力，无论是组织的稳定性还是组织成员的职业生涯，都将受到不稳定因素的冲击。

（二）领导者权力的类型

权力通常被描述成一种个人能够影响决策的能力，它反映了组织中人与人之间的某种关系。按照法兰西（French）和雷温（Raven）等人的划分方法，权力可以分为强制权力、奖励权力、合法权力、专家权力和感召权力。

（1）强制权力。强制权力是通过恐吓、威胁等生理上或安全上的压力控制手段对他人施加的一种权力，如肉体上的制裁、精神上的折磨等。

（2）奖励权力。奖励权力是通过报酬、晋升、工作表彰、提供满意的工作环境等奖赏手段对他人施加的一种权力。

（3）合法权力。合法权力是指一个人在正式层级组织中由于占据某一职位所相应得到的一种权力。

（4）专家权力。专家权力是指通过个人专长、特殊技能或知识获取的一种影响力。随着知识经济的到来，专家权力越来越成为组织中的一种有效权力。

（5）感召权力。感召权力是指一个人所拥有的独特智谋或个人品质对他人产生的一种独特影响力，它能够使他人产生一种深刻的倾慕和认同心理。

管理小故事

美国公司"一分钟经理"的管理艺术

《一分钟经理》是美国医学博士布兰查德和管理学博士约翰逊合著的一本书。他们通过一个虚构的故事，从行为心理学和管理学的观点出发，提出了关于管理的一些法则，这些法则反映出管理研究中的精华。书中讲述了一个有志青年到处寻找有效率的经理，以便使自己学习成才，后来打听到一个叫"一分钟经理"的人，了解到这位一分钟经理的管理艺术的三个诀窍是一分钟目标、一分钟表扬、一分钟批评。

（1）一分钟目标。

对于一分目标，经理的看法是，我们的目的是求得效益，为此职员每个时期都要有一个十分简单而明确的职责和目标。一个人做每一件事都要有一股动力，即要有明确的目标。有了目标，任何事情都会被干得很好。怎样建立一分钟目标呢？公司里每个职员的办公桌上都有一块牌子，上面写着："每天花一分钟时间，查对你的目标，你的工作是否符合目标。"

（2）一分钟表扬。

大多数企业里，经理用大部分时间抓职员的毛病，而一分钟经理正好相反，他在查找职员做对了什么，把"找出他的对的"作为座右铭。职员做对了，经理会马上表扬，而且很精确地指出做对了什么，然后鼓励职员继续努力，时间只花去一分钟，这就是一分钟表扬。

（3）一分钟批评。

如果下属做错了事，你不尽快处理，对改善他的工作不会有好处。多数领导把下级的错误"储存"起来，最后全部提出来，不利于维持上下级关系。一分钟经理对下级的错误会及时指出，"脸上的笑容消失，直视对方的眼睛，然后精确地指出错误所在"。

四、领导者对人性的认识及管理方式

（一）麦格雷戈的人性假设理论

美国著名管理心理学家，麻省理工学院教授麦格雷戈对管理中的人性假设问题进行过深入的研究，在他看来："每一个管理决策或每一项管理措施的背后，都必然有某些关于人性本质及人性行为的假设。"

麦格雷戈有关人性的假设，概括起来包括如下三个方面内容。

（1）管理的理论与管理者的观念是第一位的，而管理的政策与具体措施是第二位的，不能本末倒置，也不能简单混同。

（2）强调在管理中要着重开发人力资源，发掘人的潜在力量。

（3）管理人员采用哪种假定理论要看具体情况，但是所持理论的观点要旗帜鲜明。

（二）人性假设的 X 理论、Y 理论及超 Y 理论

1960 年，麦格雷戈出版了他的著名著作《管理理论 X 或 Y 的抉择——企业的人性面》。

在这部著作中，他总结了若干较有代表性的人性假设，并将其归纳为X理论或Y理论。

1. 人性假设的X理论

麦格雷戈用“X理论”这一名称归纳了历史上控制导向的传统观点。其人性假设的基本点是大多数人生来懒惰，总想少干一点工作；一般人没有雄心，不喜欢负责任，宁可被别人指挥；多数人的个人目标都是与组织的目标相矛盾的，必须用强制、惩罚的办法，才能迫使他们为达到组织的目标而工作；多数人干工作都是为了满足基本的生理需要和安全需要。

2. 人性假设的Y理论

Y理论是将个人目标与组织目标融合的观点。麦格雷戈称之为Y理论的人性假设是指人在工作中消耗体力和智力是极其自然的事，就像游戏和休息一样；促使人朝向组织的目标而努力，外力的控制和惩罚的威胁并非唯一的方法，人为了达到其本身已经承诺的目标，自然会实行自我监督和自我控制足。

3. 人性假设的超Y理论

鉴于X理论和Y理论的局限与不足，摩尔斯（Morse）和洛斯奇（Lorsch）提出了超Y理论，也有人将其称为Z理论。这一理论对人性的假设是：人们到组织中工作的需要和动机是多种多样的，但主要的需要是取得成就感。

五、薛恩的四种“人性的假设”理论

管理小故事

仇人相宰

春秋时期齐国国君齐襄公被杀。襄公有两个兄弟，一个叫公子纠，当时在鲁国；一个叫公子小白，当时在莒国。两个人身边都有师傅，公子纠的师傅叫管仲，公子小白的师傅叫鲍叔牙。在小白回齐国的路上，管仲派好人马拦截他，并拿箭瞄准小白向他射去。小白大叫一声，倒在车里。管仲以为小白已经死了，就不慌不忙护送公子纠回到齐国。怎知公子小白是诈死，等到公子纠和管仲进入齐国国境，小白和鲍叔牙早已抄小道抢先回到国都临淄，小白当上了齐国国君，即齐桓公。齐桓公即位以后，即下令要杀公子纠，并把管仲送回齐国问罪。管仲被关在囚车里送到齐国。鲍叔牙立即向齐桓公推荐管仲。齐桓公气愤地说：“管仲拿箭射我，要我的命，我还能用他吗？”鲍叔牙说：“那时他是公子纠的师傅，他用箭射您，正是他对公子纠的忠心。论本领，他比我强得多。主公如果要干一番大事业，管仲可是一个用得着的人。”齐桓公也是一个豁达大度的人，听了鲍叔牙的话，不但不问管仲的罪，还立刻任命他为宰相，让他管理国政。管仲帮着齐桓公整顿内政，开发财源，大开铁矿，多制农具，后来齐国就越来越富强。

启示： 领导用人需要雅量，因为你用人的时候，不是看谁和你有过节，谁和你关系最好，而是看谁最有能力，谁才是你最需要的人才。古有齐桓公用管仲，这些优秀的领导者大胆起用“仇人”，结果“仇人”帮他们缔造了盛世江山。

（一）经济人假设

经济人假设起源于亚当·斯密关于劳动交换的经济学理论，是早期管理思想的体现。经济人假设的基本观点是职工基本上是受经济性刺激物激励的，不管是什么事，只要向他们提供最大的经济利益，他们就会去干；由于经济性刺激物在组织的控制之下，因此职工在组织中的地位是被动的，他们的行为是受组织控制的。

（二）社会人假设

社会人假设最早由梅奥（Mayo）提出，他认为人的最大需要是社会性需要。人在组织中的社会交往动机，如想被自己的同事接受和喜爱等，远比对经济性刺激物的需要的动机更加强烈。只有满足人的社会性需要，才能有最大的激励作用。

社会人假设可概括为：社交需要是人类行为的基本激励因素，而人际关系是形成人们身份感的基本因素；从工业革命中延续过来的机械化，使工作丧失了许多内在的意义，这些丧失的意义现在必须从工作中的社交关系里寻找回来；与管理部门所采用的奖酬和控制的反应比起来，职工更容易对同级同事所组成的群体的社交因素做出反应；职工对管理部门的反应能达到什么程度，取决于管理者对下级的归属需要、被人接受的需要以及身份感的需要能满足到什么程度。

（三）自我实现人假设

自我实现人的概念是由美国心理学家马斯洛提出的。薛恩在总结了马斯洛、阿吉里斯（Argyris）、麦格雷戈等人的理论后，提出了自我实现人假设，并认为这种假设与麦格雷戈的 Y 理论假设是一致的。自我实现人假设的基本内容是，当人们的最基本需要得到满足时，就会转而致力于较高层次的需要，寻求自身潜能的发挥和自我价值的实现。

（四）复杂人假设

薛恩在 20 世纪 60 年代末至 70 年代的调查研究中发现，人不只是单纯的经济人，也不是完全的社会人，更不可能是纯粹的自我实现人，而应该是因时、因地、因各种情况而具有不同需要和采取不同反应方式的复杂人。复杂人假设的基本内容是，人的需要是多种多样的，而且这些需要随着人的发展和生活条件的变化而发生改变，每个人的需要都各不相同，需要的层次也因人而异；人在同一时间内有各种需要，它们会发生相互作用并结合为统一的整体，形成错综复杂的动机模式。

第二节 领导特质理论与领导行为理论

领导特质理论重点在领导本身的研究上，认为领导工作效率的高低与领导者的素质、品质和个性有密切的关系。领导行为理论重点分析领导者的行为和领导风格对其组织成员的影响，目的是找出或发现最佳的领导行为和风格，提高组织工作绩效。

一、国外领导特质理论研究

一般领导者具有不同于非领导者的六项特性，即进取心、领导欲望、正直与诚实、自信、智慧和工作相关知识。

(1) 进取心。领导者表现出高度的工作积极性，拥有较高的成就渴望。他们不断地努力提高，进取心强，精力充沛，对自己所从事的活动坚持不懈，并有高度的主动精神。

(2) 领导欲望。他们有强烈的权力欲望，喜欢领导别人，而不是被别人领导。强烈的权力欲望驱使他们试图影响别人，并在领导过程中获得满足和利益。

(3) 正直与诚实。领导者言行一致、诚实可信，据此与下属之间建立起相互信任的关系。

(4) 自信。领导者表现出高度的自信，自信能让领导者克服困难，在不确定的情况下惯于做出决策，并能逐渐将自信传给别人。

(5) 智慧。领导者必须有足够的才智来搜集、整理和解释大量信息，并能确立目标、解决问题和做出正确决策。在职业生涯中高学历是重要的，但最终还是有关组织的业务专长更重要。

(6) 工作相关知识。一个有效的领导者对其公司、行业和技术问题有清楚的了解，广博的知识能使他们做出富有远见的决策，并能理解这种决策的意义。

二、中国的领导特质理论研究

(一) 领导者应具备的素质

1. 德：品德

品德是领导者是否称职的决定因素，因为它决定了能力发挥的方向。

我国组织的领导者应具有以下品德。

(1) 强烈的事业心。领导者应当有为组织兴旺、国家富强、职工谋利的强烈责任感和使命感，贯彻执行党的路线、方针和政策，工作中兢兢业业，在成绩面前不满足、困难面前不后退。

(2) 有全局观念，不谋私利。领导者能遵守国家的法律和法令，正确处理国家、集体和个人之间的关系，兼顾局部利益和整体利益、眼前利益和长远利益之间的关系，不谋私利，不搞特权。

(3) 勇于开拓创新。领导者能解放思想，实事求是，带领职工不断开拓进取，进行组织创新、制度创新、市场创新和技术创新，使组织适应外部环境的客观要求。

(4) 有良好的工作作风。领导者要相信群众，依靠群众，能容纳各种不同意见，团结各种人一道工作，自觉接受群众监督。

2. 知：基础知识、业务知识和经验

知包括基础知识、专业知识和经验等。领导者要处理组织内外的各种事务，因此，要具有较高的文化素养和广博的知识，有较宽的知识面。领导者要懂得经济理论和管理理

论，理解和把握各种政策。领导者还要懂得与本行业有关的生产技术知识和商务知识。此外，经验对领导者来说是至关重要的，领导者还要经过实践，总结、积累工作经验。

3. 能：能力

（1）计划能力。计划能力包括收集信息，在综合考虑组织内外部条件的基础上，做出决策，对组织的整体结构与运行做出切实可行的规划。

（2）组织能力。领导者要按照计划的安排，选择一定的组织结构形式；建立精干高效的组织机构，在机构之间实行科学的分工；根据组织的性质和特点确定组织的管理体制；妥善处理直线机构与参谋机构的关系，其目的是使组织形成一个有机的整体，实现组织的目标。

（3）人员配备能力。领导者根据任务的要求，适当配备各种人员；按照人员的特长、兴趣和个性安排适当的工作；培训各级各类人员，使他们能更出色地完成工作任务；对各类人员的绩效进行考核，为工资分配、培训、用人等提供科学的依据。

（4）领导能力。领导者既要关心工作，又要关心人；根据下属特点和组织的具体情况，采取有效的领导方式；领导者要具备三种技能，即技术技能、人际技能和概念技能。

（5）激励能力。领导者要了解下属人员的需要，在许可的范围内满足他们的需要；做好思想工作，解除下属人员的后顾之忧，调动他们的积极性；把下属人员的消极行为转变为积极行为。

（6）创新能力。领导者要鼓励创新，包括观念创新、组织创新、技术创新和市场创新。创新是组织增强适应能力的核心问题。

（7）控制能力。领导者要建立健全权威的控制系统；采用各种有效方法对组织的运行进行预先控制和重点控制，确保组织目标的实现。

管理小故事

动物园的骆驼

动物园里的小骆驼问妈妈：“妈妈、妈妈，为什么我们的睫毛那么长？”骆驼妈妈说：“当风沙来的时候，长长的睫毛可以让我们在风暴中都能看得到方向。”小骆驼又问：“妈妈、妈妈，为什么我们的背那么驼，丑死了！”骆驼妈妈说：“这个叫驼峰，可以帮我们储存大量的水和养分，让我们能在沙漠里耐受十几天无水无食的条件。”小骆驼又问：“妈妈、妈妈，为什么我们的脚掌那么厚？”骆驼妈妈说：“那可以让我们重重的身子不至于陷在软软的沙子里，便于长途跋涉啊。”小骆驼高兴坏了：“啊，原来我们这么有用啊！可是妈妈，为什么我们还在动物园里，不去沙漠远足呢？”

启示：每个人的潜能都是无限的，问题的关键在于找到一个能充分发挥潜能的舞台。好的管理者就是指能为每一个员工提供一个合适的舞台的人。我们需要细心观察，找到每一个员工的特长，并尽可能地为他们提供适合他们发展的舞台。一个好领导不一定是业务能力最强的人，但他一定是一个懂得惜才、用才的人。

4. 体：体质和精力

这里说的体包括体质和精力。领导者的工作繁重，所花的工作时间较长，因此，领导者要精力充沛。如果没有充沛的精力，很难及时地处理各种具体事务。

（二）领导者应具备的修养

为提高领导者的工作效能，除具有良好的素质外，还要有一定的修养。修养是经过后天的学习、锻炼逐渐培养起来的。领导者主要应有自知之明、移情作用、客观性和宽容精神四个方面的修养。

1. 自知之明

人贵有自知之明。领导者必须了解自己的优点和缺点，这样才能扬长避短，决定自己该做什么，不该做什么。领导者要根据自己的地位和权力管理事务，根据自己的能力承担上级安排的任务。尽量注意克制自己的不良情绪，经常对自己的性格、情绪和行为进行自我剖析和自我约束。

2. 移情作用

移情作用是一个美学概念，意思是指审美活动中的一种感情移入现象。这里是指一个人将自己的意识想象地投射在他人身上，即领导者要设身处地地为他人着想，将自己置于被领导者的地位来认识问题和处理问题。领导者要了解下属，包括下属的基本经济和健康状况、抱负、价值观念和忠诚心等，这是关心下属的基础。如果没有移情作用，领导者常常认为下属和自己有相同的道德水准、目标和价值观，事实上并非如此。因此，领导者要问自己：假如我处在下属的位置，会有什么样的思想和行为呢？在实际中我们会看到，有的领导者常常这样教育下属：本单位给你们的工资、福利待遇处于本地区的中上水平，你们应该满意，努力工作。这是领导者不了解移情作用的结果。

3. 客观性

为了提高决策质量和管理水平，领导者应实事求是、不带个人主观感情地观察事物，力求找到事情的真正起因。领导者要客观地对下属的行为和绩效进行评价，避免光环效应、第一印象效应等知觉偏差。为了有客观性，组织要进行人事制度改革，真正聘用有才能的人，不能根据关系的好坏配备各级各类人员；领导者要有坚强的意志，克服感情用事、骄傲自满、埋怨下属、归因错误等不良倾向；领导者要学会冷静地观察事物，辩证地思考问题，得出准确的结论。

4. 宽容精神

成功的领导者均具有宽容精神，领导者的层次越高，越要求有宽容精神。领导者要善于团结不同个性、不同才能、不同观点的人，力求使他们各尽所能。要认识到，领导者管理的下属既有优点，也有缺点，领导者要接受完整的人，问题在于怎样发挥每个人的作用。此外，领导者不能计较个人的得失，只要对组织有利、对工作有利的行为，就应尽力支持。

总之，关于领导特质理论的研究使我们得到结论：某种特质是领导者成功的必要条件，但不是充分条件。完全以特质为基础的解释忽略了情境因素。具备恰当的特质，只能使个体更有可能成为有效的领导者，但他还要采取适合情境的正确行动。而且，在一种情境下正确的活动，在另一种情境下未必正确。

三、典型的领导方式理论

（一）密歇根大学利克特的研究

密歇根大学的研究由伦西斯·利克特（Rensis Likert）及其同事在1947年开始。利克特的“工作中心”“员工中心”理论又称利克特的四种领导方式理论，它试图比较群体效率如何随领导者的行为变化而变化，其对象包括企业、医院及政府各种组织机构。这项研究的目的，是打算建立实现预期的绩效和满意水平的基本原理，以及有效的领导方式类型，结果发现了两种不同的领导方式。

一种是工作（生产）导向型领导行为。这种领导方式关心工作的过程和结果，并用密切监督和施加压力的办法来获得良好绩效、满意的工作期限和结果评估。对这种领导者而言，下属是实现目标或任务绩效的工具，而不是和他们一样有着情感和需要的人，群体任务的完成情况是领导行为的中心。

另一种是员工导向型领导行为。这种领导方式表现为关心员工，并有意识地培养与高绩效的工作群体相关的人文因素，即重视人际关系。员工导向型领导者把他们的行为集中在对人员的监督，而不是对生产的提高上，他们关心员工的需要、晋级和职业生涯的发展。

密歇根大学的研究人员发现，在员工导向型的组织中，生产的数量要高于领导方式工作导向型组织的生产数量。另外，这两种群体的态度和行为也根本不同。在员工导向型的生产单位中，员工的满意度高，离职率和缺勤率都较低。在工作导向型的生产单位中，产量虽然不低，但员工的满意度低，离职率和缺勤率都较高。在这种经验观察的基础上，密歇根大学领导行为方式研究的结论是，员工导向的领导者与高的群体生产率和高满意度成正相关，而生产导向的领导者与低的群体生产率和低满意度相关。随着社会的发展，人们对精神方面的需求越来越大，我国企业的管理者必须认识到这一问题。

据此，利克特倡议员工参与管理。他认为，有效的领导者是注重于面向下属的，他们依靠信息沟通，使所有部门像一个整体那样行事。群体的所有成员（包括主管人员在内）实行一种相互支持的关系，在这种关系中，他感到在需求价值、愿望、目标与期望方面有真正共同的利益。由于这种领导方式要求对人采取激励方法，因此利克特认为，它是领导一个群体的最有效的方法。利克特假设了四种管理方法，以此研究和阐明他的领导原则。

管理方法之一：“利用—命令式”方法。主管人员发布指示，决策中有下属参与；主要用恐吓和处分，有时也偶尔用奖赏去激励人们；惯于由上而下地传达信息，把决策权局限于最高层等。

管理方法之二：“温和—命令式”方法。用奖赏兼某些恐吓及处罚的办法去鼓励下属；允许一些自下而上传递的信息；向下属征求一些想法与意见并允许把某些决策权授予下属，但要加以严格的政策控制。

管理方法之三：“商议式”方法。主管人员在做决策时征求、接受和采用下属的建议；通常试图去酌情利用下属的想法与意见；运用奖赏并偶尔用处罚的办法和让员工参与管理的办法来激励下属；既使下情上达，又使上情下达；由上级主管部门制定主要的政策，运用于一般情况的决定，但让低一级的主管部门做出具体的决定，并采用其他一些方法协商办事。

管理方法之四："集体参与"方法。主管人员向下属提出挑战性目标，并对他们能够达到目标表示有信心；在诸如制定目标与评价目标所取得的进展方面，让下属参与并给予物质奖赏；既使上下级之间的信息畅通，也使同级人员之间的信息畅通；鼓励各级组织做出决定，或者将他们自己与下属合起来作为一个群体从事活动。

（二）俄亥俄州立大学弗莱西曼的研究

大约在密歇根大学对领导方式展开研究的同一时期，美国俄亥俄州立大学的研究人员弗莱西曼（Fleishman）和他的同事也在进行关于领导方式的比较研究。他们的研究样本是国际收割机公司的一家卡车生产厂。他们的研究结果本来罗列了十种不同的领导方式，但最后，他们把这十种类型进一步分为两个维度，即领导方式的关怀维度（consideration structure）和定规维度（initiation structure）。

关怀维度代表领导者对员工之间以及领导者与追随者之间的相互信任、尊重和友谊的关系，即领导者信任和尊重下属的观念程度。定规维度代表领导者构建任务、明察群体之间的关系和明晰沟通渠道的倾向。该项研究说明，一个领导者的行为在每一种维度中都可以出现很大的变化。领导者在每种维度中的位置，可通过对两种维度的问卷调查测度。根据这样的分类，领导者可以分为四种基本类型，即高关怀—高定规、高关怀—低定规、低关怀—高定规和低关怀—低定规。如图 6－1 所示。

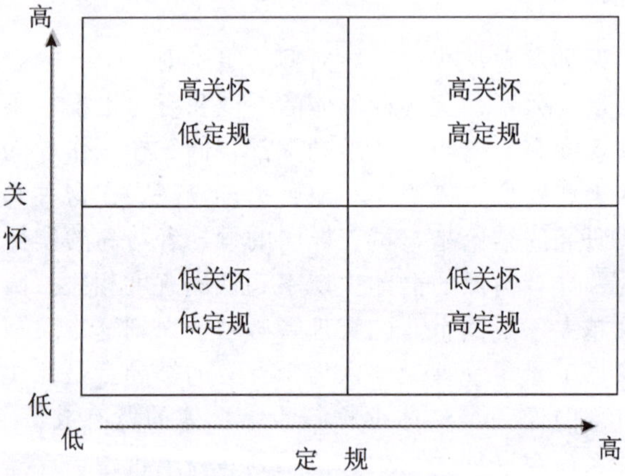

图 6－1　领导者的四种基本类型

（1）高关怀—低定规的领导者。该种领导者注意关心和爱护下属，经常与下属交换思想、信息，与下属感情融洽，但是组织内规章制度不严、工作秩序不佳，这是一个较仁慈的领导者。

（2）低关怀—高定规的领导者。该种领导者注意严格执行规章制度，建立良好的工作秩序和责任制，但不注意关心和爱护下属，不与下属交流信息，与下属关系不融洽。这是一个较为严厉的领导者。

（3）高关怀—高定规的领导者。该种领导者注意严格执行规章制度，建立良好的工作秩序和责任制，同时关心爱护下属，经常与下属交流信息、沟通思想，想方设法调动组织成员的积极性，在下属心目中可敬又可亲。这是一个高效成功的领导者。

（4）低关怀—低定规的领导者。该种领导者不注意关心爱护下属，不与下属交换思想、信息，与下属关系不太融洽，也不注意执行规章制度，工作无序，效率低下。这是一个无能、不合格的领导者。

（三）布莱克和穆顿的管理方格理论

密歇根大学和俄亥俄州立大学的研究结果的发表，引起了人们对理想的领导方式广泛的讨论。一般的看法是，理想的领导行为既要是绩效型又要是关怀型的。美国管理学家布莱克（Blake）和穆顿（Mouton）于1964年设计了一个巧妙的管理方格图，表示主管人员对生产关心程度和对人的关心程度。这一理论充分概括了上述两项研究所提炼的员工导向和生产导向维度。在这种领导方式理论中，首先把管理人员按他们的绩效导向行为（称为对生产的关心）和维护导向行为（称为对员工的关心）进行评估，给出等级分值。然后以此为基础，把分值标注在两个维度坐标界面上，并在这两个维度坐标轴上分别划出9个等级，从而生成81种不同的领导类型。

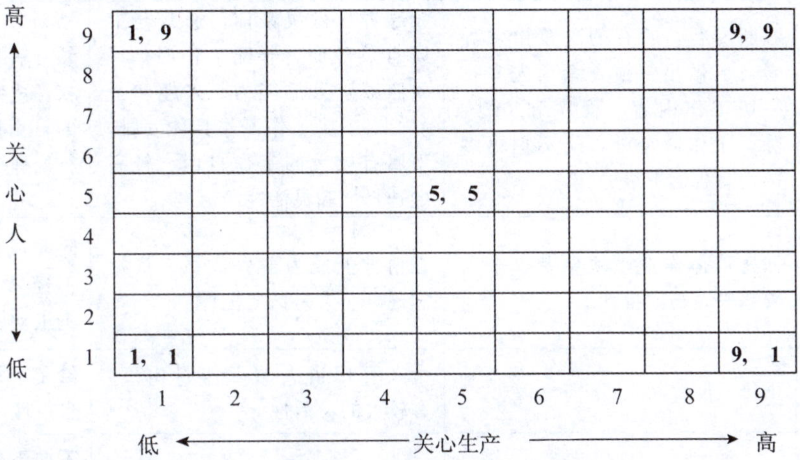

图6-2 管理方格图

如图6-2所示，有代表性的领导方式如（1，9）型，表示对人极为关心，也就是关心工作人员的需求是否获得满足，重视搞好关系和强调同事和下级同自己的感情，但忽略工作的效果，因而称为“乡村俱乐部型的管理”。（9，1）型，表示对工作极为关心，但忽略对人的关心，也就是不关心工作人员的需求和满足，并尽可能使后者不至于干扰工作。这种方式的领导者拥有很大的权力，强调有效地控制下属，努力完成各项工作，因而称为“独裁的、重任务型的管理”。（1，1）型，表示对工作和人都极不关心，这种方式的领导者只做一些维持自己职务的最低限度的工作，也就是只要不出差错，多一事不如少一事，因而称为“贫乏型的管理”。（5，5）型，表示既对工作关心，也对人关心，兼而顾之，程度适中，强调适可而止。这种方式的领导者既对工作的质量和数量有一定要求，又强调通过引导和激励去使下属完成任务。但是这种领导往往缺乏进取心，乐意维持现状，因而称为“中庸型管理”。至于（9，9）型，表示领导者通过协调和综合工作相关活动而提高任务效率与士气。布莱克和穆顿认为，（9，9）型的管理者工作是最佳的领导方式，表示对工作和对人都极为关心。

（四）勒温的三种极端的领导方式理论

德国社会学家勒温于1939年提出的领导风格理论，以权力定位为基本变量，通过各种试验研究不同的工作作风对下属群体行为的影响，他认为存在着三种极端的领导方式类型。

(1) 专制型领导。领导者个人决定一切，布置下属执行，要求下属绝对服从，并认为决策是自己个人的事。

(2) 民主型领导。领导者在做决策时接纳下级参加，允许下属发表意见，下属在一定范围内可以自己决定工作内容和工作方法，但决策权仍然保留在领导者的手中。这种领导风格的优点是能够发挥下级的积极作用。

(3) 自由放任型领导。领导者撒手不管，下属愿意怎样做就怎样做，完全自由。他的职责是为下属提供信息并与组织外部进行联系，以此有利于下属的工作。

三种领导方式的差异十分明显，如表 6-1 所示。

表 6-1 专制型、民主型、自由放任型领导方式的比较

项目名称	专制型	民主型	自由放任型
领导态度	独断专行，所有的决策由领导者自己做出。领导者预先安排一切工作内容、程序和方法。除了工作命令外，从不把更多的消息告诉下级	领导者在做决策前，通常与下属有效磋商。分配工作时，尽量照顾别人的能力、兴趣和爱好。对下属工作不作具体安排，下属有较大的工作自由、较高的选择性和灵活性	领导者极少行使职权。留给下属很大的自由度，让其自行处理事务
工作参与和工作评价	回避群体作业，领导者以个人善恶来表扬或批评	在精神上成为群体成员，依据客观事实来表扬或批评	除非成员要求，不不经常发表评论，不主动协调
下级的任务	下级只能服从上级	个人有相当大的工作自由度，有较大的灵活性	给予下级以高度的自由性
发生问题时	不向下属作任何说明，即下命令	向下属说明情况，再加以适当指示	不向下属作任何说明，也不向下属作指示
激励方式	主要靠行政命令、纪律约束、训斥和惩罚来维护领导者的权威	主要运用个人的权力和威信使人服从	下属行为不受任何约束，放任自流
沟通情况	领导者与下级保持相当的距离	领导者积极参加群体活动，上下级之间无心理上的距离	—
成员反应	缺乏主动意识，失去个性，依赖性大，消极，不满	发扬个性，群体观念强	感到自由，但缺乏群体观念

结论：工作效率最低的是自由放任型的领导方式，只能达到组织成员的社交目的，但不能完成工作目标；专制型的领导方式虽然能够达到既定的组织目标，但组织成员没有责任感，情绪消极，士气低落；工作效率最高的是民主型的领导方式，既能完成工作目标，而且组织成员之间关系融洽，工作积极主动，富有创造性。

第三节　领导权变理论

“权变”一词有“随具体情境而变”或“依具体情况而定”的意思。领导权变理论主要研究与领导行为有关的情境因素对领导效力的潜在影响。该理论认为，在不同的情境中，不同的领导行为有不同的效果，所以又称为领导情境理论。领导权变理论是继领导行为理论研究之后发展起来的领导科学理论。这一理论的出现，标志着现代西方领导学研究进入了一个新的发展阶段。

一、菲德勒的权变理论

美国伊利诺伊大学的菲德勒（Fiedler）从1951年开始，首先从组织绩效和领导态度之间的关系着手进行研究，经过长达15年的调查试验，提出了“有效领导的权变模式”，即菲德勒模型。他认为，任何领导形态均可能有效，其有效性完全取决于是否与所处的环境相适应。权变理论认为不存在一种“普遍适用”的领导方式，领导工作受领导者所处客观环境的影响很大。或者说，领导行为是某种既定环境的产物。即

$$S = f\ (L.\ F.\ E) \tag{6-1}$$

式中，S——领导方式，

f——函数，

L——领导者特征，

F——追随者特征，

E——环境。

领导方式是领导者特征、追随者特征和环境的函数。

领导者特征主要指领导者的个人品质、价值观和工作经历。追随者特征主要指追随者的个人品质、工作能力、价值观等。环境主要指工作特征、组织特征、社会状况、文化影响等。工作是具有创造性还是简单重复，组织的规章制度是比较严格还是宽松，社会时尚是倾向于追随服从还是推崇个人能力等，都会对领导方式产生强烈的影响。

菲德勒将权变理论的环境具体化为三个方面，即职位权力、任务结构和上下级关系。

(1) 职位权力（position power）。职位权力指的是与领导者职位相关联的正式职权和从上级和整个组织各个方面所得到的支持程度，这一职位权力由领导者对下属所拥有的实有权力决定。

(2) 任务结构（task structure）。任务结构是指工作任务明确程度和有关人员对工作任务的职责明确程度。

(3) 上下级关系（leader-member relations）。上下级关系是指下属对一位领导者的信任爱戴和拥护程度，以及领导者对下属的关心、爱护程度。

菲德勒设计了LPC（最不喜欢同事评价问卷）来测定领导者的领导方式。该问卷的主要内容是询问领导者对自己最不愿意与之合作的同事的评价。如果领导者对这种同事的评价大多采用敌意的词语，则该领导趋向于工作任务型的领导方式（低LPC型）；如果评价大多用善意的词语，则该领导趋向于人际关系型的领导方式（高LPC型）。

现在假设你是一位领导者，回想一下你自己认为最难共事的一位同事，他可以是现在

正和你共事的，也可以是过去与你共事的。他未必是你最不喜欢的人，只不过是同他在一起最难把事办好。用表 6-2 中的 16 组截然相反的词来描述他，并圈出你认为最能准确描述他的那个等级。

表 6-2　测试领导者 LPC 问卷内容

快乐	8 7 6 5 4 3 2 1	不快乐
友善	8 7 6 5 4 3 2 1	不友善
随和	8 7 6 5 4 3 2 1	不随和
令人鼓舞	8 7 6 5 4 3 2 1	令人泄气
冷漠	1 2 3 4 5 6 7 8	热心
紧张	1 2 3 4 5 6 7 8	轻松
疏远	1 2 3 4 5 6 7 8	亲密
冷淡	1 2 3 4 5 6 7 8	热情
合作	8 7 6 5 4 3 2 1	不合作
支持	8 7 6 5 4 3 2 1	敌对
无聊	1 2 3 4 5 6 7 8	有趣
好争	1 2 3 4 5 6 7 8	融洽
自信	8 7 6 5 4 3 2 1	犹豫
高效	8 7 6 5 4 3 2 1	低效
郁闷	1 2 3 4 5 6 7 8	开朗
开放	8 7 6 5 4 3 2 1	戒备

把每一题的选分记录下来，并加总求和。如果你的分数高于 64 分，你就是一位把处理好与人的关系放在首位的领导者；如果你的分数低于 57 分，那你就是一位更重视完成任务的领导者。

菲德勒认为，环境的好坏对领导的目标有重大影响。对低 LPC 型领导来说，比较重视工作任务的完成。如果环境较差，他将首先保证完成任务；当环境较好时，任务能够完成，这时他的目标将是搞好人际关系。对高 LPC 型领导来说，比较重视人际关系。如果环境较差，他将人际关系放在首位；如果环境较好时，人际关系也比较融洽，这时他将追求完成工作任务。领导目标与环境关系示意如图 6-3 所示。

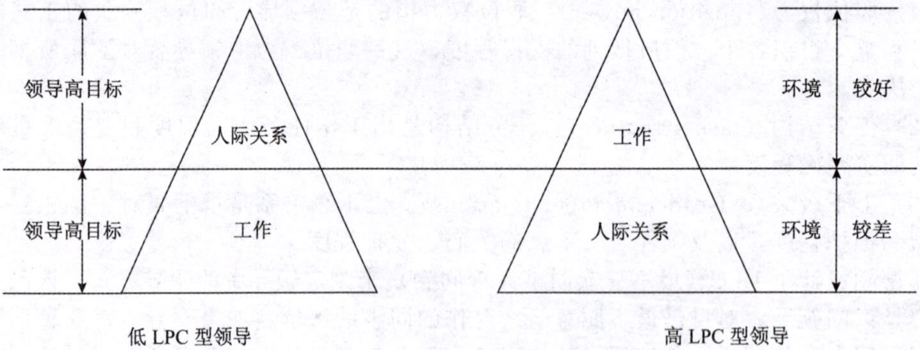

图 6-3　领导目标与环境关系示意

菲德勒对1 200个团体进行了抽样调查，得出了以下结论，如表6－3所示。领导环境决定了领导的方式。在环境较好的Ⅰ、Ⅱ、Ⅲ和环境较差的Ⅶ、Ⅷ情况下，采用低LPC领导方式，即工作任务型的领导方式比较有效。在环境中等的Ⅳ、Ⅴ和Ⅵ情况下，采用高LPC领导方式比较有效，即人际关系型的领导方式比较有效。组织在选人和用人方面可以借鉴这一理论。

表6－3　菲德勒模型

人际关系	好	好	好	好	差	差	差	差
任务结构	简单	简单	复杂	复杂	简单	简单	复杂	复杂
职位权力	强	弱	强	弱	强	弱	强	弱
环境类型	Ⅰ	Ⅱ	Ⅲ	Ⅳ	Ⅴ	Ⅵ	Ⅶ	Ⅷ
环境评价	好	好	好	中等	中等	中等	差	
有效的领导方式	低LPC值			高LPC值			低LPC值	

二、豪斯的路径—目标理论

路径—目标理论是由加拿大多伦多大学的伊凡斯（Evans）于1968年提出，后由罗伯特·豪斯（Robert House）补充发展的一种领导权变理论。该理论认为，领导者的工作是帮助下属达到他们的目标，并提供必要的指导和支持，以确保个人的目标与群体或组织的总体目标一致。

根据路径—目标理论，领导者的行为被下属接受的程度，取决于下属是将这种行为视为获得当前满足的源泉，还是作为未来满足的手段。领导者行为的激励作用在于：使下属的需要满足取决于有效的工作绩效；提供有效绩效所必需的辅导、指导、支持和奖励。为考察这些陈述，豪斯确定了四种领导行为方式。

（1）指示型领导方式（directive leader）。领导者应该对下属提出要求，指明方向，为下属提供他们应该得到的指导和帮助，使下属能够按照工作程序完成自己的任务，实现自己的目标。

（2）支持型领导方式（supportive leader）。领导者对下属友好，平易近人，平等待人，关系融洽，关心下属的生活福利。

（3）参与型领导方式（participative leader）。领导者经常与下属沟通信息，商量工作，虚心听取下属的意见，让下属参与决策、参与管理。

（4）成就指向型领导方式（achievement oriented leader）。领导者做的一项重要工作就是树立具有挑战性的组织目标，激励下属想方设法去实现目标，迎接挑战。

三、赫塞和布兰查德的生命周期领导理论

生命周期领导理论是由美国管理学者保罗·赫塞（Paul Hersey）和肯尼斯·布兰查德（Kenneth Blanchard）提出的。他们认为下属的“成熟度”对领导者的领导方式起重要作用。所以，对不同“成熟度”的员工采取的领导方式有所不同。

赫塞和布兰查德把成熟度定义为：个体对自己的直接行为负责任的能力和意愿。它包括工作成熟度（job maturity）和心理成熟度（psychological maturity）。工作成熟度是下

属完成任务时具有的相关技能和技术知识水平。心理成熟度是下属的自信心和自尊心。高成熟度的下属既有能力又有信心做好某项工作。

生命周期领导理论提出任务行为和关系行为这两种领导维度，并且对每种维度进行了细化，从而组合成四种具体的领导方式。

(1) 授权型（delegating）领导，表现为低工作—低关系型领导方式。

(2) 参与型（participating）领导，表现为低工作—高关系型领导方式。

(3) 推销型（selling）领导，表现为高工作—高关系型领导方式。

(4) 指导型（telling）领导，表现为高工作—低关系型领导方式。

在此基础上，领导方式和下属的成熟度之间的关系如图 6－4 所示。

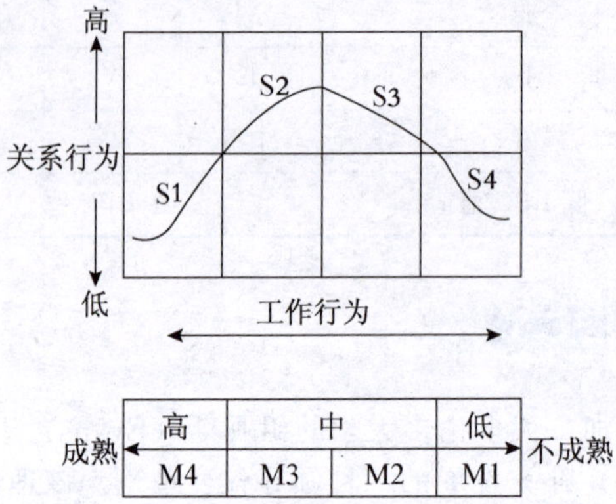

图 6－4　领导方式和下属的成熟度之间的关系

图 6－4 中，S 代表四种领导方式，分别是授权（S1）、参与（S2）、推销（S3）和指导（S4），它们依赖于下属的成熟度，M 表示成熟度，如 M1 表示低成熟度，M4 代表高成熟度。

这样一来，赫塞和布兰查德就把领导方式和员工的行为关系通过成熟度联系起来，形成一种周期性的领导方式。当下属的成熟度水平不断提高时，领导者不但可以减少对活动的控制，还可以不断减少关系行为。例如，指导型领导方式 S1，是对低成熟度的下属而言的，表示下属需要得到明确而具体的指导。S2 方式表示领导者需要高工作—高关系行为。高工作行为能够弥补下属能力的欠缺，高关系行为则试图使下属在心理上领悟领导者的意图。S3 表示可以运用支持性、非指导性的参与风格有效激励下属。S4 是对高成熟度的下属而言的，表示下属既有意愿又有能力完成任务。

根据下属成熟度和组织所面临的环境，领导生命周期理论认为随着下属从不成熟走向成熟，领导者不仅要减少对活动的控制，也要减少对下属的帮助。当下属成熟度不高时，领导者要给予明确的指导和严格的控制；当下属成熟度较高时，领导者只要给出明确的目标和工作要求，由下属自我控制和完成。

四、乔治·格里奥的领导者—成员交换理论

领导者—成员交换理论（leader-member exchange theory，LMX）由乔治·格里奥（George Graeo）等人提出。它的基本含义是，由于时间的压力，领导者只能与下属中的少部分人建立特殊关系。这些个体成为圈内人士，能够得到领导更多的信任与关照，也更可能享有特权；其他下属则成为圈外人，他们占用领导的时间较少，获得奖励的机会也较少，他们与领导的关系是在正式的权力系统基础上形成的。

大多数的领导理论事实上都是基于这样一个假设，领导者以同样方式对待所有下属。而 LMX 理论指出，在领导者与某一下属进行相互作用的初期，领导者就暗自将其划入圈内或圈外，并且这种关系是相对稳定不变的。领导者到底如何将某人划入圈内或圈外尚不清楚，但有证据表明领导者倾向于将有下面这些特点的人员选入圈内：个人特点（如年龄、性别、态度）与领导者相似，有能力，具有外向的个性特点。LMX 理论预测，圈内地位的下属得到的绩效评估等级更高，离职率更低，主管更满意。

LMX 理论至今已经得到了大量实证研究的支持，这方面的理论和研究证明了下述观点：领导者对待下属的方式是有差异的，而且这种差异是有规律的。另外，圈内人和圈外人的不同地位与下属的绩效和满意度有关。

五、坦南鲍姆、斯密特的领导行为连续带模式

领导行为的连续带模式是行为科学家罗伯特·坦南鲍姆（Robert Tannenbaum）和沃伦·斯密特（Worren Schmidt）于 1958 年提出的。他们认为，在独裁和民主两个极端之间存在着一系列的领导行为方式，构成一个连续带。这就是说，一切领导方式不可能固定不变，而是随着环境因素的变化而变化的。领导方式不是机械地只从独裁和民主两方面进行选择，而是按客观需要把两者结合起来运用。连续带模式表明了一系列民主程度不同的领导方式。有效的领导方式就是能在特定的时间和地点条件下选择所需要的领导行为，如图6－5所示。领导行为的连续带模式的最左边，是以上级为中心的领导者个人做决策，并向下属宣布所作的决策。随着连续带向右边移动，授予下属的权力相应增加。

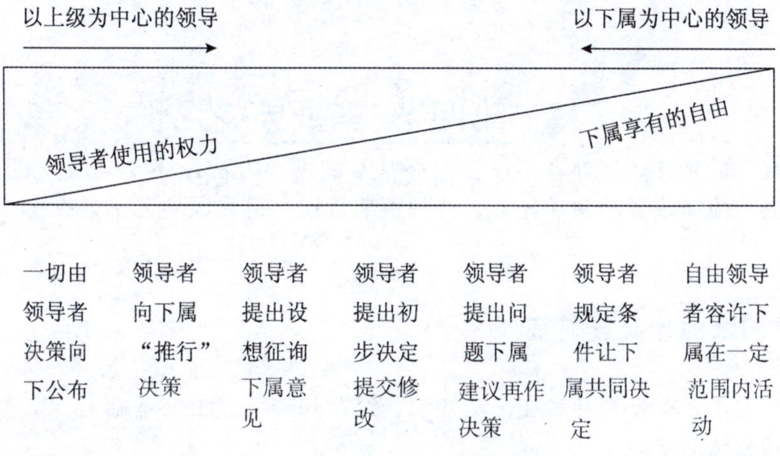

图 6－5　领导行为的连续带模式

显然，领导行为的连续带模式，要求有效的领导者必须有较强的适应性，有相当的灵活性，来应付不断变化的情况，能根据自己的能力、下属的素质和组织的目标，将权力有效地下放。

六、阿吉里斯的不成熟—成熟理论

美国哈佛大学著名学者克里斯·阿吉里斯（Chris Argyris）在耶鲁大学，曾研究过工业组织，探索领导者的领导方式对下级成长的影响。他认为，一个人由不成熟转变为成熟的过程，会发生七个方面的转变，如图 6－6 所示。

不成熟	→	成熟
被动	→	主动
依赖	→	独立
少量的行为	→	能做多种的行为
错误而浅薄的兴趣	→	较深与较强的兴趣
时间知觉性短	→	时间知觉性较长
附属的地位	→	同等或优越的地位
不明白自我	→	明白自我，控制自我

图 6－6　由不成熟到成熟转变比较

阿吉里斯认为，以上由不成熟到成熟的变化是持续的、循序渐进的。一般正常的人都是随着年龄变化，生理也不断变化，心理也由不成熟日趋成熟。阿吉里斯通过长期对工厂工人观察发现，工人对工作漠不关心及不努力并不单单是惰性的原因，更多的是领导方式不善。传统的领导方式把人当作小孩对待，完全束缚了人们对环境的控制能力。人们被指定从事具体的、过分简单的和重复性的劳动，完全是被动的。主动性得不到发挥，工作没有挑战性，这样就阻碍了人们向成熟发展的功能。

第四节　领导艺术

要实行有效的领导，领导者不仅要把握基本的领导方法，还要运用高超的领导艺术，这样才能创造性地完成各项领导任务，达到预期目标。讲究领导艺术是提高领导效能的重要途径。

一、领导艺术的含义及特征

所谓领导艺术，就是领导者在一定知识、经验和辩证思维的基础上，富有创造性地运用领导原则和方法的才能。

领导艺术是领导活动中科学性和艺术性的完整统一，包括经验的积累和实践的技巧，并具有创造性、非模式化、直觉性和随机性等特征。

二、领导艺术的主要内容

领导艺术是一门博大精深的学问，其内涵极为丰富，可大致分为用人艺术、用权艺术、授权艺术、决策艺术、人际关系艺术和时间管理艺术等六大类。

（一）领导者的用人艺术

领导活动的成败，往往不在于领导人本身的才能高低，而在于他是否擅长用人，可以说用人是领导的最高艺术。汉高祖刘邦就是将用人艺术发挥到极致的典范。刘邦出身布衣，文不及张良、萧何，武不如韩信，却能驱策自如，善于发挥各自所长，用人到位，虽然屡次失败，但最终战胜实力远强于他的楚霸王项羽，成为汉代的开国帝王。人才是决定事业成败的首要因素，领导者如果不会用人，即使拥有丰富的资源最终也会导致事业的失败。领导者的用人艺术，具体来说，可以分为择人艺术和人才管理艺术两个方面。

1. 择人艺术

选择人才首先要对所需、所用之人有一个较全面的了解，在“知人”的基础上才有可能选择合适的人才，“知人”就成为领导者用人的第一要素和前提。人无完人，一个人不可能胜任所有的岗位，领导者对人才的选择应以形成人员配置的最佳组合为目标。领导者必须将他人的长处发掘出来并合理运用，才算是艺术地“知人”和“择人”。

其次，领导者应制定形成选择人才的机制。伯乐虽然在“择人”的方面有很重要的作用，但毕竟个人精力有限，即使再尽心尽力，相中的人也是有限的。

2. 人才管理艺术

经过“知人”“择人”，领导者已掌握了一定的人力资源，这只是为用人打下了基础，此后还需要第二步——“善任”。“知人”是为了“善任”，通过对人才的“善任”来获得企业持续的竞争力，才是用人艺术最终的落脚点。领导者要做到“善任”人才，就应当做到以下三点。

(1)“人尽其才”。

(2) 用人也要“疑”。

(3) 保持与下属的友好关系。

管理小故事

士为“赞赏”者死

韩国某大型公司的一个清洁工，本来是一个最被人忽视的角色，但就是这样一个人，却在一天晚上公司保险箱被窃时，与小偷进行了殊死搏斗。事后，有人为他请功并问他的动机时，答案却出人意料。他说：当公司的总经理从他身旁经过时，总会不时地赞美他“你扫的地真干净”。就这么一句简简单单的话，就使这个员工受到了感动，并“士为知己者死”。美国著名女企业家玛丽·凯经理曾说过：“世界上有两件东西比金钱和性更为人们所需——认可与赞美。”

启示：金钱在调动下属的积极性方面不是万能的，而赞美却恰好可以弥补它的不足。因为生活中的每一个人都有较强的自尊心和荣誉感。你对他们真诚的表扬与赞同，就是对他们的价值认可和重视。而能真诚赞美下属的领导，能使员工的心灵需求得到满足，并能激发他们潜在的才能。打动人最好的方式就是真诚的欣赏和善意的赞许。

（二）领导者的用权艺术

用权是所有领导活动的保证，是用人的前提，无权就谈不上用人。权力分配是融用人、用权为一体的领导艺术，它在领导活动中占有举足轻重的地位，领导者必须在领导活动的实践中逐渐掌握并善加利用，为领导实践服务。用权艺术的主要环节是巩固权力，艺术化地进行权力的分配与管理，通过原则性、灵活性地运用权力，更有效地领导组织实现既定目标。

1. 巩固权力

权力的巩固在于逐渐取得所有员工对其权力的承认和接受，这是领导行为的基础。只有组织员工承认和接受领导者的权力，领导者才能有效地履行自己的职能。

（1）保持适度的距离感。保持距离的程度要因人因地因时而异，其目的应该是使人在不被孤立的前提下，蓄而不发，有助于保持权威。

（2）坚决果断。对于领导者而言，没有比优柔寡断更可怕的。决策果断有利于巩固领导者的形象，使其看上去更像领导者。

（3）协调各方面的关系。领导者要处理好上下左右方方面面的关系，使组织中的人际关系内耗减到最少。在处理好各种关系的同时，也能巩固自己的权威地位。

2. 分配权力

广义的权力分配既包括按一定的组织结构进行的权力分配，又包括领导者对自身所拥有权力的分配，这里的权力分配指的是后者。权力分配是实现有效领导的主要手段，要求领导既不能大权旁落、无所用心，又不能大权独揽、事必躬亲。

（1）大胆放手。作为领导者，特别是高层领导者，应该懂得“放手授权”“将在外，君命有所不受”的道理，应该清楚哪些事应该自己管，哪些事应该交给下属管。

（2）适当超脱。领导者权力分配是领导者一种重要的超脱艺术。一个领导者如果长期陷于日常琐事，势必疏于领导职责。

（3）虚怀宽宏。虚怀宽宏指领导者在进行权力分配时要容人之短而用人之长，更指领导者在分配权力后，能对下属的小是小非和暂时性失误宽宏对待。虚怀若谷、大度宽容，不仅是领导者的重要思想作风，更是一种高明、无形的谋略手段和领导艺术。

（三）领导者的授权艺术

现代社会，领导者的工作千头万绪，如果每件事都事必躬亲，就会应接不暇，甚至严重影响工作效果，所以管理者必须学会正确授权。恰当的授权是实现领导目标的需要，有利于提高组织的工作效率，激发下属的积极性、主动性和创造性，训练下属的工作能力。有效授权要做到以下四点。

1. 适度授权

领导者在授权之前，应分析下属完成预定的工作任务需要多大的权力，再按照工作任务的需要授予适当的权力。这就可以让被授权者在其权力允许的范围内拥有最大的自主权，避免了过度授权和授权不足的问题。授权要做到清晰明确，使下属能够明白自己该做什么，该怎么做好。否则，就不能达到预期的效果。

2. 因材授权

被授权的下属不仅应该具有积极热情、勇于承担责任的态度，还要具备相应的能力。如果下属能力不足，那就会背负过大的工作压力，不仅造成工作效率低下，而且最终效果可能适得其反。如果下属能力很强，那就可能缺乏工作上的挑战，使下属失去工作的积极性。因此，履行授权所需要的能力一般应比下属的能力略高，这样才能取得较好的效果。

3. 信任支持

授权是建立在相互信任的基础上的，要求领导者对下属高度坦诚、公开，并积极支持、帮助下属，为他们创造良好的条件，让下属放心行使授权，为完成组织目标而努力，绝不能事事苛求，只有这样才能达到授权的目的。

4. 授权与控制相结合

授权不是放任，授权后领导者必须对被授权者的工作履行控制职能，掌握工作进展信息，或要求被授权者及时反馈工作的进展情况。领导者对偏离目标的行为要及时进行引导和纠正，对不胜任工作的下属要及时更换，对滥用职权、违法乱纪者，要及时收回权力，并予以严厉惩处，对由客观原因造成工作无法按时进展的必须进行适当协助。

（四）领导者的决策艺术

决策在领导工作中处于核心的地位。在运用现代科学技术和方法进行科学决策的同时，还必须讲究艺术，要在依靠科学素养的基础上灵活运用个人经验和综合能力，特别是创造力来进行决策活动。所谓决策艺术，就是指决策者个人在决策过程中所运用的高超的工作技巧，即科学地、高度灵活地、创造性地做出最优决策的能力。决策艺术的内容是非常丰富的，下面着重谈谈几种主要的决策艺术。

1. 深谋远虑、决胜千里的决策艺术

深谋远虑、决胜千里的决策艺术是领导者在进行战略决策时经常要运用到的艺术。运用这一艺术，应该注意以下三个方面。

（1）纵观全局，协调一致。

（2）着眼未来，从长计议。

（3）预备应变方案，以防不测。

2. 立足现实、量力而行的决策艺术

立足现实、量力而行的决策艺术强调的是领导者在做决策时，要面对现实，实事求是，立足于实际，根据本单位、本部门的人力、物力、财力量力而行，不制定过高的决策目标，不做不切实际的决策方案，不能好大喜功，不能以理想代替现实。

3. 勇于创新、适度冒险的决策艺术

决策中如果没有创新精神，不敢于冒险，总是因循守旧、安于现状，那么在事业上就很难取得大的成就。勇于创新、敢于冒适度风险，就要求决策者在决策过程中绝不能妄求“完善”“尽美”的决策条件，否则，就会坐失良机。海尔集团的张瑞敏曾经这样阐述自己的项目决策原则：“如果有 50%的把握就上马，往往有暴利可图；如果有 80%的把握才上马，最多只有平均利润；如果有 100%的把握才上马，一上马就亏损。”

4. 审时度势、当机立断的决策艺术

领导者不仅要了解时势的特点，估计情况的变化，还必须在外部环境不断变化的情况下，对事物发展的态势做全面、细致的动态分析。战术性的决策要随外部环境变化而改变，并及时地抓住时机。

（五）领导者的人际关系艺术

组织中领导权力的行使是在上级和下级的交往中实现的，领导者必须处理好与上级和下级的各种关系。

1. 正确处理与上级的关系

正确处理与上级的关系应做到以下两点。

（1）正确把握自己的角色地位，努力做到出力而不越位。

（2）适当调整期望、节制欲望，学会有限度地节制。

2. 正确处理与下级的关系

下级是领导者行使权力的主要对象。因此，公正、民主、平等、信任地处理与下级的关系，对搞好领导工作具有重要的意义。为了实现这一要求，领导者必须讲究对下级的平衡艺术、引力艺术和弹性控制艺术。

（1）平衡艺术，就是在公正、平等的基础上建立与下级的和谐平衡关系，实现心理的可接受性和利益的相容性，从而达到行为的一致性。

（2）引力艺术，就是领导者采取恰当的沟通方式和激励方式，缩小自己与下属的距离，使之紧密地团结在自己四周并一道工作的过程。简单地说，领导者应具有一定的吸引力，上下级之间在目标、情感、心理、态度、利益等方面要统一起来，这样的领导才有威望。

（3）弹性控制艺术，就是领导者通过具有一定弹性空间或弹性范围的标准检查，控制被领导者行为的过程。实现弹性控制既能使下属感到充分的自由，又能以必要的法度加以约束。所以，它是领导者行使权力的一门重要艺术。

（六）领导者的时间管理艺术

经营活动中通常我们可以用一种资源来替代另一种资源，却没有任何东西来替代时间，而且时间不能增加和储存，干任何事情都需要时间。领导者应特别珍惜自己的时间，但实际上，领导者的地位越高，越难以自由支配自己的时间。领导者应学习和掌握时间管理的艺术，努力做时间的主人。

1. 养成记录自己时间消耗的习惯

为了珍惜自己的时间，把有限的时间用在自己应该做的领导工作上，应该养成记录自己时间消耗的习惯。对自己的工作提前进行仔细的规划，根据轻重缓急排定先后次序，制定工作时间表。

2. 学会合理地使用时间

应当由他人办的事情绝不包揽，可以委托他人办的事，要全权委托给他人，避免陷入事务主义的圈子。把最困难的事放在工作效率最高的时候做。对每项计划应留出机动时间，这样可以防止意外事件的干扰，从而按时完成计划。

3. 提高开会的效率

开会是交流信息的一种有效方法。领导离不开开会，但开会也要讲求艺术。开会要讲求效率，会议占用的时间也是劳动的一种。

第五节　管理沟通

在管理的领导职能中，如何使领导者和组织成员同心协力，实现组织目标，并不是简单地贯彻领导方式和激励的基本内容。

一、沟通概述

（一）沟通的含义及意义、过程、类别

1. 沟通的含义及意义

沟通是指可理解的信息或思想在两个或两个以上人群中的传递或交换的过程，目的是激励或影响人的行为。在很大程度上，组织的整个领导者的工作都和沟通有关。

一般来说，沟通在管理中具有以下三个方面的重要意义。

首先，沟通是协调各个体、各要素，使组织成为一个整体的凝聚剂；其次，沟通是领导者激励下属，实现领导职能的基本途径；最后，沟通是组织与外部环境之间建立联系的桥梁。组织客观的社会存在使组织不得不和外部环境进行有效的沟通。

2. 沟通的过程

从表面上看，沟通就是传递信息的过程。但实际上，管理学意义上的沟通是一个复杂的过程。这种复杂过程可以用图 6－7 简要反映出来。

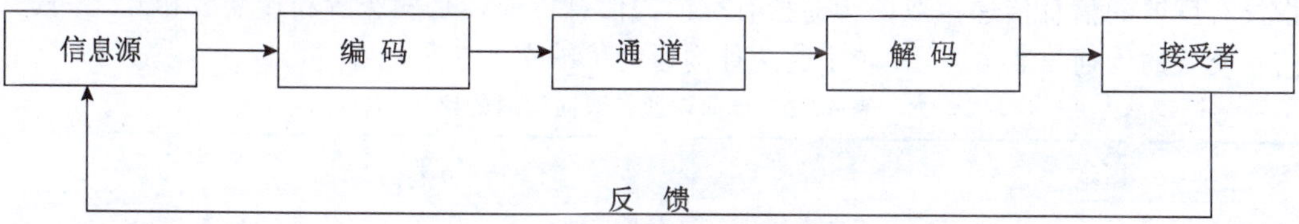

图 6－7　沟通的过程

在这个过程中，至少存在着一个发送者和一个接受者，即信息发出方和信息接受方。信息在两者之间的传递是通过下述几个方面进行的。

（1）发送者需要向接受者传送信息或者需要接受者提供信息。

（2）发送者将这些信息译成接受者能够理解的一系列符号。

（3）将上述符号传递给接受者。

（4）接受者接受这些符号。

（5）接受者将这些符号译为具有特定含义的信息。

（6）接受者理解信息的内容。

（7）发送者通过反馈来了解他想传递的信息是否被对方准确无误地接受。图 6－7 中的反馈构成了信息双向沟通的过程。

3. 沟通的类别

沟通的类别依划分标准的不同而不同。

(1) 按照功能划分，沟通可以分为工具式沟通和感情式沟通。

(2) 按照方法划分，沟通可分为口头沟通、书面沟通、非语言沟通和电子媒介沟通等。这些沟通方式的比较如表6-4所示。

表6-4　各种沟通方式的比较

沟通方式	举例	优点	缺点
口头沟通	交谈、讲座、讨论会、电话	快速传递，快速反馈，信息量很大	传递中经过层次越多，信息失真越严重，核实越困难
书面沟通	报告、备忘录、信件、文件、内部期刊、布告	持久，有形，可以核实	效率低，缺乏反馈
非语言沟通	声音、光信号，体态、语调	信息意义十分明确，内涵丰富，含义隐含灵活	传递距离有限，界限模糊，只能意会，不能言传
电子媒介沟通	传真、闭路电视、计算机网络、电子函件	快速传递，信息容量大，一份信息可同时传递给多人，廉价	单向传递，利用电子函件可以交流，但看不见对方的表情

(3) 按照组织系统划分，沟通可分为正式沟通和非正式沟通。正式沟通指以企业正式组织系统为渠道的信息传递。非正式沟通指以企业非正式组织系统或个人为渠道的信息传递。

(4) 按照方向划分，沟通可分为下行沟通、上行沟通和平行沟通。下行沟通指上级将信息传达给下级，是由上至下的沟通。上行沟通指下级将信息传达给上级，是由下至上的沟通。平行沟通指同级之间横向的信息传递，也称横向沟通。

(5) 按照是否进行反馈划分，沟通可分为单向沟通和双向沟通。一般来说，单向沟通指没有反馈的信息传递。双向沟通指有反馈的信息传递，是发送者和接受者相互之间进行信息交流的沟通。表6-5比较了这两种沟通的优缺点。

表6-5　单向沟通和双向沟通的比较

因素	结果
时间	双向沟通比单向沟通需要更多的时间
信息和理解的准确程度	在双向沟通中，接受者理解信息和发送者意图的准确程度大大提高
接受者和发送者的置信度	在双向沟通中，接受者和发送者都比较相信自己对信息的理解
满意	接受者比较满意双向沟通，发送者比较满意单向沟通
噪声	由于与问题无关的信息较易进入沟通过程，双向沟通的噪声比单向沟通要大得多

(二) 组织中的沟通

1. 人际沟通

在组织中，人际沟通构成组织沟通最普遍的形式。在一般意义上，组织中的人际沟通是指组织中的个体成员如何将个体目标和组织目标相联系的过程。

人际沟通对组织的重要意义还在于组织中人的管理。企业员工日益成为企业经营流程中具有专有知识的载体，成为产生企业竞争力的核心源泉。员工之间的交流及其效率，在一定程度上是企业知识在内部传递的表现。

2. 团队沟通

团队沟通是指组织中以工作团队为基础单位进行的信息交流和传递的方式。工作团队随着组织内外部环境的变化而变化，在企业管理，尤其是西方企业管理中，其重要性越来越明显。

重视组织中的团队工作，是指重视团队沟通的需要。团队成员工作在一起，以便完成任务，团队的沟通结构既影响团队绩效又影响员工的满意度。对团队沟通的研究集中在两个方面：团队沟通集权的程度和团队任务的性质。这两个方面又是由企业组织中沟通网络的复杂性决定的。在集权沟通网络中，团队成员必须通过一个人解决问题和做决策来进行沟通。在分权沟通网络中，个人可以随意地和其他团队成员进行沟通，团队成员平等地处理信息直至达成一致。集权沟通网络对简单问题能够较快解决，分权沟通则显得迟缓，因为信息在个体中间要等到有人最终获得信息并解决问题时才会被传递。

团队沟通对组织的意义在于，在高度竞争的全球环境中，组织应用群体或团队解决复杂问题。当团队活动复杂而且难度大时，所有成员都应该在一种分权的结构中共享信息，以便解决问题。团队需要在各个方向上自由沟通，应该鼓励团队成员彼此间讨论问题，员工的大量时间应该投放于信息加工。但是，执行常规任务的团队沟通可以是集权式的，花在处理信息上的时间不宜太多。

（三）组织间沟通

组织间沟通简单地说就是组织之间如何加强有利于实现各自组织目标的信息交流和传递的过程。组织间沟通的目的，是通过协调共同的资源投入活动，实现有利于合作各方的共同利益。和一般的组织中的人际沟通和工作团队沟通不同的是，组织间沟通日益成为管理学中沟通的重要一环，这主要是企业经营战略和企业边界扩张范式分别转型的结果。

企业组织的战略管理简略地说就是如何扩展企业组织的边界问题，即和市场发生相互作用和替代的区间。在一个相对狭小的市场区域中，如果竞争的驱动力不是十分强大，企业组织的内部开发活动足以扩展企业的边界。但竞争力量的逐渐强大，以及生产要素流动的便利性和壁垒，单一的企业内部开发活动不足以支撑企业占领市场的需要。

二、管理组织沟通

（一）有效沟通的障碍

在沟通的过程中，由于存在着外界干扰以及其他种种原因，信息往往丢失或被曲解，使信息的传递不能发挥正常的作用。因此组织的沟通存在有效沟通的问题。所谓有效沟通，简单地说就是传递和交流信息的可靠性和准确性高，它表明了组织对内外噪声的抵抗能力，因而和组织的智能（organizational intelligence）是连在一起的。沟通的有效性越明显，说明组织智能越高。影响有效沟通的障碍包括下列因素。

1. 个人因素

个人因素主要包括两大类：一是有选择地接受，二是沟通技巧的差异。

所谓有选择地接受，是指人们拒绝或片面地接受与他们的期望不一致的信息。研究表明，人们往往听或看他们感情上能够接受的东西，或他们想听或想看的东西，甚至只愿意接受与期望一致的东西，拒绝与期望不一致的东西。

2. 人际因素

人际因素主要包括沟通双方的相互信任、信息来源的可靠度和发送者与接受者之间的相似程度。

信息来源的可靠性由下列四个因素决定：诚实、能力、热情、客观。有时，信息来源可能并不同时具有这四个因素，但只要信息接受者认可即可。可以说，信息来源的可靠性实际上是由接受者主观地决定的。就个人来说，员工对上级是否满意，很大程度上取决于他对上级可靠性的评价。就团体而言，可靠性较大的工作单位或部门能公开、准确和经常地进行沟通，它们的工作成就也较为出色。

沟通的准确性与沟通双方间的相似性有着直接的关系。沟通双方特征的相似性影响了沟通的难易程度和坦率性。沟通一方如果认为对方与自己很接近，那么他将比较容易接受对方的意见，并且达成共识。相反，如果沟通一方视对方为异己，那么信息的传递将很难进行。

3. 结构因素

结构因素包括地位差别、信息传递链、团体规模和空间约束四个方面。

研究表明，地位的高低对沟通的方向和频率有很大的影响。地位悬殊，信息趋向于从地位高的流向地位低的。事实清楚地表明，地位是沟通中的一个重要障碍。

一般来说，信息通过的等级越多，到达目的地的时间也越长，信息失真的可能性则越大。这种信息连续地从一个等级到另一个等级时所发生的变化，称为信息传递链现象。

当工作团体规模较大时，人与人之间的沟通也相应变得较为困难。部分是因为沟通渠道的增长大大超过人数的增长。

4. 技术因素

技术因素主要包括语言含义、语言形式和信息过量。

选择何种沟通工具，在很大程度上取决于信息的种类和目的，还与外界环境和沟通双方有关。

我们生活在一个信息爆炸的年代，企业主管人员面临着信息过量的问题。例如，管理人员只能利用他们所获得信息的1%甚至1‰进行决策。信息过量不仅使主管人员没有时间去处理，而且使他们难于向同事提供有效的、必要的信息，沟通也随之变得困难重重。

（二）有效沟通的实现

从上述沟通障碍看，只要采取适当的行动方式将这些沟通障碍有效消除，就能实现有效的管理沟通。因而，无论是组织中沟通还是组织间沟通，有效沟通的实现都取决于对沟通技能的开发和改进。

克服沟通中的障碍一般有以下准则。

(1) 明了沟通的重要性，正确对待沟通。

(2) 培养“听”的艺术。对管理人员来说，“听”不是一件容易的事。要较好地“听”，也就是要积极倾听。一些积极倾听的要点如表6-6所示。

表6-6 领导者倾听的艺术

领导者倾听时应该	领导者倾听时不应该
表现出兴趣	争辩
全神贯注	打断
该沉默时必须沉默	从事与谈话无关的活动
选择安静的地方	过快地或提前做出判断
留适当的时间用于辩论	草率地给出结论
注意非语言暗示	让别人的情绪直接影响你
当你没有听清楚时	以疑问的方式重复一遍
当你发觉遗漏时	直截了当地询问

(3) 创造一个相互信任、有利于沟通的小环境。组织管理人员不仅要获得下属的信任，而且要得到上级和同事的信任。

(4) 缩短信息传递链，拓宽沟通渠道，保证信息的畅通无阻和完整性。

(5) 建立特别委员会，定期加强上下级的沟通。特别委员会由管理人员和第一线的员工组成，定期相互讨论各种问题。

(6) 组成非管理工作组。

(7) 加强平行沟通，促进横向交流。

三、组织冲突与谈判

(一) 冲突产生的原因

沟通是为了降低组织的管理成本，进而降低组织之间的交易成本。但是，由于组织之间以及组织中员工之间本质的区别，沟通并不会达到尽善尽美的效果，这时组织摩擦和人员摩擦就会不可避免地发生，从而带来额外的管理组织成本。这种摩擦程度越大，组织的协调成本越高。这就是冲突的由来。因此，冲突是指由于某种差异而引起的抵触、争执或争斗的对立状态。人与人之间在利益、观点、掌握的信息或对事件的理解上都可能存在差异，有差异就可能引起冲突。不管这种冲突是否真实存在，只要一方感觉到有差异就会产生冲突。显然，沟通不足或没有沟通，都可以导致冲突。所以，要了解冲突，前提是了解出现差异的原因及其表现形式。这些原因大体上可以归纳为以下三类。

1. 沟通差异

文化和历史背景不同、语义困难、误解及沟通过程中的噪声干扰，都可能造成人们之间意见不一致。沟通不良是产生这种冲突的重要原因，但不是主要的。

2. 结构差异

观察管理中经常出现的冲突，绝大多数是由组织结构的差异引起的。由于分工造成组织结构中垂直方向和水平方向各系统、各层次、各部门、各单位、各不同岗位的分化，组织越庞大、越复杂，组织分化越细密，组织整合就越困难。

3. 个体差异

不同的社会背景、教育程度、阅历、修养，塑造了每个人各不相同的性格、价值观和作风。由于这种个体差异造成的合作和沟通的困难往往也容易导致某些冲突的产生。

这说明，由于沟通差异、结构差异和个体差异的客观存在，冲突也就不可避免地存在于一切组织中。因此，冲突管理必不可少。

（二）冲突的管理

人们对组织冲突的看法，一般有如下三种观点。

第一种观点存在于19世纪末到20世纪40年代，认为组织应该避免冲突，冲突本身表明组织内部的机能失调。

第二种观点认为冲突是任何组织不可避免的产物，但它同时指出，冲突并不一定会导致对组织的危害，甚至可能有利于组织中的积极动力。

第三种观点是当今的冲突管理观点，明确认为冲突不仅可以成为组织中的积极动力，而且其中有些冲突对于组织或组织单元的有效运作是必要的。

优秀的领导者一般按下列方式管理冲突。

1. 谨慎地选择想处理的冲突

领导者可能面临许多冲突。其中，有些冲突非常琐碎，不值得花很多时间去处理；有些冲突虽然很重要，但不是自己力所能及的，不宜插手；有些冲突的难度很大，要花很多时间和精力，但未必有好的，不要轻易介入。管理者应当选择那些员工关心、影响面大，对推进工作、打开局面、增强凝聚力、建设组织文化有意义、有价值的事件，亲自抓，一抓到底。对冲突事必躬亲的领导者并不是真正的优秀管理者。

2. 仔细研究冲突双方的代表人物

是哪些人卷入了冲突？冲突双方的观点是什么？差异在哪里？双方真正感兴趣的是什么？代表人物的人格特点、价值观、经历和资源因素如何？

3. 深入了解冲突的根源

不仅要了解公开的表层的冲突原因，还要深入了解深层的、隐藏的原因。冲突可能是多种原因交叉作用的结果，如果是这样，还要进一步分析各种原因作用的强度。

4. 妥善地选择处理办法

通常的处理办法有五种：回避、迁就、强制、妥协、合作。当冲突无关紧要时，或当冲突双方情绪极为激动，需要时间恢复平静时，可采用回避策略；当维持和谐关系十分重要时，可采用迁就策略；当必须对重大事件或紧急事件进行迅速处理时，可采用强制策略，用行政命令方式牺牲某一方利益处理后，再慢慢做安抚工作；当冲突双方势均力敌，争执不下，需要采取权宜之计时，只好双方都做出一些让步，实现妥协；当事件十分重大，双方不可能妥协，就经过开诚布公的谈判，采用对双方均有利的合作或双赢的解决方式。冲突管理战略如图 6-8 所示。

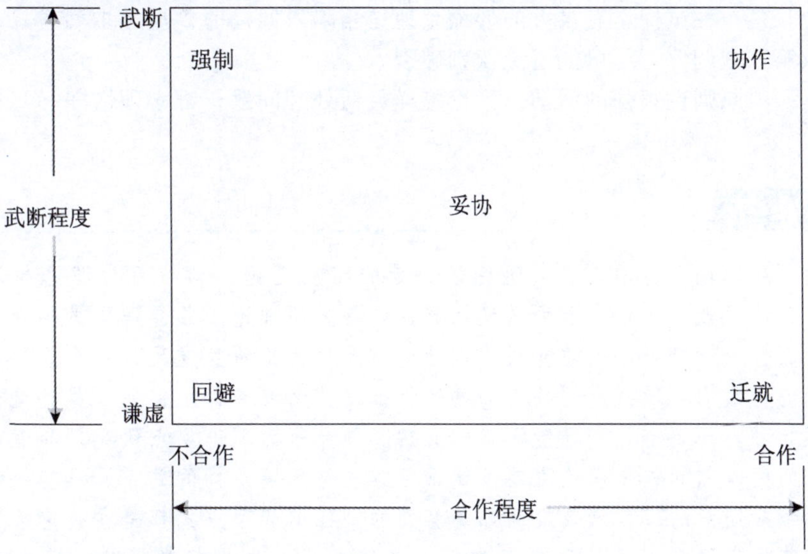

图 6-8　冲突管理战略

（三）有效谈判的实现

谈判是双方或多方为实现某种目标就有关条件达成协议的过程。这种目标可能是为了实现某种商品或服务的交易，也可能是为了实现某种战略或策略的合作；可能是为了争取某种待遇或地位，也可能是为了减税或贷款；可能是为了弥合相互的分歧而走向联合，也可能是为了明确各自的权益而走向独立。市场经济本身就是一种契约经济，一切有目的的经济活动、一切有意义的经济关系都要通过谈判来建立。

1. 谈判的方式

谈判有两种基本方法，即零和谈判和双赢谈判。

（1）零和谈判。零和谈判就是有输赢的谈判，一方所得就是另一方所失。零和谈判能够成功，在于双方的目标都有弹性并有重叠区存在。重叠区就是双方和解达成协议的基础。

（2）双赢谈判。双赢谈判就是谈判结果为双方都获利的方案。这种谈判要求双方对另一方的需求十分敏感，各自都比较开放和灵活，双方都对另一方有足够的了解和信任。

2. 谈判的原则

优秀的管理者实现有效的谈判，一般要遵循如下原则。

（1）理性分析谈判的事件。抛弃历史和感情上的纠葛，理性地判别信息、依据的真伪，分析事件的是非曲直，分析双方未来的得失。

（2）理解谈判对手。理解对手的制约因素是什么，真实意图是什么，战略是什么，兴奋点和抑制点在哪里。

（3）抱着诚意开始谈判。态度不卑不亢，条件合情合理，提法易于接受，必要时可主动让步（也许只是一个小小的让步），尽可能寻找双赢的方案。

(4) 坚定与灵活相结合。对自己目标的基本要求要坚持，对双方最初的意见不必太在意，那可能只是一种试探，有极大的伸缩余地。当陷入僵局时，应采取暂停、冷处理后再谈，或争取第三方调停，尽可能避免谈判破裂。

谈判是一项原则性很强的活动，无论怎样灵活处理问题，都必须恪守一些基本原则。

本章小结

本章是领导理论及应用，重点研究了领导的特质理论、领导行为理论和领导权变理论，同时，介绍了领导艺术和管理沟通问题。领导素质理论是领导理论的早期研究，主要探讨具备什么样个性特征的人才能成为领导。但经过大量研究发现，每个领导者的个性特征都是不同的，我们只能找出领导者的共性特征或称必要条件。但并非具备这样特征的人都能成为领导者，还要有一些环境因素的支持。领导行为理论重点研究领导者的工作倾向或工作重点问题。领导权变理论主要阐述领导方式与环境条件的关系。没有一种领导方式在任何情况下对组织的工作绩效提高都是有利的。任何管理方式都是在一定条件下才能起作用的，如菲德勒的权变理论、赫塞和布兰查德的生命周期领导理论、阿吉里斯的不成熟—成熟理论。领导艺术主要研究领导的用人艺术等。如何做出正确的决策、如何授权是领导艺术的核心。谈判也是领导工作的重要内容。

思考题

1. 什么是领导？领导的作用是什么？领导方式有哪些基本类型？

2. 什么是领导素质理论？根据对领导者的观察，你认为成为一个领导者必须具备哪些基本素质。

3. 简述布莱克、穆顿的管理方格理论的基本内容。

4. 试述菲德勒权变理论的主要内容。如何测试一个领导者的 LPC 值？

5. 什么是生命周期领导理论？什么是领导者—成员交换理论？

6. 以某一组织的主要领导者为例，谈谈领导者如何选人、用人，实现组织工作绩效最大化。

7. 什么是沟通？沟通的过程有哪几个阶段？如何实现有效的沟通？

第七章

激励理论及应用

曾经有七个人住在一起，每天分一大桶粥，而每天的粥都是不够分的。

一开始，他们抓阄儿决定谁来分粥，每天轮一个人。于是每周下来，他们只有一天是饱的，就是自己分粥的那一天。

后来他们开始推选出一个道德高尚的人出来分粥。大家开始挖空心思去讨好、贿赂此人，搞得整个小团体“乌烟瘴气”。

然后大家开始组成三人的分粥委员会及四人的评选委员会，互相攻击后，粥吃到嘴里全是凉的。

最后他们想出一个方法：轮流分粥，但分粥的人要等其他人都挑完后拿剩下的最后一碗。为了不让自己吃到最少的，每人都尽量分得平均，就算不平，也只能认了。大家快快乐乐、和和气气，日子越过越好。

管理心得 同样的七个人，采取不同的分配制度，就会有不同的风气。所以一个单位如果有不好的工作习气，一定是机制问题，一定是没有完全公平公正公开，没有严格的奖勤罚懒。如何制定这样一个制度，是每个领导需要考虑的问题。

内容提要 激励是领导工作的重要职能，是对人进行管理的核心工作，也是管理艺术性的体现。本章首先介绍激励理论的一般问题，重点研究动机的产生过程。其次，介绍激励方面的心理学理论，包括人的心理过程和个性心理特征。再次，论述内容型激励理论、过程型激励理论。最后，研究激励理论的应用。

学习目标 掌握激励的概念和过程，了解人的心理过程及个性心理特征，理解心理活动的本质。熟悉内容型激励理论，如马斯洛的需要层次理论、赫兹伯格的双因素理论、麦克利兰的成就需要理论等，能够应用亚当斯的公平理论、弗鲁姆的期望理论及斯金纳的强化理论。掌握目标设置、工作设计和员工持股计划的原理与方法。

第一节 激励理论的一般问题

激励（motivation）是一个复杂的过程，如何有效地激励员工是一门科学，更是一门艺术。激励与人的需要、动机紧密相连，且一个人在被激励后会有一些特殊的表现，会自觉地为组织目标的实现多做贡献，所以研究激励意义重大。把我国的人口优势变为人才优势，在我国现有的物质资源并不丰裕的条件下，激励是调动人的积极性的重要方法，是投入少、产出多的最经济的方式，因此我们应该重视激励理论和方法的研究。

一、激励的概念与对象

（一）激励的概念

激励在管理学的一般教科书中，通常是和动机连在一起的。美国管理学家罗宾斯把动机定义为个体通过高水平的努力而实现组织目标的愿望，而这种努力又能满足个体的某些需要。因此，无论是激励还是动机，都包含三个关键要素：努力、组织目标和需要。一般而言，动机是指引起且维持个体行为，并使个体行为朝一定方向努力的内在的心理动力。

（二）激励的对象

从激励的定义看出，激励是一个适用于各种动机、欲望、需要以及其他相类似的力量的通用术语。因而，激励的对象主要是人，或者准确地说，是组织范围中的员工或被领导者。激励的对象受多种因素的影响。正确认识激励的对象，有助于体现管理学的领导职能。从内涵看，激励意味着组织中的领导者应该从行为科学和心理学的基础出发，认识员工对组织的贡献行为，即认识到人的行为是由动机决定的，而动机是由需要引起的。动机产生以后，人们就会寻找能够满足需要的目标，而目标一旦确定，就会进行满足需要的活动。从需要到目标，人的行为过程是一个周而复始、不断进行、不断升华的循环。通过认识激励的对象，可以认识到，需要是人类行为的基础，不同的需要在不同的条件下会诱发出不同的行为。

二、激励的过程

人的行为是由动机引起的，动机的主要来源有两个：一个是内在原因，另一个是外在原因。产生动机的内在原因是人自身有未满足的需要。这些需要包括衣、食、住、行等生理上的需要，以及得到社会承认、友谊、赞扬等心理上的需要。未满足的内在需要正是整个激励过程的起点。产生动机的外在原因是作用于人的自身的外在刺激，如食物的香味、服装的款式和色彩，以及电视广告等。这些外在的刺激能否激发人的动机，还要看它能否引起人的内在需要。因为外因是变化的条件，内因才是变化的根据，外因通过内因而起作用。例如，如果一个人已经吃得很饱，送来的食物再香也会因为不合需要而难以引发动机。总之，产生动机的根本原因是人身的生理和心理需要。

激励的过程表现为需要、动机、行为三者之间的逻辑关系，如图 7－1 所示。

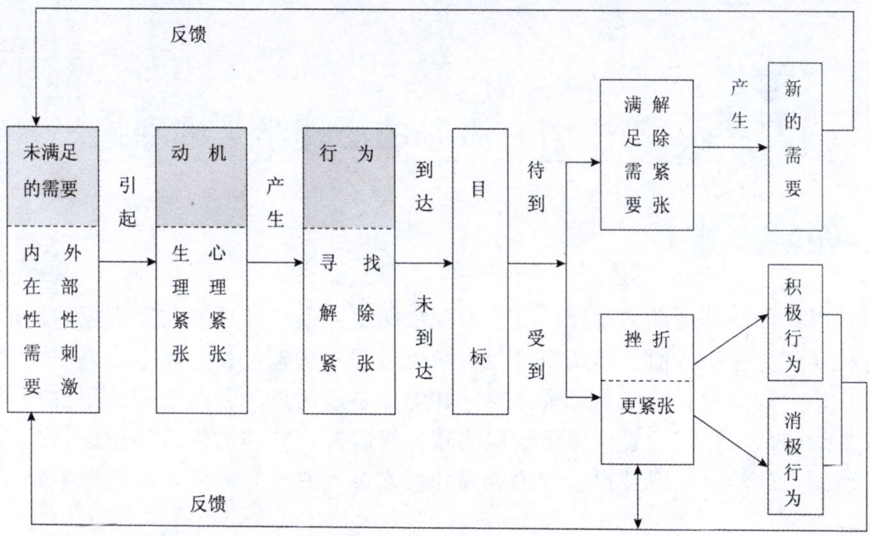

图 7－1　激励的过程

三、激励的动机

如何对组织中的员工进行激励，是建立在对人的心理运动规律的认识基础上的。人不是孤立存在的，是生活在特定的环境之中的。这个环境包括气候、水土、阳光、空气等自然环境和社会制度、劳动条件、经济地位、文化条件等社会环境。外界环境对人的影响是客观存在的。激励的动机，可分为内因和外因。内因由人的认知知识构成，外因则是人所处的环境，从而人的行为可看成人自身特点及其所处环境的函数，即

$$B=F\left[E \cdot P\right] \tag{7-1}$$

式中，B——人的行为，

E——环境，

P——人的个性。

显然，激励的有效性在于对内因和外因的深刻理解，并使其达成一致。

为了引导人的行为达到激励的目的，领导者既可在了解人的需要的基础上，创造条件促进这些需要的满足，也可以通过采取措施，改变个人的行动的环境。这个环境被研究人员称为人的行动的“力场”。对企业而言，领导者对在“力场”中活动的员工行为的引导，就是要借助各种激励方式，减少阻力，增强驱动力，提高员工的工作效果，从而改善企业经营的效率。激励的起点是人未满足的需要，通过具体的手段，让人对未满足的需要产生某种期望值。

第二节　激励的心理学基础理论

一、人的心理过程

心理过程，即心理活动的过程，是心理现象的不同形式对现实的动态反映。心理学家把心理过程划分为三个方面，即认识过程、情感过程和意志过程。其中最基本的是认识过程，它包括感觉和知觉、记忆和思维。感觉和知觉是最简单的、初级的认识过程；记忆是一种比较复杂的认识过程；思维属于认识的较高级阶段，它和语言密切相连，是人所特有的认识活动。心理学对认识过程、情感过程和意志过程的研究成果，极大地丰富了管理学中激励的理论。

（一）认识过程

1. 认识的两个阶段

认识是人脑对客观世界的反映，包括感性认识和理性认识两个阶段。社会实践是认识的来源和发展的基础，是检验真理正确与否的唯一标准，也是认识的目的。认识从实践中来，还要回到实践中，用来能动地改造世界，同时使认识的本身得到检验和发展。凡实践证明符合客观事物及其规律的认识，是正确的认识，反之是错误的认识。

2. 认识的过程

(1) 人们认识客观事物的一般过程，往往是先有笼统的印象，再进行精确的分析，然后运用自己已有的知识和经验，有联系地、综合地去加以理解。可以说，人们对事物的认识过程，也就是人们对客观事物个别属性的各种不同感觉加以联系和综合的反映过程。

(2) 人们为了加强对事物的认识，还借助记忆把过去生活实践感知的东西、体验过的情感或知识经验，在头脑中重复反映出来，不仅通过感知去认识事物的外在联系，还以表象的形式向思维过渡，进一步认识事物的一般特性和内在联系，全面地、本质地把握事物的本质。

（二）情感过程

1. 情感的含义

情感是人脑的机能，是人们对客观事物的一种态度的体验，是对事物好恶的一种倾向。由于客观事物与人们需要之间的差异，人对客观事物便抱着不同的好恶态度，产生不同的心理变化和外部表现。能满足或符合人们需要的事物，就会使人们产生积极态度，使人产生一种肯定的情感，如愉快、满意、喜爱等；反之，不能满足人们的需要或与人们的需要相抵触的事物，就会使人们产生消极态度，使人产生一种否定的情感，如嫌恶、愤怒、憎恨等。

2. 情感与情绪

与情感相联系的概念是情绪。情绪与情感既有区别又有一定的联系。它们都是人们对客观现实是否满足需要的体验，都能使人产生一定的生理变化和外部表现。所谓的区别主要体现为强度的不同，情绪是较强的情感，生理变化和外部表现较之情感更明显。有时两者也会相互转化。情感与情绪不同于其他心理活动，它的任何一种表现形式都包含自我体验、生理变化和外部表现三个方面。按基本表现形态，可将情绪分为以下三类。

（1）激情，是一种爆发迅速、强烈而时间短暂的情感或情绪。

（2）心境，是一种微弱平静而持续的情感或情绪。

（3）热情，是一种强有力的、稳定而深刻的情感或情绪。

3. 情感、情绪和行为

人的情感和情绪与人的行为有着密切的关系。激动的情感或情绪，会使人产生差错，甚至产生越轨行为。因此，对人的情感、情绪必须加以正确的疏导。在管理中也应十分注意人的情绪，不断改进领导方式，使人在工作中心情舒畅。

（三）意志过程

1. 意志的含义

意志是人重要的心理活动过程，是指人自觉地确定目标并支配其行动以实现预定目标的心理过程。人在反映客观现实的时候，不仅产生对客观对象及其现象的认识，也对它们形成这样或那样的情绪体验，还有意识地对客观世界进行有目的的改造。这种最终表现为行动的、积极要求改变现实的心理过程，就是意志过程。意志过程和认识过程、情感过程一样，也是人脑的机能。

2. 意志过程的特征

（1）自觉的能动性。人类的活动是有意识、有目的和有计划的活动，这与其他动物的活动是完全不同的。人在繁杂的环境中主动地提出目标，同时主动地采取行动来改变环境以满足自己的需要。因此，意志集中地体现出人的心理活动的自觉能动性。

（2）意志具有对行为和对心理的调节作用。意志对行为的调节，有发动和制止两个方面。前者在于推动人从事达到预定目标的行为，后者在于制止不符合预定目标的行为。意志不仅调节外部动作，还可以调节人的心理状态。

（3）意志具有坚持的作用。意志对行为的调节并不总是轻而易举的，有时会遇到各种困难，因此，意志过程的实现往往与克服困难相联系。克服困难意味着对行动的预定目标的坚持。

3. 意志与行为

意志总是通过一系列具体行为表现出来的。受意志支配和控制的行为，是意志行为。研究意志行为，主要是分析行为的心理方面，即心理对行为的调节过程。意志行为的心理过程分为采取决定和执行决定两个阶段。

（1）采取决定阶段。这是意志行为的开始阶段，它决定意志行为的方向，规定未来意志行为的轨道。决定的采取并不是瞬时完成的，它是一个过程，有着丰富的心理内容，体现出人的意志。

(2) 执行决定阶段。这是意志行为的完成阶段。在这个阶段里，人的主观目的转化为客观结果，观念的东西转化为实际行为，实现对客观世界的改造。再好的决定，如果不付诸实施，也会失去意义，也不再能构成意志行为。

二、个性心理特征

(一) 个性的含义与特点、形成

1. 个性的含义与特点

人的个性是指在一个人身上经常地、稳定地表现出来的心理特点的总和。现代心理学家认为，个性是指人的心理特征和品质的总和。个性具有以下三个特点。

(1) 独特性。每个人都有与别人不同的能力与气质、独特的性格与爱好。人与人之间都存在个别差异。

(2) 综合性。即所有特点的综合，它既包括一个人在能力与兴趣方面的特点，也包括一个人在气质与爱好以及性格等方面的特点。

(3) 稳定性。个性是在一个人身上经常表现出来的比较稳定的东西。

2. 人的个性的形成

人的行为总是按照一定的社会规范，通过与他人的相互交往，在一定的时间、地点和条件下为了满足个体的某种需要而进行的。

(1) 家庭环境影响。父母对子女的影响远远大于其他人的影响。家庭是儿童的最初学校，父母是儿童的首任教师，父母的举止言行无一不对孩子起着潜移默化的作用。

(2) 学校环境影响。按照教育学的观点，学校的作用主要在于把各种行为规范、道德标准、社会价值观念以及前人所积累的知识、经验、技能、技巧通过一定的手段，有目的、有计划、有步骤地传授给下一代，并施以一定的行为影响，使其符合社会化的要求。

(3) 社会文化影响。社会文化主要包括政治、经济、宗教、文化、风俗、习惯、民族传统等。不同的文化结构对人的社会化影响也具有明显的区别。

(二) 人的气质

1. 气质的含义

气质是人的个性心理特征之一，指某个人典型地表现于心理过程的强度、心理过程的速度和稳定性、心理过程的指向性等动力方面的特点。所谓心理过程的强度，指情绪的强弱、意志能力的程度等；所谓心理过程的速度和稳定性，指知觉的速度、思维的灵活程度、注意力集中时间的长短等；所谓心理过程的指向性，指有的人倾向于外部事物，从外界获得新印象，有的人倾向于内部，经常体验自己的情绪，分析自己的思想和印象。

2. 气质的类型和特征

巴甫洛夫通过对高等动物的研究，根据高级神经活动的强度、平衡性和灵活性三个基本特征，把高级神经活动分别对应希波克拉底的四种基本气质类型。

（1）胆汁质：行为表现是情绪变化激烈，主观易于冲动，性急脾气暴躁，面部表情丰富，属于兴奋型。

（2）多血质：行为表现是情感易于转换，反应机智灵敏，热情活泼好动，沟通迅速，言行举止快捷，属于活泼型。

（3）黏液质：行为表现是情感变化缓慢，安静稳重踏实，固执多疑怯懦，反应从容缓慢，言行拘谨自制，属于安静型。

（4）抑郁质：行为表现是心绪消沉于内，反应迟钝犹豫，冷漠孤僻寡欢，多疑内省仔细，言行缓慢腼腆，属于抑郁型。

3. 气质在管理实践中的作用

气质对人的实践活动有一定的影响。认识自己和别人的气质特点，培养和改进自己的气质，对于人事工作、组织生产、培训员工等都有重要意义。

（1）气质类型无好坏之分。作为人心理活动和行为动作方面的动力特点的综合，它本身无所谓好坏。因为任何一种气质类型都有其积极的一面，又有其消极的一面。

（2）气质不能决定一个人活动的社会价值和成就的高低。

（3）气质可以影响人的活动效率。虽然在人的实践活动中不起决定作用，但是它可能影响活动的效率。

（4）气质可以影响人的情感和行动。气质对形成和改造人的情感与行动具有很大的影响。

（三）人的性格

性格是人的个性中的重要心理特征。性格一方面反映人的行为取向，它可以从外在行为上表现出来，如从一个人的发笑中，可以看出他的性格是豪爽还是拘谨；性格还可以反映出一个人的动机和态度，如一个小气的人与一个勤俭的人，在行为方式上可能很相近，但动机和态度不一样，因此，性格是行为方式和现实态度的统一体。

1. 性格的概念

性格是指一个人表现在态度和行为方面的较稳定的心理特征，它是个性的重要组成部分，受一定思想、意识、信仰、世界观的影响和制约。由于具体的生活环境不同，每个人的性格会有所不同。性格是在一个人的生理素质的基础上，在社会实践活动中逐渐形成、发展和变化的，并具有复杂性、独特性、整体性和持续性等特征。

2. 性格发展的因素

（1）人的生理性因素

①遗传。基因组成的千差万别和基因表现型的多态性，导致外显性格的不一样，构成

个体行为特征的差异。

②体格与体型。个人外表形象体质不同，会产生不同的性格。例如，体格健壮者，性格外向，较活泼，富于进取精神；体格瘦弱多病者，性格内向，沉静，胆小。

③性别。男女除生理上有各种差异外，性格方面也多有不同。男性比较具有好强心、进取心、创造力，对政治活动及团体活动较感兴趣；对艺术及美的欣赏则不如女性。男性对抽象理论及空间关系的领悟，对推理及逻辑的运用较优；女性则在语言及文字记忆上较强。

（2）环境因素

①家庭。家庭是人类社会中最基本的单元，是个人最早接触到的学习环境，凡语言、知识、行动、生活习惯，多从父母、兄姐学起。

②学校。学校的任务，不仅是知识与技能的传授，以补家庭教育的不足；而且需要帮助儿童及青少年走向社会，懂得正确的自我成长道路和超自我的标准。

③社会文化。受社会文化的影响也越来越大，对个人性格的影响力也会增加。

④职业。从事一种职业，除要具备该种职业的知识和技能外，还要具备该种职业所应有的兴趣、道德、志向、工作习惯、纪律等。

3. 性格发展的过程与管理

美国哈佛大学阿吉里斯（Argyris）教授，长期从事工业组织的研究，以确定管理方式对个人行为及其在工作环境中成长的影响力。他的研究结果表明，一个人在由不成熟向成熟转变的过程中，性格会发生七种变化。阿吉里斯认为，这些改变是持续的，而健全的性格便由此从不成熟趋于成熟。这些改变只是一般的倾向，但是，它使人们对成熟有了较多的了解。一个人的文化水平和个性可能使这些改变受到限制，但是随着年龄的增长，人的性格总是有日趋成熟的倾向。

（四）人的能力

1. 能力的定义

能力是完成某种活动有关的心理特征，通常是指个体从事一定社会实践活动的本领。对能力的含义可以从两个方面来理解：一方面，是指个人到目前为止所具有的知识、技能；另一方面，含有可造就性或潜力的意思。在能力中，又可分为智力、性向和成就三种。智力是指个人的一般能力，性向是指个人可以发展的潜在能力，成就是指个人通过教育或训练对学识、知识和技能方面所达到的较高水平。

2. 能力的分类

能力有一般和特殊之分。人在顺利地完成某项任务时，必须既具有一般能力，又具有特殊能力。一般能力是指很多种基本活动中表现出的能力，如观察力、记忆力、抽象概括能力等。特殊能力是指出现在某些专业活动中的能力，如数学能力、音乐能力、专业技术能力等。一般能力与特殊能力在活动中的关系是辩证统一的。

3. 影响能力发展的因素

影响能力的因素很多，归结起来可概括为素质、知识和技能、教育、社会实践等。

(1) 素质。素质是有机体天生具有的某些生理的特征，主要是神经系统、脑的特性以及感官和运动器官的特性。素质是能力发展的自然前提，离开这个物质基础就谈不上能力的发展。生来或早期聋哑的人难以发展音乐能力，双目失明者无从发展绘画才能，严重的早期脑损伤或脑发育不全的缺陷是智力发展的障碍。

(2) 知识和技能。知识是人类社会历史经验的总结，从心理学的观点来说，是头脑中的经验系统，它以思想内容的形式为人所掌握。技能是操作技术，是对具体动作的掌握，它以行为方式的形式为人所掌握。知识、技能和能力有密切的关系。知识是能力形成的理论基础，技能是能力形成的实践基础。能力的发展是在掌握和运用知识、技能的过程中实现的；同时，能力在一定程度上决定着一个人在知识、技能的掌握上可能取得的成就。

(3) 教育。教育是掌握知识和技能的具体途径与方法。教育不仅在儿童和青少年的智力发展中起着主导的作用，对能力的发展同样也起着主导的作用。教育不但使学生掌握知识和技能，通过知识和技能的传授，还能促进心理能力的发展。例如，教师运用分析概括的方法去讲授课程的内容，并且引导学生把这样的方法作为思考问题的手段。儿童、青少年的在校教育，对能力的培养是至关重要的。

(4) 社会实践。能力是在人改造客观世界的实践活动中形成和发展起来的。劳动实践对各种特殊能力的发展起着重要的作用。不同职业的劳动制约着能力发展的方向，如纺织厂的验布工人，辨别布料疵点的能力比一般人强。这是同从事这一职业的特殊社会实践分不开的。

4. 能力的个别差异

人的能力是有个别差异的，即人与人之间的能力是不同的。从思维能力的差异来看，主要有两种类型：一种是艺术型，这种类型的人善于形象思维，爱好写文艺作品，讲故事非常生动、形象；另一种是思维型，这种类型的人善于逻辑思维，写文章、讲课、逻辑性很强，条理也很清楚。

第三节　内容型激励理论

内容型激励理论是最基础的激励理论，主要研究激励的内容构成，是研究激励过程的初始阶段，即人们的需要部分，它包含四种类型：马斯洛的需要层次理论、赫兹伯格的双因素理论、麦克利兰的成就需要理论、奥尔德弗的 ERG 理论。

一、马斯洛的需要层次理论

需要层次理论是由美国社会心理学家亚伯拉罕·马斯洛 (Abraham Maslow) 提出的，

因而也称为马斯洛的需要层次理论。需要层次论主要试图回答这样的问题：决定人的行为的尚未得到满足的需要是什么。早在20世纪30年代著名的霍桑试验中，梅奥等研究人员就以工厂为研究对象，希望找出提高工人劳动生产率的手段，结果发现，工人劳动积极性的提高在很大程度上取决于他们所处的环境。为此，梅奥认为工人在劳动过程中被激励的前提，是作为“社会人”的人格状态而存在的人，而不仅仅是简单的“经济人”。

1. 马斯洛的需要层次理论的内容

马斯洛的需要层次论有两个基本出发点：第一个基本论点是人是有需要的动物，其需要取决于他已经得到了什么，还缺少什么，只有尚未满足的需要能够影响行为。换言之，已经得到满足的需要不再起激励作用。另一个基本论点是人的需要都是有层次的，某一层次的需要得到满足后，另一层次的需要才会出现。马斯洛认为每个人都有五个层次的需要：生理的需要、安全的需要、社交的需要、尊重的需要、自我实现的需要。

（1）生理的需要。生理的需要是任何动物都有的需要，不同的动物对这种需要的表现形式不同。对人类来说，这是最基本的需要，如衣、食、住、行等。所以，在经济欠发达的社会，必须首先研究并满足这方面的需要。

（2）安全的需要。安全的需要是保护自己免受身体和心理伤害的需要。它又可以分为两类：一类是现在的安全的需要，另一类是对未来的安全的需要。即一方面要求自己现在的社会生活的各个方面均能有所保证；另一方面，希望未来生活能有所保障。

（3）社交的需要。社交的需要包括友谊、爱情、归属及接纳方面的需要。这主要产生于人的社会性。马斯洛认为，人是一种社会动物，人们的生活和工作都不是孤立地进行的，这已由20世纪30年代的行为科学研究所证明。这说明，人们希望在一种被接受的情况下工作，属于某一群体，而不希望在社会中成为离群的“孤鸟”。

（4）尊重的需要。尊重的需要分为内部尊重和外部尊重。内部尊重因素包括自尊、自主和成就感，外部尊重因素包括地位、认可和关注或者说受人尊重。自尊是指在自己取得成功时有一种自豪感，它是驱使人们奋发向上的推动力。受人尊重，是指当自己做出贡献时能得到他人的承认。

（5）自我实现的需要。自我实现的需要包括成长与发展、发挥自身潜能、实现理想的需要。这是一种追求个人能力极限的内趋力。这种需要一般表现在两个方面：一是胜任感方面，有这种需要的人力图控制事物或环境，而不是等事物被动地发生与发展。二是成就感方面，对有这种需要的人来说，工作的乐趣在于成果和成功，他们需要知道自己工作的结果，成功后的喜悦要远比其他任何报酬都重要。

马斯洛还将这五个层次的需要划分为高、低两级。生理的需要和安全的需要称为低级需要，而社会的需要、尊重的需要与自我实现的需要称为高级需要。高级需要是从内部使人得到满足，低级需要则主要是从外部使人得到满足。

2. 马斯洛需要层次理论的贡献

马斯洛的需要层次理论，在一定程度上反映了人类行为和心理活动的共同规律。马斯洛从人的需要出发探索人的激励和研究人的行为，抓住了问题的关键；马斯洛指出了人的需要是从物质到精神、由低级向高级不断发展的，这一趋势基本上符合需要发展的规律。

因此，需要层次理论对管理者如何有效地调动人的积极性有启发作用。

3. 马斯洛的需要层次理论的不足

马斯洛的需要层次理论概括了人的基本需要层次，无论在理论上还是在实践中都具有相当重要的价值，为激励理论的研究奠定了基础。但随着激励理论研究的深入，有些学者对此提出了批评。

（1）需要层次理论存在着人本主义局限性。马斯洛是离开社会条件、离开人的历史发展以及人的社会实践来考察人的需要及其结构的。其理论基础是存在主义的人本主义学说，即人的本质是超越社会历史的抽象的“自然人”，由此得出的一些观点就难以适合处于贫穷落后阶段的国家。

（2）人的动机是行为的原因，而需要层次理论强调人的动机是由人的需求决定的。但实际上，从心理学角度来说，人们的行为除了受现实需求、欲望、愿望影响外，还受人们的信念及其信心的影响。

（3）需要归类有重叠倾向。尊重的需要是贯穿整个马斯洛需要层次的心理现象，大部分人实际上不仅有以穷困潦倒为耻和夸耀财富的自尊心理，还会有以朋友众多为受尊重的心理，更会有以获得诺贝尔奖为荣誉的心理，由此可知尊重不能作为一种单独的需要来看，其只是各项需要是否满足的表现而已。

（4）需要层次理论具有自我中心的倾向。需要层次理论认为，高层次的需要建立在低层次的需要基础之上，这就造成了需要层次理论对个人主义的合理化。由此，这一理论也就很难解释如“中国红军忍受饥饿，破除艰难困苦进行两万五千里长征”“北京大学潘文石教授放弃都市生活而在四川的山区无热饭吃、无社会交往的条件下去研究大熊猫”等现象。

4. 马斯洛的需要层次理论对管理工作的启示

马斯洛的需要层次理论得到了实践中的管理者的普遍认可，这主要归功于该理论简单明了、易于理解，具有内在的逻辑性。事实上，人的高级或低级的需要被满足，只是一种相对的过程。我国管理学者从这一问题出发，对马斯洛的需要层次理论本身进行了讨论，认为人类需要实际上具有多样性、层次性、潜在性和可变性等特征。

二、赫兹伯格的双因素理论

双因素激励理论也叫“保健—激励理论”（motivation hygiene theory），是美国心理学家弗雷德里克·赫兹伯格（Frederick Herzberg）于 20 世纪 50 年代后期提出的。这一理论的研究重点是组织中个人与工作的关系问题。能给人们带来满意的因素，通常都是工作内在的，是由工作本身所决定的。

1. 赫兹伯格双因素激励理论的基本内容

赫兹伯格提出，影响人们行为的因素主要有两类：保健因素和激励因素。保健因素是那些与人们的不满情绪有关的因素。但这类因素并不能对员工起激励的作用，只能起到保持人的积极性，维持工作现状的作用，因此保健因素又称“维持因素”。激励因素是指那些与人们的满意情绪有关的因素。与激励因素有关的工作处理得好，能够使人们产生满意情绪，如果处理不当，其不利效果只是没有满意情绪，而不会导致不满。这两类因素与员工对工作的满意程度之间的关系如图 7－2 所示。

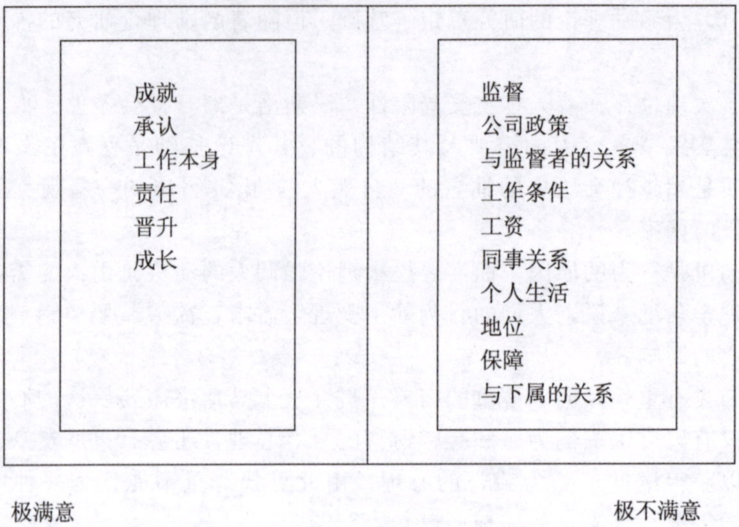

图 7－2　赫兹伯格的双因素激励理论

2. 赫兹伯格的双因素激励理论的贡献

赫兹伯格的双因素激励理论的重要贡献，在于它把传统的满意—不满意的观点进行了拆解，认为满意—不满意观点中存在双重的连续体：满意的对立面是没有满意，而不是不满意；同样，不满意的对立面是没有不满意，而不是满意。要调动和维持员工的积极性，首先要注意保健因素，以防止不满情绪的产生。但更重要的是要利用激励因素去激发员工的工作热情，努力工作，创造奋发向上的局面，因为只有激励因素才会增强员工的工作积极性。双因素理论实际上是针对满足的目标而言的。所谓保健因素，实质上是人们对外部条件的要求；所谓激励因素，实质上是人们对工作本身的要求。根据赫兹伯格的理论，要调动人的积极性，就要在“满足”二字上做文章。满足人们对外部条件的要求，称为间接满足，它可以使人们受到外在激励；满足人们对工作本身的要求，称为直接满足，它可以使人们受到内在激励。

3. 赫兹伯格双因素激励理论的不足

赫兹伯格的双因素理论提出以后，曾经受到过许多非议。仅仅以满意—不满意作为指标，并不能证实满意感与生产效率的关系。因而人们对双因素理论的可信度提出怀疑。

（1）赫兹伯格的调查样本的数量明显不够，而且对象是工程师、会计师，他们在工资、安全、工作条件等方面都比较好，所以这些因素对他们自然不会起激励作用，且很难代表一般职工的情况。

（2）赫兹伯格在调查时把好的结果归结于职工自己的努力，而把不好的结果归罪于客观的条件，同时，赫兹伯格也没有使用“满意尺度”这一概念，管理者不清楚什么情况是满意。

(3) 赫兹伯格认为，满意和生产率的提高有必然的联系，而实际上满意并不等于劳动生产率的提高，二者之间并不存在必然的联系。

(4) 赫兹伯格将保健因素与激励因素截然分开有欠妥当，实际上保健因素与激励因素、外部因素与内部因素都不是绝对的，而是相互联系并可以相互转化的。

(5) 现代企业是由四种经济主体组成的，即股东、经营者、管理者和普通员工，这四种经济主体都有自己的目标，并且都有各自的可控因素和激励因素，从实施的范围层次分析，始终存在着所有者对经营者、经营者对管理者和管理者对员工的约束与激励，而这些并不是双因素理论都能涵盖的。

4. 赫兹伯格的双因素激励理论对管理工作的启示

赫兹伯格的双因素激励理论同马斯洛的需要层次理论有相似之处。他提出的保健因素相当于马斯洛提出的生理的需要、安全的需要、社交的需要等低级需要；激励因素则相当于尊敬的需要、自我实现的需要等高级需要。在实际工作中，借鉴这种理论来调动员工的积极性应注意以下五点。

(1) 采取了某项激励的措施并不一定就带来满意，要提高职工的积极性首先应注意保健因素，以消除职工的不满、怠工和对抗，但保健因素并不能使职工变得非常满意，也不能激发他们的工作积极性，所以更重要的是要利用激励因素来激发职工的工作热情和工作效率。

(2) 在企业管理实践中，欲使奖金成为激励因素，必须使奖金与职工的工作绩效相联系。如果采取不讲部门和职工绩效的平均主义“大锅饭”做法，奖金就会变成保健因素，导致奖金发得再多也难以起到激励的作用。

(3) 双因素理论是在美国的社会和文化背景下提出的，与我国的国情不尽相同，因而，在企业管理中，管理者在对职工进行激励时，必须考虑这种文化差异，因地制宜，制定有效的激励措施和采取有效的激励手段。

(4) 双因素理论诞生在美国，而在当前的中国企业里，工资和奖金并不仅仅是保健因素，工资和奖金的多少关系个人的切身利益和自身价值的实现，如果运用得当，也会表现出明显的激励作用。

(5) 激励是组织管理的重要环节，被视为“最伟大的管理原理”。就组织工作而言，对职工激励至关重要，但对职工进行激励的时候必须注重多种激励方式的综合运用，将物质激励和精神激励有机结合起来。物质需要是人的第一需要，合理而富有竞争力的薪酬制度是企业激励职工、留住人才的基本方略。

三、麦克利兰的成就需要理论

以上两种激励理论出现于 20 世纪 50 年代，一般认为，对它们的一些明显不足之处进行补充，就构成了当代激励理论。在激励的内容理论方面，有一种较有名的理论成就需要理论，由美国哈佛大学教授戴维·麦克利兰（David McClelland）提出。

1. 麦克利兰成就需要理论的基本内容

麦克利兰认为，基本生活需要得到满足之后，人们还有以下三种重要的需要。

(1) 成就的需要（need for achievement）：争取成功，希望做到最好的需要。

(2) 友谊的需要（need for affiliation）：建立友好亲密的人际关系的需要。

(3) 权力需要（need for power）：影响或控制他人且不受他人控制的需要。

2. 麦克利兰成就需要理论的贡献

麦克利兰对人的需要及其在管理学上的意义研究了二十多年。他指出，有着强烈成就感需要的人，是那些倾向于成为企业家的人。他们喜欢比竞争者把事情做得更好，并且敢冒商业风险。另一方面，有着强烈友谊感需要的人，是成功的“整合者”。他们的工作是协调组织中几个部门的工作。整合者包括品牌管理人员和项目管理人员，他们必须具有过人的人际关系技能，能够与他人建立积极的工作关系。麦克利兰发现高成就需要者有三个主要特点。

(1) 喜欢设立具有适度挑战性的目标，不喜欢凭运气获得的成功，不喜欢接受那些在他们看来特别容易或特别困难的工作任务。

(2) 在选择目标时会回避过分的难度。他们喜欢中等难度的目标，既不是唾手可得没有成就感，也不是只能凭运气。他们会揣度可能办到的程度，然后选定一个力所能及的目标，也就是选择能够取胜的最艰巨的挑战。

(3) 喜欢能立即给予反馈的任务。目标对于他们非常重要，所以他们希望得到有关工作绩效的及时明确的反馈信息，从而了解自己是否有所进步。这就是高成就需要者往往选择专业性职业，或从事销售，或者参与经营活动的原因之一。

3. 麦克利兰成就需要理论对管理工作的启示

在大量的研究基础上，麦克利兰对成就需要与工作绩效的关系进行了十分有说服力的推断。

(1) 高成就需要者喜欢能独立负责，可以获得信息反馈和中度冒险的工作环境。他们会从这种环境中获得高度的激励。麦克利兰发现，在小企业的经理人员和在企业中独立负责一个部门的管理者中，高成就需要者往往会取得成功。

(2) 在大型企业或其他组织中，高成就需要者并不一定就是一个优秀的管理者，原因是高成就需求者往往只对自己的工作绩效感兴趣，并不关心如何影响别人做好工作。

(3) 友谊需要与权力需要和管理的成功密切相关。麦克利兰发现，最优秀的管理者往往是权力需要很高而友谊需要很低的人。如果一个大企业的经理的权力需要与责任感和自我控制相结合，那么他就很有可能成功。

(4) 可以对员工进行训练来激发他们的成就需要。如果某项工作要求高成就需要者，那么，管理者可以通过直接选拔的方式找到一名高成就需要者，或者通过培训的方式培养自己原有的下属。

管理小故事

猴子实验

美国加利福尼亚大学的学者做了这样一个实验：把 6 只猴子分别关在 3 间空房子里，每间两只，房子里分别放着一定数量的食物，但放的位置和高度不一样。第一间房子的食物就放在地上，第二间房子的食物分别从易到难悬挂在不同高度的适当位置上，第三间房子的食物悬挂在房顶。数日后，他们发现第一间房子的猴子一死一伤。第三间房子的猴子也死了。只有第二间房子的猴子活下来了。究其原因，第一间房子的两只猴子一进房间就看到了地上的食物，于是，为了争夺唾手可得的食物而大动干戈，结果一死一伤。第三间房子的猴子虽做了努力，但因食物太高、难度过大，被饿死了。只有第二间房子的两只猴子先是各自凭着自己的本能蹦跳取食，最后，随着悬挂食物高度的增加，难度增大，两只猴子只有协作才能取得食物，于是，一只猴子托起另一只猴子跳起取食。这样，它们每天都能取得够吃的食物，很好地活了下来。此实验虽是猴子取食的实验，但在一定程度上也说明了人才与岗位的关系。

启示：岗位难度过低，人人能干，体现不出能力与水平，选拔不出人才，反倒成了内耗式的职位争斗甚至残杀，其结果无异于第一间房子里的两只猴子。岗位的难度太大，虽努力而不能及，甚至埋没、抹杀了人才，如第三间房子里的两只猴子的命运。岗位的难度要适当，循序渐进，如同第二间房子的食物。这样，才能真正体现出能力与水平，发挥人的能动性和智慧。同时，相互间的依存关系使人才间相互协作、共渡难关。

四、奥尔德弗的 ERG 理论

美国耶鲁大学的克雷顿·奥尔德弗（Clayton Alderfer）在马斯洛提出的需要层次理论的基础上，进行了更接近实际经验的研究，提出了一种新的人本主义需要理论。

1. ERG 理论的基本内容

奥尔德弗认为，人类共存在三种核心的需要，即生存（existence）的需要、相互关系（relatedness）的需要和成长发展（growth）的需要，因而这一理论被称为 ERG 理论。生存的需要与人们基本的物质生存需要有关，它包括马斯洛提出的生理的需要和安全的需要。第二种需要是相互关系的需要，即指人们对于保持重要的人际关系的需要。这种社会和地位的需要的满足是在与其他需要相互作用中达成的，它与马斯洛的社会的需要和尊重的需要分类中的外在部分是相对应的。最后，奥尔德弗把成长发展的需要独立出来，它表示个人谋求发展的内在愿望，包括马斯洛的自尊重的需要分类中的内在部分和自我实现层次中所包含的内容。

2. ERG 理论的特点

除了用三种需要替代了五种需要以外，与马斯洛的需要层次理论不同的是，奥尔德弗的 ERG 理论还表明：人在同一时间可能有不止一种需要起作用；如果较高层次需要的满足受到抑制，那么人们对较低层次的需要的渴望会变得更加强烈。

3. 对阿尔德弗的ERG理论的评价

阿尔德弗的ERG理论在需要的分类上并不比马斯洛的需要层次理论更完善，对需要的解释也并未超出马斯洛的需要层次理论的范围。

（1）ERG理论并不强调需要层次的顺序，认为某种需要在一定时间内对行为起作用，而当这种需要得到满足后，可能去追求更高层次的需要，即满足“前进”律。

（2）ERG理论认为，当较高级需要受到挫折时，可能会降而求其次，即“受挫回归”律。

（3）ERG理论还认为，某种需要在得到基本满足后，其强烈程度不仅不会减弱，还可能会增强，即“愿望加强”律，如图7－3所示。

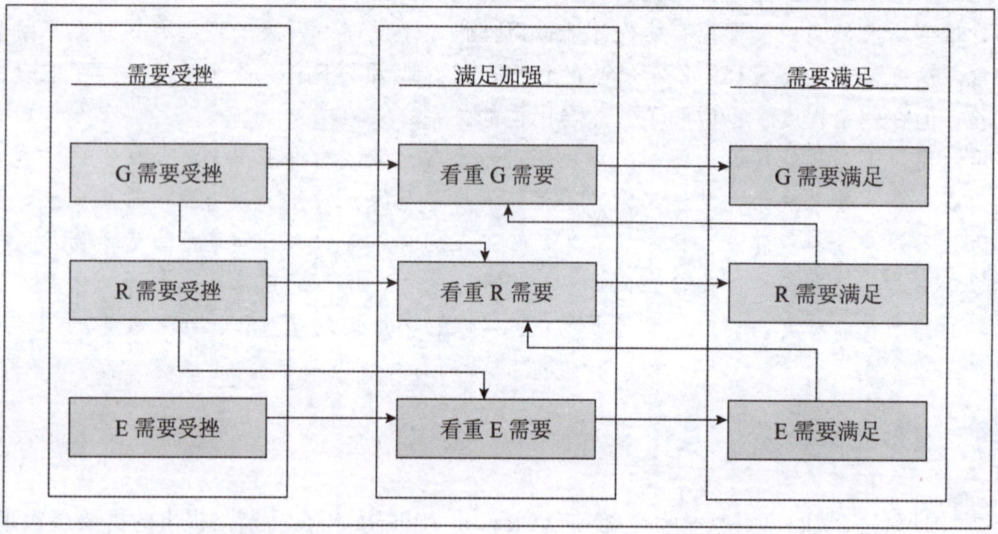

图7－3 生存、关系、成长三种需要的内在联系

按照奥尔德弗ERG理论，人类有三个层次的需要：生存的需要、相互关系的需要和成长发展的需要，需求层级依次提高。需要从低级向高级发展，在满足了低级需求后，人们就会随之产生更高级的需要，并且需求可以跳跃式发展，也就是说从生存的需要直接跳到成长发展的需要。

第四节 过程型激励理论

过程型激励理论是研究人的动机产生的过程，试图说明员工面对各种激励措施，如何选择行为方式，去更好地满足他们的需要，同时为实现组织目标努力工作。包括亚当斯的公平理论、弗鲁姆的期望理论、斯金纳的强化理论、洛克的目标设置理论、海德的归因理论、亚当斯的挫折理论等。

一、亚当斯的公平理论

公平理论是美国心理学家亚当斯在 1965 年首先提出的，也称为社会比较理论。这种理论的基础在于员工不是在真空中工作的，他们总是在进行比较，把自己的境况与他人的境况加以比较，把自己现在的境况与自己过去的境况加以比较，以此来判断自己的状况是否公平。

1. 公平理论的基本内容

员工选择与自己进行比较的参照类型有三种，分别是“其他人”“制度”“自我”。

“其他人”包括在本组织中从事相似工作的其他人以及别的组织中与自己能力相当的同类人，包括朋友、同事、学生甚至自己的配偶等。“制度”是指组织中的工资政策与程序以及这种制度的运作。“自我”是指自己在工作中付出与所得的比率。

对某项工作的付出（inputs），包括教育、经验、努力水平和能力。通过工作获得的所得或报酬（outcomes），包括工资、表彰、信任和升职等。

亚当斯提出“公平指数”，即 O/I，来描述员工在横向和纵向两方面对所获报酬的比较以及对工作态度的影响。

$$O_p/I_p = O_x/I_x \tag{7-2}$$

式中，O_p 表示自己对所获报酬的感觉；

O_x——自己对他人所获报酬的感觉；

I_p——自己对付出的感觉；

I_x——自己对他人的付出的感觉。

所谓横向比较，就是将“自我”“他人”相比较来判断自己所获报酬的公平性，从而对此做出相对应的反应。

如果这个等式成立，那么进行比较的员工会认为报酬是公平的，他可能会为此而保持工作的积极性和努力程度。

如果该等式不成立，就有两种情况发生：一是 $O_p/I_p > O_x/I_x$，说明此员工得到了过高的报酬或付出的努力较少。在这种情况下，一般来说，他不会要求减少报酬，而有可能会自觉地增加自我的付出。但过一段时间他就会因重新过高估计自己的付出而对高报酬心安理得，于是其产出又会回到原先的水平。如果 $O_p/I_p < O_x/I_x$ 则说明员工对组织的激励措施感到不公平。此时他可能会要求增加报酬，或者自动地减少付出以便达到心理上的平衡，也可能离职。

除了进行横向比较外，还存在在纵向上把自己目前的状况与过去的状况进行比较。结果有三种情况，如以 O_{pp} 代表自己目前所获报酬，O_{pl} 代表自己过去所获报酬，I_{pp} 代表目前的投入量，I_{pl} 代表自己过去的投入量，则

(1) $O_{pp}/I_{pp} = O_{pl}/I_{pl}$，此员工认为激励措施基本公平，积极性和努力程度可能会保持不变。

(2) $O_{pp}/I_{pp} > O_{pl}/I_{pl}$，一般来讲他不会认为所获报酬过高，因为他可能会认为自己的能力和经验有了进一步的提高，其工作积极性不会因此而提高多少。

(3) $O_{pp}/I_{pp} < O_{pl}/I_{pl}$，此时他认为很不公平，工作积极性会下降，除非管理者给他增

加报酬。

上述分析表明，公平理论认为组织中员工不仅关心从自己的工作努力中所得的绝对报酬，还关心自己的报酬与他人报酬之间的关系。他们对自己的付出与所得和别人的付出与所得之间的关系进行比较，做出判断。如果发现这种比率和其他人相比不平衡，就会感到紧张，这样的心理是进一步驱使员工追求公平和平等的动机基础。

2. 公平理论的评价

公平理论提出的基本观点是客观存在的，但公平本身是一个相当复杂的问题，这主要是由于下面三个原因。

(1) 它与个人的主观判断有关。上式中无论是自己的或他人的投入和报偿都是个人感觉，而一般人总是对自己的投入估计过高，对别人的投入估计过低。

(2) 它与绩效的评定有关。我们主张按绩效付报酬，并且个人之间应相对均衡。但如何评定绩效？是以工作成果的数量和质量，还是按工作中的努力程度和付出的劳动量为标准，或是按工作的复杂、困难程度，还是按工作能力、技能、资历和学历？采用不同的评定办法会得到不同的结果。最好是按工作成果的数量和质量，采用明确、客观、易于核实的标准来度量，但这在实际工作中往往难以做到，有时不得不采用其他方法。

(3) 它与评定人有关。绩效由谁来评定，是领导者评定还是群众评定或自我评定，不同的评定人会得出不同的结果。由于同一组织内往往不是由同一个人评定的，因此会出现松紧不一、回避矛盾、姑息迁就、抱有成见等现象。

3. 公平理论对管理实践的指导作用

对组织中的管理者来说，应该关注员工有关公平与不公平的社会比较过程，从而不断地改变激励模式并保证其有效性。

(1) 最为重要的是管理者要尽可能公平地对待每一个员工。作为员工来说，他不仅关心自己所得到的绝对报酬，也关心自己的报酬的相对性。

(2) 注意对有不公平感觉的员工进行心理疏导。一般来说，并不是所有的人都对公平很敏感，只有当人们将自己的投入和收益与他人进行比较以后，才开始关心公平，他们所选择的比较对象受主观影响较大。

(3) 管理者应该制定一个能够让员工感到公平并且乐于参与和保持的报酬分配制度。公平感与个人所持有的公平标准有关，而不同的人有着不同的公平标准。

二、弗鲁姆的期望理论

期望理论是由美国心理学家维克托·弗鲁姆（Victor Vroom）在20世纪60年代中期提出的。弗鲁姆认为，只有当人们预期到某一行为能给他们带来有吸引力的结果时，人们才会采取特定的行动。他对于组织通常出现的这样一种情况给予了解释，即面对同一种需要以及满足同一种需要的活动，为什么不同的组织成员会有不同的反应：有的人热情高昂，而另一些人却无动于衷。有效的激励取决于个体对完成工作任务以及获得预期奖赏的期望。

1. 期望理论的基本内容

通过激励促成组织中人的行为的产生，取决于某一行动的效价和期望值。所谓效价，是指个人对达到某种预期成果的偏爱程度，或某种预期成果可能给行为者带来的满足程度。根据这一理论的研究，员工对待工作的态度依赖于对下列三种联系的判断：

（1）努力—绩效的联系。员工感觉到通过一定程度的努力而达到工作绩效的可能性。如需要付出多大努力才能达到某一绩效水平？我是否真能达到这一绩效水平？概率有多大？

（2）绩效—奖赏的联系。员工对于达到一定工作绩效后即可获得理想的奖赏结果的信任程度。如当我达到这一绩效水平后，会得到什么奖赏？

（3）奖赏—个人目标的联系。如果工作完成，员工所获得的潜在结果或奖赏对他的重要性程度。如这一奖赏能否满足个人的目标？吸引力有多大？

在这三种关系的基础上，员工在工作中的积极性或努力程度（动机）是效价和期望值的乘积，即

$$M=V\cdot E \tag{7-3}$$

式中，M——动机；

V——效价；

E——期望值。

这表明组织管理要收到预期的激励效果，要以激励手段的效价和激励对象获得这种满足的期望值都足够高为前提。只要效价和期望值中有一项的值较低，就难以使激励对象在工作岗位上表现出足够的积极性。

2. 期望理论对管理工作的启示

弗鲁姆的期望理论对于有效地调动人的积极性具有一定的启发和借鉴意义。期望理论是在目标尚未实现的情况下研究目标对人的动机影响。一个好的管理者，应该充分地研究目标设置、效价和期望值对激发力量的影响。

（1）目标设置。根据弗鲁姆的期望理论，为了使激发力量达到最佳效果，首先应当注意目标设置。心理学认为，恰当的目标能给人以期望，使人产生心理动力，从而激发起热情并且产生积极行为。在目标的设置时，还应该考虑以下四点：①组织目标和员工个人目标的一致性。②目标的科学性。③目标的阶段性。④目标的可变性。

（2）效价的作用。同样的目标，在不同人的心目中，往往会有不同的效价，这主要是由各人的理想、信念、价值观不同造成的，也与人的文化水平、道德观念、知识能力、兴趣爱好以及个性特点有关。

（3）期望值的估计。期望值的估计，即对实现目标可能性大小的估计。对期望值的估计应该恰如其分。估计过高会盲目乐观，无法实现，容易使人受心理挫折；估计过低容易悲观泄气，会使人丧失信心，放松努力。

对期望值的估计，人与人之间也存在着很大的差异，这主要与一个人的兴趣、愿望、知识、能力和生活经验等因素有关。一般来说，如果目标符合社会发展规律，又不脱离当前的实际，达到的可能性就大，在这种情况下，就要设法提高员工的“期望值”，鼓舞士气，增强信心。

三、斯金纳的强化理论

斯金纳在心理学的学术观点上属于极端的行为主义，其目标在于预测和控制人的行为而不去推测人的内部心理过程和状态。他提出了一种操作条件反射理论，即强化理论，认为人或动物为了达到某种目的，会采取一定的行为作用于环境。

1. 强化理论的主要内容

强化包括正强化、负强化、惩罚和自然消退四种类型。

(1) 正强化，又称积极强化。当人们采取某种行为时，能从他人那里得到某种令其感到愉快的结果，这种结果反过来又成为推进人们趋向或重复此种行为的力量。

(2) 负强化，又称消极强化。它是指通过某种不符合要求的行为所引起的不愉快的后果，对该行为予以否定。若职工能按所要求的方式行动，就可减少或消除令人不愉快的处境，从而也增大了职工符合要求的行为重复出现的可能性。

(3) 惩罚。惩罚是负强化的一种典型方式，即在消极行为发生后，以某种带有强制性、威慑性的手段（如批评、行政处分、经济处罚等）给人带来不愉快的结果，或者取消现有的令人愉快和满意的条件，以表示对某种不符合要求的行为的否定。

(4) 自然消退，又称衰减。它是指对原先可接受的某种行为强化的撤销。由于在一定时间内不予强化，此行为将自然下降并逐渐消退。例如，企业曾对职工加班加点完成生产定额给予奖酬，后经研究认为这样不利于职工的身体健康和企业的长远利益，因此不再发给奖酬，从而使加班加点的职工逐渐减少。

强化的主要功能，就是按照人的心理过程和行为的规律，对人的行为予以导向，并加以规范、修正、限制和改造。它对人的行为的影响，是通过行为的后果反馈给行为主体的间接方式来实现的。人们可根据反馈的信息，主动适应环境刺激，不断地调整自己的行为。

2. 强化理论应用的原则

强化理论与其他激励理论不同。斯金纳认为，人的心理是不可知的，如同一个“黑箱”，我们只能靠外界的刺激来寻找主体行为的规律性，因此，只能靠强化的方法，且强化手段要遵循一定的原则。

(1) 经过强化的行为趋向于重复发生。要依照强化对象的不同采用不同的强化措施。

(2) 小步前进，分阶段设立目标，并对目标予以明确规定和表述。对于人的激励，首先要设立一个明确的、鼓舞人心而又切实可行的目标。

(3) 及时反馈。所谓及时反馈，就是通过某种形式和途径，及时将工作结果告诉行动者。

(4) 正强化比负强化更有效。在强化手段的运用上，应以正强化为主；同时，必要时也要对坏的行为给以惩罚，做到奖惩结合。

3. 强化理论对管理实践的启示

强化理论只讨论外部因素或环境刺激对行为的影响，忽略人的内在因素和主观能动性对环境的反作用，具有机械论的色彩。强化理论对管理实践有重要的指导作用。

（1）奖励与惩罚相结合。即对正确的行为，对有成绩的个人或群体给予适当的奖励；同时，对于不良行为，对于一切不利于组织工作的行为则要给予处罚。

（2）以奖为主，以罚为辅。强调奖励与惩罚并用，并不等于奖励与惩罚并重，而是应以奖为主，以罚为辅，因为过多运用惩罚的方法，会带来许多消极的作用，运用时必须慎重。

（3）及时而正确强化。及时而正确强化是指让人们尽快知道其行为结果的好坏或进展情况，并尽量予以相应的奖励。

（4）奖人所需，形式多样。要使奖励成为真正强化因素，就必须因人制宜地进行奖励。

强化理论的不足之处在于它忽视了诸如目标、期望、需要等个体要素，而仅仅注重当人们采取某种行动时会带来什么样的后果，但强化并不是员工工作积极性存在差异的唯一解释。

管理小故事

你是一个生意人

有一个人经过热闹的火车站前，看到一个双腿残疾的人摆设铅笔小摊，他漫不经心地丢下了一百元，当作施舍。但是走了不久，这人又回来了，他抱歉地对这个残疾者说："不好意思，你是一个生意人，我竟把你当成一个乞丐。"过了一段时间，他再次经过火车站，一个店家的老板在门口微笑地喊住他。"我一直期待你的出现，"原来老板就是那个双腿残疾的人，"你是第一个把我当成生意人看待的人，你看，我现在算是一个真正的生意人了。"

启示：你怎么看一个人，那人可能就会因你而有所改变，你看他是宝贵的，他就是宝贵的。一份尊重和爱心，常会产生意想不到的善果，所以，不妨用心去看待这个世界，用心去尊重每一个人及自己，你将会发现，自己及周围的人都有着无穷的潜力。

四、洛克的目标设置理论

美国马里兰大学管理学兼心理学教授爱德温·洛克（Edwin Locke）和休斯在研究中发现，外来的刺激（如奖励、工作反馈、监督的压力）都是通过目标来影响动机的。目标能引导活动指向与目标有关的行为，使人们根据难度的大小来调整努力的程度，并影响行为的持久性。于是，在一系列科学研究的基础上，他于1967年最先提出目标设置理论，认为目标本身就具有激励作用，目标能把人的需要转变为动机，使人们的行为朝着一定的方向努力，并将自己的行为结果与既定的目标相对照，及时进行调整和修正，从而实现目标。这种使需要转化为动机，再由动机支配行动以达成目标的过程就是目标激励。目标激励的效果受目标本身的性质和周围变量的影响。

1. 目标设置理论的基本模式

目标有两个最基本的属性：明确度和难度。明确的目标可使人们更清楚要做什么，怎么做，付出多大的努力才能达到目标。目标设置得明确，也便于评价个体的能力。

一般来说，目标的绝对难度越高，人们就越难达到它。一般认为，绩效与目标难度水平之间存在着线性关系，是因为人们可以根据不同的任务难度来调整自己的努力程度。反过来，如果没有满足这个高绩效循环的要求，如低挑战性，缺少回报，就会导致低绩效循环。工作目标对工作绩效产生的影响，可用模型表示，如图 7－4 所示。

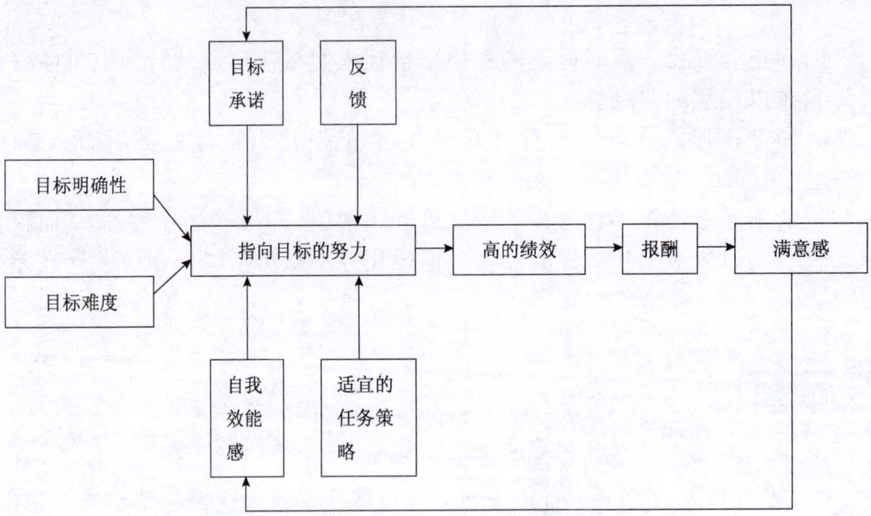

图 7－4　工作目标与工作绩效的关系

2. 目标设置理论的原则

洛克的目标设置理论要遵循以下五个原则：

（1）目标应当具体。用具体到每小时、每天、每周的任务指标来代替"好好干"的口号。

（2）目标应当难度适中。自我效能感会影响难度的大小。自我效能感是指一个人对他能胜任一项工作的信心。

（3）目标应当被个人所接受。

（4）必须对达到目标的进程有及时客观的反馈信息。

（5）个人参与设置目标要比别人为他设置目标更为有效。

3. 目标设置理论对管理工作的启示

目标也是一种重要的激励因素。洛克的目标设置理论认为，假如适当地设置目标并妥善地管理工作进展，就能够有效地激励员工，提高工作表现。目标在日常工作中十分普遍，常见的目标包括销售配额、完工期限和节约成本等。目标通过以下四个途径提高工作效率。

（1）设置困难的目标使员工更加努力工作，当他们意识到要完成困难的目标，便会尽力地工作；相反，假如他们认为所设置的目标很容易达到，就会失去工作的动力，只会付出最低的能力来完成目标。

（2）设置目标能使员工清楚上级对他们的要求，把他们的精力和时间用在正确的方向上。

(3) 设置目标可以延长员工的工作持久力，进而改善他们的工作表现。长时间的努力工作容易使人感到疲倦，产生放弃的念头。

(4) 目标使人更仔细地选择完成工作的方法，在工作进行前做出详细的计划，工作表现自然会比在没有目标和计划的情况下进行得更好。

五、海德的归因理论

归因理论最初是1958年由海德（Heider）在《人际关系心理》中提出的，海德也因此被认为是归因理论的创始人。他指出，人的行为的原因可分为内部原因和外部原因。内部原因是指存在于行为者本身的因素，如需要、情绪、兴趣、态度、信念、努力程度等；外部原因是指行为者周围环境中的因素，如他人的期望、奖励、惩罚、指示、命令，天气的好坏、工作的难易程度等。

1. 归因理论的主要观点

海德的归因理论是关于人的某种行为与其动机、目的和价值取向等属性之间逻辑结合的理论。海德认为人们归因时，通常使用不变性原则，就是寻找某一特定结果与特定原因间的不变联系。某特定原因在许多条件下总是与某种结果相连，如果特定原因不存在，相应的结果也不出现。这就可把特定结果归结于那个特定原因。不变性原则的思想方法是科学的，用这种方法可找到某种行为或其结果的关键原因。

归因可分为两类：一是情境归因，二是个性倾向归因。

情境归因是把个人行为的根本原因归为外部力量，如环境条件、社会舆论、企业的设备、工作任务、天气的变化等。个性倾向归因是把个人行为的根本原因归结为个人的自身特点，如能力、兴趣、性格、努力程度等。

2. 归因理论对管理工作的启示

在管理工作中当员工完成任务受到挫折时，管理人员要及时了解员工的归因倾向，才能帮助员工正确总结经验教训和顺利进行归因，使员工胜不骄、败不馁，进一步严格要求自己，更加发奋努力。归因理论提出了人在对他人的行为进行判断和解释过程中所遵循的一些规律，在管理过程中，管理者和员工对行为的归因也不可避免地受到这些规律的影响。管理者要认识到员工是根据他们对事物的主观知觉而不仅仅是客观现实做出反应的。

六、亚当斯的挫折理论

存在主义者萨特认为，人生就是忧愁。这虽然夸大了生活中的阴暗面，但如果指生活中充满了挫折，是非常正确的。在现实生活中，也确实难以事事如意，挫折经常伴随着人们。作为管理者，了解了人的挫折心理、产生原因及战胜挫折的方法，无疑将有助于做好管理工作，保证员工劳动积极性的充分发挥。

1. 挫折理论的内容

挫折理论是由美国的亚当斯提出的。挫折是指人类个体在从事有目的的活动过程中，指向目标的行为受到障碍或干扰，致使其动机不能实现，需要无法满足时所产生的情绪状态。挫折理论主要揭示人的动机行为受阻而未能满足需要时的心理状态，并由此而导致的行为表现，力求采取措施将消极性行为转化为积极性、建设性行为。

人的动机导向目标时，受到阻碍或干扰后可能有以下四种情况。

(1) 虽然受到干扰，但主观和客观条件仍可使其达到目标。

(2) 受到干扰后只能部分达到目标或使达到目标的效益变差。

(3) 由于两种并存的动机发生冲突，暂时放弃一种动机，而优先满足另一种动机，即修正目标。

(4) 由于主观因素和客观条件影响很大，动机的结局完全受阻，个体无法达到目标。

第四种情况下人的挫折感最强，第二和第三种情况次之。

2. 产生挫折心理的条件及原因

所有人的行为都有受到挫折的可能，但挫折心理的实际发生有以下三个条件。

(1) 个人所期望的目标是重要的、强烈的。

(2) 个人认为这种目标有可能达成。

(3) 在目标与现实中存在难以克服的障碍。事实上，如无此条件，目标就会实现，挫折就不存在。

引起挫折的原因既有主观的，也有客观的。

主观原因主要是个人因素，如身体素质不佳、个人能力有限、认识事物有偏差、性格缺陷、个人动机冲突等；客观原因主要是社会因素，如企业组织管理方式引起的冲突、人际关系不协调、工作条件不良、工作安排不当等。人是否受到挫折与许多随机因素有关，也因人而异。归根结底，挫折由人的认知与外界刺激因素相互作用失调所致。

3. 人受到挫折后的主要行为表现

对于同样的挫折情境，不同的人会有不同的感受；引起某一个人挫折的情境，不一定是引起其他人挫折的情境。挫折的感受因人而异主要是由于人的挫折容忍力不同。所谓挫折容忍力，是指人受到挫折时免于行为失常的能力，也就是经得起挫折的能力，它在一定程度上反映了人对环境的适应能力。挫折容忍力与人的生理、社会经验、抱负、对目标的期望以及个性特征等有关。根据不同人的心理特点，受到挫折后的行为表现主要有两大类。

(1) 采取积极进取态度，即采取减轻挫折和满足需要的积极适应态度。

(2) 采取消极态度，甚至是对抗态度，诸如攻击、冷漠、幻想、退化、忧虑、固执和妥协等。

4. 挫折理论对管理者的启示

挫折对人的影响具有两面性：一方面，挫折可增强个体的心理承受能力，使人惊醒，汲取教训，改变目标或策略，从逆境中重新奋起；另一方面，挫折也可使人们处于不良的心理状态中，出现负向情绪反应，并采取消极的防卫方式来对付挫折情境，从而导致不安全的行为反应，如不安、焦虑、愤怒、攻击、幻想、偏执等。在企业安全生产活动中，职工受到挫折后，所产生的不良情绪状态及相伴随的消极性行为，不仅对职工的身心健康不利，也会影响企业的安全生产，甚至可能导致事故的发生。对此，可以采取以下措施。

（1）帮助职工用积极的行为适应挫折，如合理调整无法实现的目标。

（2）改变受挫折职工对挫折情境的认识和估价，以减轻挫折感。

（3）通过培训提高职工的工作能力和技术水平，增加个人目标实现的可能性，减少挫折的主观因素。

（4）改变或消除易于引起职工挫折的工作环境，如改进工作中的人际关系、实行民主管理、合理安排工作和岗位、改善劳动条件等，以减少挫折的客观因素。

（5）开展心理保健和咨询，消除或减弱挫折心理压力。

第五节 激励理论的应用

前面四节对激励的含义、激励的过程、激励的心理基础、各种类型的激励理论进行了研究，也分析了各种激励方式的特点，最重要的还是要落实到组织管理的应用方面。

一、员工需要调查与分析

对员工进行激励的重要策略之一，就是适时地对他们的需要进行调查和分析，然后根据需要采取不同激励措施。我国心理学工作者对某企业做过一项员工需要与激励措施的调查，结果显示目前我国企业采用最多的激励措施依次为发放奖金、表扬鼓励、晋升、奖励证书、改善工作条件、学习培训、带薪休假、弹性工时等；最受员工欢迎、最有价值的奖励措施依次为发放奖金、学习培训、改善工作条件、晋升、带薪休假、表扬鼓励、特殊待遇、奖励证书、弹性工时。可见，现行企业比较通行的激励措施仍然是奖金、表扬和晋升；员工比较喜欢的则是奖金、学习培训和改善工作条件。

二、员工目标设置管理

在实践中，大量的证据支持目标设置理论（goal setting theory）。该理论提出，指向一个目标的工作意向是工作激励的主要源泉。也就是说，设置目标告诉员工需要做什么，以及需要做出多大努力。明确的目标设置能提高绩效；一旦接受了困难的目标，就会比容易的目标带来更高的绩效。目标设置管理特别强调设定具体的、可检验的和可测量的目标。它不是一种新方法，事实上，它源于彼得·德鲁克提出的一种用目标来激励员工而不是控制员工的方法。

目标设置管理强调的重点在于把组织的整体目标分解为组织单元的或个人的具体目标，通过设计一套程序，使目标可操作化，并沿着组织结构把目标分解开。组织的整体目标分解为组织中一系列的不同层次的具体目标，包括部门的、个人的目标。

目标设置管理计划由四个组成部分：目标细分、参与决策、明确时间期限、执行反馈。目标设置管理中的目标应对期望实现的目标描述清楚，仅仅提出期望削减成本、改善服务或提高质量是不够的，这些期望必须是能够可测量和可评估的具体目标。例如，部门成本降低70%；改善服务以确保所有电话订单在24小时之内得到处理；提高质量，保证销售退货率低于1%，这样的目标描述则是具体的。

目标设置管理的目标并非单方面由上级制定然后分派给下属，而是用员工参与制定的目标来取代强加的目标，上下级共同参与选择目标，并在如何衡量上达成一致。每个目标都有一个特定的完成期限，典型的期限如3个月、6个月或1年，因此经理和下属不仅有明确的目标，还有完成目标的规定期限。

目标设置管理的最后一个内容是绩效反馈。对通往目标过程中获得的进展提供连续反馈，以使每个人能够控制和纠正他们的行动。组织的最高管理层和基层都要进行不断的反馈和更正式的阶段性的管理评估。

三、员工薪酬制度

"激励是管理的核心"，而薪酬激励又是企业目前普遍采用的一种激励手段，因为相对于内在激励，管理者更容易控制薪酬，也较容易衡量使用效果。

有效的薪酬只是相对于传统的利用工资、金钱等外在的物质因素来促使员工完成企业工作目标而言的，它更多地从尊重员工的能力、愿望、个人决策和自主选择角度出发，从而能更好地创造员工个人利益与企业利益的一体化氛围。有效的薪酬激励是由以下四个要素构成的。

1. 灵活的基本工资方案

(1) 基于岗位的技能工资制。基于岗位的技能工资制是岗位工资体系上的创新，形成了一种强调个人知识水平和技能，推动员工通过个人素质的提高实现工资增长的工资体系。它不同于岗位工资，单纯根据岗位本身的特征来决定岗位承担者的工资额，而是将岗位承担者所担任的工作内容和完成工作时能力发挥的程度，作为决定工资的关键因素。

(2) 绩效薪金制。绩效薪金制将绩效与报酬相结合。它使员工的薪金不仅与工作的时间或资历相关，而且决定个人或组织的绩效，薪金将随着绩效水平上下波动。这种方案将一个组织固定劳动成本的一部分转变为可变成本，这样在效益不变的情况下可以减少费用。由于工资与绩效联系起来，显然员工会理性地预计到自己可以参与企业的收益分配，因此会对工作持积极负责的态度。

2. 有效的奖金制度

奖金作为薪酬的一部分，主要目的是能在员工为公司做出额外贡献时给予激励。但国内大部分企业的奖金在相当程度上已经失去了奖励的意义，变成了固定的附加工资。美国通用电气公司在研究了奖金发放中的利弊后，在建立奖金制度时，为了体现奖金发放的灵活性，特别遵循了以下原则。

(1) 割断奖金与权力之间的"脐带"。美国通用电气公司废除了奖金多寡与职位高低联系的旧做法，使奖金的发放与职位高低脱离，给人们更多不需提高职位也能增加报酬的机会，让奖金真正起到激励先进的作用，也可以防止出现高层领导放松工作、不劳而获的官僚作风。

（2）奖金可逆性。不把奖金固定化，否则员工会把奖金看作理所当然，“奖金”也就沦为一种“额外工资”，起不到奖金的作用。美国通用电气公司根据员工表现的变化随时调整奖金数额，让员工有成就感，更有危机感，从而鞭策员工做好本职工作，长期不懈。

3. 弹性的福利制度

弹性的福利制度是指允许员工在各种可能的福利方案中选择自己最需要的方案，并与工作绩效紧密相连。在兼顾公平的前提下，员工所享有的福利与他的实际需要和工作业绩密切相关，既可以保障员工的基本权利，又能提升福利的激励意义。

这种弹性福利方案是由公司根据每个员工的薪水层次设立相应金额的福利账户，每一时期拨入一定金额，列出各种可能的福利选项供员工选择，直至福利金额用完为止。

4. 补充性的津贴制度

企业津贴的作用不可低估，其作用是多方面的：减少人员的流动，使聘用成功；调动技术人员的积极性，保证项目成功；获取热门技术等。津贴主要有以下四种类型。

（1）长期工作津贴。这种津贴适用于职员和在企业中工作时间较长的合同工，一般是完成一个长期项目或者是解决一个棘手的问题。长期工作津贴一般是工资的50%～100%，以递增方式支付。

（2）签约津贴。主要用于招聘。津贴额度视签约者的经验、技术和市场情况而定。在竞争激烈的地区或对于竞争激烈的技术，给予签约津贴成为谈判的手段之一。

（3）岗位津贴。岗位津贴通常是现金，有选择性地发给做出关键贡献的雇员或忠心耿耿的人。一般将相当于季度工资总额的5%用于岗位津贴，由高级经理分配。

（4）技术津贴。技术津贴主要用于热门技术，津贴额度为工资的5%～25%，每隔一定时期重新商定一次。技术津贴可以保证人才市场的均衡，但对职工的忠诚度不起作用。

发放津贴时，有一个十分重要的规则，即如果有40%以上的人员固定地享受到两种或两种以上类型的津贴，就应该用适当的办法代替津贴。

四、工作设计

影响员工工作积极性的因素除了员工的需要满足情况、组织实行的报酬制度外，还有工作的类型和性质。员工一般喜欢具有挑战性的工作，挑战性工作主要具备以下特征：变化性、自主性、责任感、所需的知识技能、社会交往的机会等，这些方面决定了任务的挑战性和复杂程度，以及员工的满意度和生产率。为了调动员工的工作积极性，有必要重新设计员工的工作职责、内容和方式等。

1. 工作特征模型

哈佛大学教授哈克曼和奥德海姆（Hackman & Oldham）根据任务特征提出了工作特征模型。该模型由以下三部分组成。

（1）核心的工作特征。

①技能多样化（SV）：一项工作中要求员工使用各种技能以完成不同类型的活动的程度。

②任务完整性（TI）：一项工作中要求完成一件完整的、可辨识的作业的程度。

③任务意义（TS）：一项工作对他人的生活或工作的影响程度。

④工作自主性（A）：一项工作中员工在内容、程序方面拥有多大自主权。

⑤反馈（F）：员工完成任务后，了解自己工作绩效的程度。

哈克曼和奥德海姆将上述五个工作特征加以综合，得出一个预测指数，称为激励的潜在分数（MPS），其计算方法如下：

$$MPS = [(SV + TI + TS)/3] \cdot A \cdot F \tag{7-4}$$

（2）关键的心理状态。

要激发员工的积极性，使其对工作产生满意感，员工应具备三个关键心理状态。

① 必须体验到所从事的工作具有重要意义。

② 要提高工作动机和满意度，员工必须体验到他对工作及其结果负有个人责任。

③ 能够及时了解工作的进展情况和实际结果。

（3）个人和工作的结果。上述五种核心的工作特征会引起三个关键的心理状态，而这些心理状态将会导致一定的个人结果和工作结果。个人结果包括高度的内在工作动机和对工作的高度满意感。工作结果包括高质量的工作绩效和较低的缺勤率和流动率。

2. 工作再设计

如果管理者希望重新设计或改变员工现有工作任务，有以下几种方案可供选择：工作轮换、工作扩大化、工作丰富化、基于团队的工作设计、弹性工时、工作分担、远程办公等。

（1）工作轮换。如果员工的工作过于例行化，可选择轮换这种替代办法。

（2）工作扩大化。通过增加员工完成任务的种类、数量和变化性，使工作本身更加多元化。

（3）工作丰富化。工作扩大化是横向的，从工作内容和职责方面拓展工作；工作丰富化则是纵向的，从工作的方式方法上拓展工作，主要是在工作计划、组织、控制、评价等方面增加员工的自主性和责任感。

（4）基于团队的工作设计。基于团队的工作设计是向员工所在团队安排工作任务，而不是单独向员工个人安排任务。

（5）弹性工时。弹性工时指灵活的工作时间安排，允许员工自由选择工作时间和日程安排。

（6）工作分担。工作分担是指让两个或多个员工共同分担一项工作。

（7）远程办公。随着电子技术的不断成熟和互联网络的日益普及，员工不用乘车上下班，工作时间灵活，穿着随意，不受他人干扰的工作方式，即远程办公，这是多数员工的理想。

五、员工持股计划

员工持股计划（employee stock ownership plans，ESOP）给予员工部分企业的股权，允许他们分享改进的利润绩效。相对而言，员工持股计划在小企业的管理中比较流行，但也有大企业采用这种激励计划。员工持股计划实际上是公司以放弃股权的代价来提高生产水平。绝大多数企业主管发现这种激励形式的效果很好。员工持股计划使员工更加努力工作，因为他们是所有者，要分担企业的盈亏。但要使这种激励计划有效进行，管理人员必须向员工提供全面的公司财务资料，赋予他们参加主要决策的权力，以及给予他们包括选举董事会成员在内的投票权。

本章小结

本章阐述了三部分内容：首先，介绍了激励的含义、过程、动机；同时，介绍了激励的心理学的基础理论，包括心理过程和个性心理特征，其中心理过程包括认识过程、情感过程、意志过程；个性心理特征包括气质、性格、能力。其次，研究了内容型激励理论和过程型激励理论，重点阐述了各种激励理论的主要内容、理论贡献及对管理工作的启示。最后研究了组织激励的应用问题，如员工需要调查与分析、员工目标设置管理、员工薪酬制度、工作设计、员工持股计划等内容。

思考题

1. 什么是激励？什么是动机？激励的过程包括几个阶段？
2. 什么是个性？人的个性形成受哪些因素影响？
3. 简述气质的含义、基本类型及主要特征。
4. 简述心理现象包含的内容。心理过程分为几个阶段？
5. 简述赫兹伯格的双因素理论的基本内容。
6. 什么是公平理论？公平理论的主要观点包括哪些？

第八章

控制与创新工作

有个富家子弟特别爱吃饺子，每天都要吃。但他嘴又特别刁，只吃馅儿，皮就丢到后面的小河里去。

好景不长，在他十六岁那年，一把大火烧了他的全家，父母急怒中相继病逝。这下他身无分文，又不好意思要饭。邻居家大嫂非常好，每餐给他吃一碗面糊糊。他则发奋读书，三年后考取官位回来，一定要感谢邻居大嫂。

大嫂对他讲：不要感谢我。我没有给你什么，你吃的都是我收集的当年你丢的饺子皮，晒干后装了好几麻袋，本来是想备不时之需的。正好你有需要，就又还给你了。

管理心得 八小时睡觉，八小时工作，这一点人人一样。人与人之间的不同，是在于业余时间怎么度过。时间是最有情，也最无情的东西，每人拥有的都一样，非常公平。但拥有资源的人不一定成功，善用资源的人才会成功。白天图生存，晚上求发展，这是21世纪对人才的要求。

内容提要 控制职能是管理工作的一个重要阶段，它是计划执行和计划目标完成的保证。本章首先介绍控制工作的一般问题；其次，介绍控制理论与控制系统相关知识，并介绍管理控制的过程和控制工作的方法；最后，介绍管理创新工作。

学习目标 掌握控制的内涵、特征及基本类型，熟悉控制的原则及影响因素，了解控制理论及控制系统，掌握控制的过程及方法，了解企业技术创新与组织创新的基本理论。

第一节　控制工作的一般问题

一、控制的内涵

现代管理理论对控制有非常明确的定义。控制是指根据计划与任务的要求考虑环境的变化，通过调整管理的各项措施和方法，以保证管理目标实现的各种措施的综合。我们可以从以下六个方面理解控制的内涵。

（1）控制是发现偏差与分析偏差原因的过程。

（2）控制是一个纠偏的过程。

（3）科学合理的控制标准是目标完成的保证。

（4）保证控制的有效性。

（5）控制过程要与环境变化保持匹配性。

（6）准确有力的纠偏措施是控制目标完成的保证。

在具体运用控制工作原理工作时，控制工作表现出目的性、系统性、及时性和经济性等特征。

管理小故事

谁是名医

某日，魏文王对名医扁鹊说："你们家兄弟三人都精于医术，到底哪一位医术最好呢？"扁鹊回答说："大哥最好，二哥次之，我最差。"文王再问："那么为什么你最出名呢？"扁鹊答说："我大哥治病，是治病于病情发作之前。由于一般人不知道他事先能铲除病因，因此他的名气无法传出去，只有我们家里的人才知道。我二哥治病，是治病于病情刚刚发作之时。一般人以为他只能治轻微的小病，所以他只在我们村子里才小有名气。而我治病，是治病于病情严重之时。一般人看见的都是我在经脉上穿针管来放血、在皮肤上敷药等大手术，所以他们以为我的医术最高明，因此我的名气响遍全国。"文王连连点头称道："你说得好极了。"

启示：从医术上来说，事后控制不如事中控制，事中控制不如事前控制。但现实生活中，人们更多的是注重事后控制，而很少注重事中、事前控制。

二、控制工作的基本类型

（一）按照控制结构划分

按照控制结构可将管理控制划分，分为集中控制和分散控制。

(1) 集中控制。集中控制是在系统中只设一个控制机构，上层主管领导授权给下级部门的领导，由下级部门领导在各自的管辖范围内实施控制。

(2) 分散控制。分散控制也称多级控制，即在系统中设有多层和多个控制机构，上层控制机构对下一级控制机构进行控制，各下级控制机构则对本身系统进行控制。

(二) 按照控制时间划分

按照控制时间划分，可以分为事前控制、事中控制和事后控制，如图 8－1 所示。

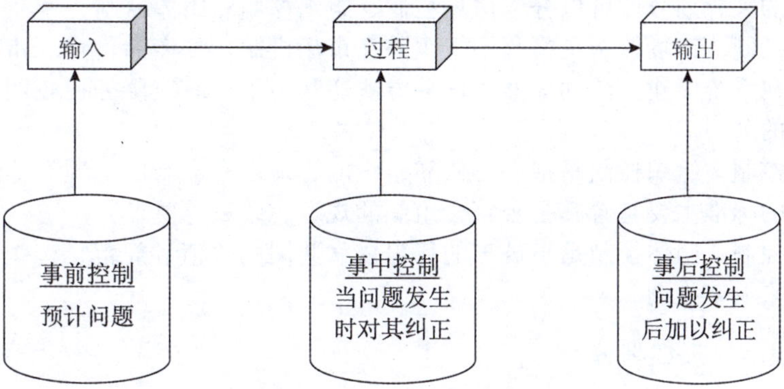

图 8－1　按时间划分的控制

(1) 事前控制。可以在计划执行前，通过设置控制程度，执行程序达到控制目的。

(2) 事中控制。控制也可以在计划执行的现场进行，称为现场控制或过程控制。亦称事中控制或同期控制 (concurrent control)，是指在活动进行的过程中，对活动中的各种因素予以控制。

(3) 事后控制。控制还可以在计划执行已出现结果或出现部分结果时才开始进行，这种控制称为事后控制。

但人们可以通过事后控制认识组织活动的特点和规律，为进一步实施事前控制和事中控制创造条件，进而实现控制工作的良性循环，并在不断的循环过程中提高控制效果。

事前控制、事中控制、事后控制这三种控制方式互为前提、互相补充。在实际控制工作中，不能只依靠某一种方式进行控制，必须根据实际情况，综合运用各种控制方式，以提高控制效果。

(三) 按照管理控制的对象划分

按照管理控制的对象，可以将控制划分为人员控制、财务控制、作业控制、信息控制及组织绩效控制。

(1) 人员控制。对人员控制最常用的方法是直接巡视和实施评估。对人员的控制主要是对员工行为的控制，是管理控制活动中最重要也是最困难、最灵活的一项内容。

(2) 财务控制。财务控制是为了实现企业预期财务目标，对企业财务活动的各个环节、各个方面，以及影响和制约公司财务绩效的各因素实施约束并对脱离预算或适度的偏差进行调节的一种管理活动。财务控制是企业财务管理的重要内容，也是当今企业要解决的重要问题。

(3) 作业控制。将劳动力、原材料、资本等资源转化成最终产品和服务提供给顾客，这是一个由此及彼、由内到外的有序集合体，这个有序的集合体就是组织的作业链。

（4）信息控制。信息遍布于组织活动的每个环节，是组织的一项重要资源，也是现代化管理的依据和基础。及时、准确、全面的信息是管理者做出正确决策的前提。

（5）组织绩效控制。组织绩效（organizational performance）是所有组织中工作流程和活动的最终累积结果。

（四）按照控制的来源划分

按照控制的来源划分，可以分为市场控制、组织控制和团体控制。

（1）市场控制。市场控制是指利用组织外在市场机制，如产品价格、市场占有率、销售增长率等，在系统中建立活动标准。这种方法通常用于产品或服务比较明确或确定，且市场竞争激烈的公司。

（2）组织控制。组织控制是指主要依靠组织的管理规章、制度、预算等进行活动的控制，衡量活动的标准主要是看其是否符合组织的规章、政策等要求。

（3）团体控制。团体控制是指员工的行为依靠共同的价值、规范、传统、仪式、信念及组织文化等来调节控制。

（五）按照信息反馈划分

按控制过程中是否存在信息反馈，可将控制分为开环控制和闭环控制。管理控制中，大量采用的是闭环控制。例如，通过用户对商品质量的反映来决定对供货厂商进行选择；通过销售月报反映销售收入下降，商店及时采取促销手段以增大销售。这些均属于反馈控制。

（六）按照控制的状态划分

按照控制的状态划分可以分为直接控制与间接控制。

（1）直接控制。直接控制是指通过提高主管人员的素质，使他们改善管理工作，从而防止出现因管理不善而造成的不良后果的一种控制方式。这种控制模式的特点是通过培训等形式，着力提高主管人员的素质和责任感，并在控制过程中实施自我控制。

（2）间接控制。间接控制是指根据计划和标准考核工作的实际结果，分析产生偏差的原因，并追究责任者的个人责任以使其改进未来工作的一种控制方法，多见于上级管理者对下级人员工作过程的控制。

在现实的企业经营活动中，常常不是单一地采用一种控制方式，而是多种控制方式同时进行，构成一个复合控制系统。掌握管理控制的不同分类方式有利于我们更好地了解各类控制的特征，做好控制工作。

三、控制的有效性原则及影响因素

不管采用什么样的控制方式和手段，最终目的总是要达到一个好的控制结果。因此，必须保证控制方法应用的有效性。控制的有效性是指管理者能够根据管理环境的变化适时采用科学合理的管理方法和手段，有针对性地应用管理控制技术保证计划目标的实现。

（一）控制的有效性原则

（1）重点例外原则。在一系列需要控制的因素中，总是存在着少数相当重要的因素，而其他众多因素是无关紧要的。

（2）科学合理原则。我们希望能够以客观的标准来衡量下属的业绩，但是作为管理者不可避免地会受到许多主观因素的影响。

（3）简单灵活原则。现代社会环境复杂多变，不可预见的环境因素使计划的实施面临诸多不确定因素。如果要保持计划实施的有效性，那么必须在计划实施的控制方面能够灵活多变。

（4）及时经济原则。控制的过程是管理的过程，这个过程必然会形成控制成本。也就是说，控制也要讲究投入和产出的合理性。

①偏差分析的及时性。管理者要清楚计划实施过程出现偏差的特征。

②纠偏措施的适当性。采取纠偏的方法要适当。

③控制措施的经济性。科技的进步逐渐使控制系统降低了成本，建议更多地采用先进的控制技术和方法进行控制。

（二）影响控制有效性的因素

下列因素会对控制的有效性产生很大影响，管理者应予以重视。

（1）失当的权力划分。如果管理者管理分权不当，权力失控，就会影响控制效率。管理实践中常见的分权不当有如下三种情形。

①将不应下放的管理权力不适当地下放给下级，如企业给非独立性的车间、分厂单独签订合同的权力，就有可能造成经营失控。

②权力下放和责任落实不对称。下级权大责小，下放的权力失去约束，造成权力滥用，失去控制。

③分权造成内部竞争，导致组织内部各种矛盾变得更加复杂。这种局面使组织内的关系复杂化，控制变得更加困难。

（2）反馈信息的不畅。控制必须以有效的信息为前提。如果组织内的信息不能顺畅流动，缺乏信息传递和反馈，控制就无法进行。所以，信息通畅与否直接影响着控制效率。信息流通不畅的主要表现及原因有：

①反馈不真实，不及时。

②层级太多。

（3）不科学的标准。标准是控制的依据，但控制标准必须实事求是、科学可行。标准不能太低，低的标准缺乏压力，不利于调动员工的积极性。

（4）不健全的控制制度。控制制度决定着控制工作本身的效率。控制制度规定着组织内施控人员的职责、权力、工作内容和程序等。

（5）部门之间的目标冲突。控制的最终目标是要保证计划顺利完成，实现组织的目标。

四、提高控制效率的措施

提高控制效率最主要的是必须做到如下四点。

（一）树立现代控制观念

现代控制观念主要组成部分虽然在管理科学的诞生初期就被确立为管理的职能之一，

但今天的控制所包含的内容已不是早期控制职能所包含的内容。什么是现代控制观念呢？这必须先理解传统的控制观念。传统的控制管理观念认为，施控者处于绝对支配地位，受控者处于被支配地位；二者之间只有命令和服从的关系。现代控制观念则认为，控制者与受控者是平等的，施控者的权威只有被受控者承认和接受才有意义；施控者只有靠权力和威望才能施控，控制才能发挥作用。

（二）对信息反馈的重视

反馈是现代控制的特征之一，没有反馈，控制不可能高效率。施控者不是万能的，他必须依据受控者的信息反馈来判断和决策。建立信息反馈观念，重视信息反馈，不仅要建立制度化的信息反馈机制，更为重要的是要让下级畅所欲言，敢讲、愿讲真话；全面、及时地反映真实情况。

（三）分权的合理性

分权是控制中的重要问题，也是组织机构设置的中心问题。怎样才能做到合理分权，没有放之四海而皆准的真理，分权的合理与否只能根据实际情况来判定。一般来说，以下几条原则可以保证分权的合理性：权力下放和责任落实相一致，保证权责对等；切忌越级授权，越级授权必然导致越级指挥，从而给中层管理人员的控制活动造成困难；分权是因人、因地、因事而异的管理活动，管理者的分权必须从实际出发，不能盲目地照搬他人的做法。否则，分权不仅难以调动下层的积极性，反而会造成失控的局面。

（四）控制制度的优化

控制制度建设包含着广泛的内容，在某种意义上来说，基本上与管理相等同。就狭义的控制制度建设而言，主要应做好如下工作：建立精简、高效的控制机构，配备合格的施控人员；建立明确的控制责任制；完善组织内部的信息沟通体系，保证信息上下沟通顺畅，反馈及时；搞好协调工作，形成有机的控制网络。

五、计划与控制的关系

控制与计划是既相互区别，又紧密相连的。计划为控制工作提供标准，没有计划，控制也就没有依据。但如果只编制计划，不对其执行情况进行控制，计划目标就很难得到圆满实现。

（一）控制与计划的一致性

（1）计划与控制在内容上是一致的。控制与计划两个职能之间的关系不仅体现在计划提供控制标准上，而且体现在控制确保计划实现这一“前提”“手段”的关系上。

（2）计划与控制在目的上是一致的。广义的控制职能实际上也包含对计划的修改和重定。

（二）控制与计划的两面性

（1）计划的事前性和控制的全程性。任何计划都是在实施之前完成的，只有这样才能开始计划的实施，因此计划具有事前性。

(2) 控制的主动性和计划的被动性。控制工作不限于衡量计划执行中出现的偏差，在有些情况下，正确的控制工作可能导致确立新的目标、提出新的计划、改变组织结构、改变人员配备以及在指导和领导方法上有重大的改变等，因此控制具有主动性。

(3) 计划的开始性与控制的终结性。真正的控制表明，纠正措施能够而且一定会把不符合要求的活动拉回到正常的轨道上。

(三) 计划与控制的密不可分性

计划是控制的前提，控制则是完成计划的保证。如果没有控制系统，没有实际与计划的比较，就不知道计划是否完成，计划也就毫无意义。因此计划和控制是密不可分的。

(1) 计划和控制的效果分别依赖于对方。计划越明确、全面和完整，控制工作就越容易进行，效果也就越好；而控制越准确、全面和深入，就越能保证计划的顺利执行，并能更多地反馈信息以提高计划实施的质量。

(2) 一切有效的控制方法首先就是计划方法，如预算、政策和规划等，选择控制的方法和设计控制系统必须考虑到计划的特点；计划工作本身必须有一定的控制，如对计划的程序、计划的质量等实施控制；控制工作本身也必须有一定的计划，如对控制的程序、控制的内容等都必须进行一定的计划。

第二节 控制理论与控制系统

一、有关控制的理论

(一) 控制论

(1) 控制论的提出。“控制论”一词最初的意思是“操舵术”，即掌舵的方法和技术。1834 年，法国物理学家安培写了一篇论述科学哲理的文章，把管理国家的科学称为“控制论”，在这个意义下，“控制论”一词被编入 19 世纪许多著作词典中。

(2) 控制论中控制的含义。在控制论中，“控制”的定义是：为了改善某个或某些受控对象的功能或发展，需要获得并使用信息，以这种信息为基础而选出的、加于该对象上的作用。

(3) 控制论的两个基本观点。控制论的基本观点主要包括以下两个方面。

①一切有生命和无生命的系统都是信息系统，具有信息变换的过程。

②一切有生命和无生命的系统都是反馈系统，控制系统都是通过各种反馈来达到控制目的的。

(二) 反馈理论

(1) 反馈的基本概念。反馈 (feedback) 的概念最初是由美国贝尔电话技术实验室的哈罗·布朗克在 20 世纪 20 年代提出来的。它的原意是：把电子系统的输出信号全量或部分量回送到本系统的输入端。美国电信工程师维纳拓展了反馈概念，将它发展成为控制论的两大基本概念之一。

（2）反馈的类型。应用反馈方法对系统进行控制，一般会产生两种不同的效果：如果系统的输入信息和反馈信息之和加剧系统偏离目标的运动，这种反馈将使系统趋于不稳定状态，这种性质的反馈通常称为正反馈；如果输入信息和反馈信息之和反抗系统偏离目标的运动，这种反馈就会使系统趋向稳定状态，这种性质的反馈称为负反馈。

（3）反馈与管理控制。反馈活动是自然界和人类普遍存在的一种现象，反馈原理也被广泛应用在各种领域。它是控制论的基本原理，也是管理控制职能的基本原理。从反馈原理来讲，管理活动就是管理信息输入、输出和反馈不断循环的过程。

管理小故事

曲突徙薪

有一位客人到他人家里做客，看见主人家的灶上烟囱是直的，旁边又有很多木材。客人告诉主人："烟囱要改曲，木材须移去，否则将来可能会有火灾。"主人听了没有做任何表示。

不久主人家里失火，四周的邻居赶紧跑来救火，最后火被扑灭了，于是主人烹羊宰牛，宴请四邻，以酬谢他们救火的功劳，但是并没有请当初建议他将木材移走、烟囱改曲的人。

有人对主人说"如果当初听了那位先生的话，今天也不用准备筵席，而且没有火灾的损失，现在论功行赏，原先给你建议的人没有被感恩，而救火的人却是座上客，真是很奇怪的事呢！"

主人顿时省悟，赶紧去邀请当初给予建议的那个客人来吃酒。

启示：一般人认为，足以摆平或解决企业经营过程中的各种棘手问题的人，就是优秀的管理者，其实这是有待商榷的。"预防重于治疗"，能防患于未然之前，更胜于治乱于已成之后，由此可见事前控制的重要性。

（三）时滞理论

反馈是在系统观点于内外因素的变化和干扰而出现偏差后，发挥着检测和纠正偏差的作用。也就是说，正负反馈只有在系统出现偏差后才能起到作用。然而在现实中，任何系统的运行都存在着惯性和时间延迟现象，即遇到干扰后需要一定的时间和过程，偏差才能被反映出来，而这种偏差一旦出现又不易很快得到纠正，因此调控效果的显现往往存在着滞后的现象。这种现象称为时滞（time lag）。

时滞对系统控制的影响是很大的，它的存在使组织很难实现实时控制，可能造成系统输出的剧烈波动和不稳定。

二、控制系统与管理控制系统

（一）控制系统的概念及构成

（1）控制系统的概念。控制系统是一个为了能够使组织活动按照预定的计划进行，保障组织目标实现的各控制主体运用控制工具和手段进行控制的有机整体。

（2）控制系统的组成。控制必须有两个系统或系统要素，即施控系统和受控系统要素。由施控和受控系统组成的系统称为控制系统。控制总是通过信息的传递来实现的。

（二）管理控制系统

（1）管理控制系统的概念。管理控制系统是指为实现管理控制而设计的互相关联的彼此互相沟通的组织和机制。管理控制系统在运行时按它的途径不同，分为正式和非正式的控制系统。

反馈是控制的又一个基本观点。由于反馈的是信息，而不是其他，因此从这一点看，控制与信息更是密不可分的。

（2）管理控制系统的特征：

①共享价值观的体现。②沟通和集中的做法。③全方位的奖励。④新的工具。⑤衡量标准的体现。⑥道德观的体现。

（3）控制系统。由设计控制系统和运行控制系统组成。

（4）管理控制系统的分类：

①正式的管理控制系统。②非正式的管理控制系统。③管理信息系统。

第三节　管理控制的过程

企业管理中的控制工作十分广泛，如生产（作业）控制、质量控制、成本控制、资金控制等。控制的对象不同，其控制的方式和具体方法也会有很大的差别。无论控制的对象和方式方法是否相同，但根据控制的原理，控制工作的过程是基本相同的。最有代表性的控制是反馈控制，其控制过程由三个步骤构成，即确定控制标准、衡量绩效与发现偏差、纠正偏差，如图 8－2 所示。

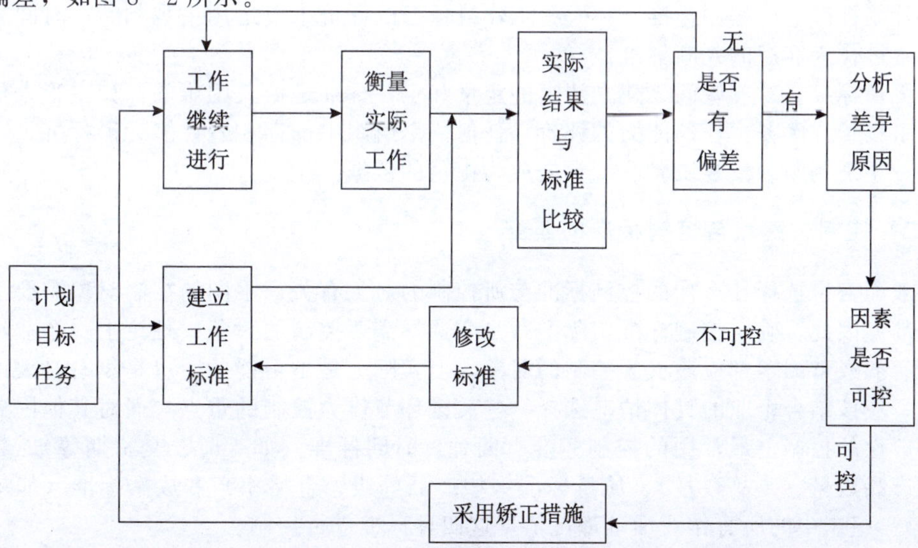

图 8－2　管理控制的过程

一、确定控制标准

控制必须以一定的标准为依据。标准是进行控制的基础，没有一套完整的标准，衡量绩效或纠正偏差就失去了客观依据。管理控制的标准一般由计划提供，或由计划目标分解而成。有些计划目标可直接用来作为控制标准，如销售量、利润率等。但有时由于控制的内容不同或可操作性，计划指标并不能直接作为控制标准，要进行分解或转换处理后方可作为控制标准。

（一）控制标准的分类

（1）以标准的明确程度划分。根据控制标准的明确程度可以将控制标准划分为数量标准和质量标准两部分。数量标准包括经验标准、统计标准和技术标准三种。

①经验标准。经验标准是一种估计的标准。

②统计标准。统计标准是一种历史性标准，是利用各种历史数据，采用统计方法建立的控制标准。

③技术标准。技术标准通常也称为工程标准，它是根据事物的内在联系，采用科学的测量和计算方法，并经过科学分析确定的标准。

（2）以管理职能的具体特点划分。管理组织性质不同，管理的环节便不同，管理特点也是不一样的，有的甚至是完全不同的。例如，服务性企业和生产企业在确定控制标准的时候就必须考虑其特点。因此，可以根据组织情况特点因地制宜地选择合适的控制标准。但一定要考虑标准的可考核性，现实中经常采用的有以下六个标准。

①实物标准，或物理标准。

②费用标准，或成本标准。

③资金标准，或资本标准。

④收入标准，或收益标准。

⑤计划标准，或程序标准。在一些工作或任务的评价中要运用主观判断，时间或其他因素通常被作为客观的判断标准。

⑥无形标准。对一些问题建立清晰的定量和定性标准是极其困难的，如主管人员对下属的人事科长或医务主任的能力的评价。任何一个组织中都存在着许多无形标准。在这些情形下，主观判断、反复试验、知觉便成为衡量的依据。

（二）控制关键点与控制标准的匹配

一般而言，选择什么样的控制标准与所控制的对象有关，不同的控制对象需要不同的控制标准。因此，确定控制标准实际上就是要选择需要控制的对象。理论上，企业经营过程中所有的经营因素都应该成为控制的对象，但实际上是不可能的，也是没有必要的。在实践中，应该结合企业的具体情况选择一些关键环节作为控制的重点，而对其他因素可以进行一般性的控制。最常用的控制标准有四种：时间标准（如工时、交货期等）、数量标准（如产品数量、废品数量）、质量标准（如产品等级、合格率）和成本标准（如单位产品成本）。组织中的所有作业活动都可依据这四种标准进行控制。

（三）确定控制水平的原则

在确定控制标准的过程中，除了选择标准的种类外，对其水平的确定也是一项十分重要的工作。合理、恰当的标准水平有利于保证控制系统的有效性，促进实际工作能力不断提高；反之，则可能使控制系统流于形式，达不到预想的效果。因此，要确定合理的控制水平，就必须遵循一定的原则。

（1）计划目标导向原则。所有的控制标准都应该围绕计划目标确定其水平。对于企业最终经营成果的控制，其标准水平一般直接由企业的经营目标决定，即计划目标。

（2）先进合理性原则。标准的水平应该保证其先进合理性，也就是既要有先进性，也要有一定的合理性，要使大多数人经过努力可以达到。

（3）适度柔性原则。控制标准一旦确定，就应该具有一定的严肃性，但这种严肃性不应该成为一种限制，应该允许员工在具体工作中根据不同的情况灵活执行。

（四）控制标准要达到的要求

（1）可操作性。要使标准便于对各部门的工作进行衡量，当出现偏差时，能找到相应的责任单位。

（2）针对性。建立的具体标准都应该有利于组织目标的实现。对每一项工作的衡量都必须有具体的时间幅度、具体的衡量内容和要求。

（3）一致性。建立的标准应尽可能地体现出一致性。管理工作中制订出来的控制标准实际上就是一种规章制度，它反映了管理人员的期望，也为人们提供了努力的方向。

二、衡量绩效与发现偏差

（一）绩效衡量的基本要求

控制过程的第二步是衡量实际绩效，即以控制标准为依据，对实际工作各阶段进行检查、比较，从而确定实际绩效与标准之间的偏差，为下一步采取必要的纠正措施提供根据。为了使绩效衡量工作更加有效，企业的绩效衡量工作必须满足以下四点要求，即实用性、可靠性、实时性和经济性。

（1）实用性。衡量的结果应该方便管理人员对绩效的正确评价，有利于纠正措施的实施，具有实用性。

（2）可靠性。衡量实际绩效必须采用客观、公正的方法和手段，同时要求准确，使绩效与计划的比较能够真正反映所存在的问题。

（3）实时性。绩效的衡量应该是及时的，并且衡量的结果能够快速传递到相关人员手中，以便适时采取措施以防止偏差的扩大。

（4）经济性。绩效的衡量还应该考虑经济性因素。绩效的衡量都不同程度地要付出精力、时间、费用等，即具有一定的成本。

（二）获得绩效信息的方法

衡量实际绩效首先要收集反映实际运行状态的信息，然后才能根据这些信息与标准的比较确定是否存在偏差。因此，衡量绩效实质上就是信息的收集与处理的过程。获得真实有效的信息是衡量绩效的基础和前提。可以根据组织情况选用不同的获取绩效信息的方法。通常管理者用于信息收集的主要方法有以下四种。

(1) 观察法。亲自观察可亲眼看到工作现场的实际情况，还可通过与工作人员现场交谈来了解工作进展及存在的问题，从而获得真实而全面的信息。但是，由于时间和精力的限制，要求主管人员对所有工作活动都亲自观察是不可能的。

(2) 报表法。利用报表和大量的统计资料了解工作情况也是常用的方法。这种方法节省时间，但获取的信息是否全面、准确，往往依赖于报表资料本身。

(3) 会议法。召开会议，让各部门管理者汇报各自的工作近况及遇到的问题，这既有助于管理者了解各部门工作的情况，又有助于加强部门间的配合协作。

(4) 抽样调查法。抽样调查是对从整批调查对象中抽取出的部分样本进行调查，并把结果看成整批调查对象的近似特征，这种方法可节省调查成本及时间。

(三) 绩效信息的质量要求

衡量实际情况的目的是向管理者提供有用的信息，为纠正偏差提供依据。因此，不论采用什么样的方法，都要力争使收集到的信息达到以下三点基本的质量要求。

(1) 绩效信息的及时性。一方面，信息的收集要及时。信息具有很强的时效性，对于那些无法追忆和不能再现的重要信息，如果没有及时记录和收集，事后便很难再获取。

(2) 绩效信息的可靠性。决策人员只有依靠可靠的信息方能做出正确的决策。信息的可靠性首先来源要准确，包括准确地收集信息、完整地传递信息等各个环节。

(3) 绩效信息的适用性。信息的收集是为了利用，而组织中的不同部门乃至同一部门在不同时期对信息的种类、范围、内容、详细程度、准确性、使用频率的要求都可能不同。

(四) 有效衡量绩效的方法

在实践中，绩效衡量不仅仅是收集信息然后进行比较这么简单，还必须使绩效的衡量更有效，以便能够更好地为决策者服务。但如何提高衡量工作的有效性呢？以下为四点建议。

(1) 预警指标的建立。预警指标是指能够预示可能出现较大问题的一些因素。例如，车间发生较多的事故可能预示着工作条件的恶化或者工人出现不满情绪，产品返工数量的增加可能预示着质量控制的欠缺或者生产组织的不合理等。

(2) 衡量频度的设定。衡量频度是指一段时间内对同一控制对象衡量的次数。衡量频度过大或者过小都会影响衡量的有效性，衡量过多不仅会增加相关费用，而且可能会引起作业人员的不满，并因此影响他们的工作；衡量过少，则可能不能及时发现许多重大的偏差，因而不能及时采取措施纠正。

(3) 衡量结果的处置。衡量结果出来以后，及时地处置也是有效性的重要保证。一般情况下，衡量结果应该立即送达有权对偏差做出纠正决策的负责人手中，以便及时采取措施；同时，应该及时通知控制对象的直接负责人以及相关的服务或配套部门，以便纠正措施能够很好地执行。

(4) 信息管理系统的建设。对大多数管理者而言，每天面对大量各种来源的信息，如果没有恰当的处理手段，很难想象他们能够及时处理各种衡量结果，并迅速采取恰当的纠正措施。

三、纠正偏差

控制过程的最后一个步骤就是根据绩效衡量的结果，采取必要的措施纠正偏差。这时实际工作与计划的偏差是已知的条件，问题则是针对偏差究竟应该采取什么样的措施。为了得到这个问题的答案，要知道引起偏差的原因，清楚应该采取什么措施更有效。

（一）偏差的原因分析

（1）偏差原因分析的必要性。在实际的控制过程中，并不是所有的偏差都要纠正，换句话说，不采取任何措施也是偏差纠正的一种选择。通过对偏差的分析，偏差的性质决定了纠正偏差工作的形式和内容。并非所有的偏差都可能影响企业的最终成果。有些偏差可能反映了计划制订或执行工作中的严重问题，而另一些偏差可能是一些偶然的、暂时的、局部性因素引起的，不一定会对组织活动的最终结果产生重要影响。因此，在采取纠正措施以前，必须首先对反映偏差的信息进行评估和分析。

（2）偏差的定性。它包括以下三个步骤。

①偏差程度的确定。要判断偏差的严重程度，是否足以构成组织活动的威胁，是否值得去分析原因，并采取纠正措施。

②偏差原因的定性。对需要分析的偏差，还要探寻导致偏差出现的主要原因和次要原因，以便采取有针对性的措施。

③纠偏前的准备。一般来说，导致偏差出现的主要原因可以分为两类：一类是实际工作没有做好，与计划要求产生偏差，即绩效不足；另外一类则是控制标准的问题，由于计划目标或标准制定得不科学，或者计划执行过程中客观环境发生了无法预料的变化使标准失效，导致实际绩效无法达到计划要求。

（二）纠正偏差措施的选择

对于由于绩效不足所产生的偏差，管理者可以通过管理策略、组织结构、补救措施或培训计划上的调整，来加以消除，也可以重新分配员工的工作，或做出人事上的调整，以满足实际工作的需要。

对于由于标准出现了问题而造成的偏差，应该对标准或者计划目标做出调整。这时对实际工作作任何纠正都是没有意义的。这时要注意的是：在对标准进行调整之前，不仅仅要明确控制标准调整的内容和方法，更要对标准调整可能带来的问题有所估计。实际上，如果某个员工或某个部门的实际工作与目标之间的差距非常大，通常他们对偏差的抱怨自然就会转移到标准上。因此，要在维护标准严肃性的基础上，才能考虑对控制标准的调整，而且一定要有充分的理由。

（三）纠正偏差工作的基本要求

纠正偏差工作是针对偏差展开的，本质上是通过对偏差的处置而使活动能够按计划进行的一种保证，纠正偏差本身并不是目的。因此，绝不能为了纠正偏差而影响组织活动的正常进行。

从保证计划目标的顺利实现角度，纠正偏差工作应该满足以下四点要求。

（1）及时性。及时性不仅仅是对绩效衡量工作的要求，也是对纠正偏差工作的基本要求，都是为了保证控制工作的有效性而提出的。

（2）综合性。纠正偏差时，纠正措施应该具有综合性，不仅仅针对产生偏差的直接原因，还要考虑到间接原因以及其他一些相关因素。

（3）适合性。适合性是指纠正措施应该适合解决引起偏差的问题，具有针对性。不适当的纠正措施，或者不能解决问题，或者可能一时解决问题，但不能彻底解决问题，甚至会产生副作用。

（4）适度性。偏差的纠正还应该适度，既不能纠正不足，也不能纠正过度。

管理小故事

蜘蛛修网

一座破旧的庙里住着两只蜘蛛，一只在屋檐下，一只在佛龛上。一天，旧庙的屋顶塌了，幸运的是，两只蜘蛛没有受伤，它们在自己的地盘上忙碌地编织起蜘蛛网。没过几天，佛龛上的蜘蛛发现自己的网总是被刮破。一只小鸟飞过、一阵小风刮起，都会让它忙着修上半天。它问屋檐下的蜘蛛："我们的丝没有区别，工作的地方也没有改变，为什么我的网总是会破，而你的却没事呢？"屋檐下的蜘蛛笑着说："难道你没有发现我们头上的屋檐已经没有了吗？"

启示：修网自然很重要，但了解网破的原因更重要。纠正偏差的前提是找出偏差产生的主要原因。

第四节　控制工作的方法

企业管理实践中运用着多种控制方法，管理人员除了利用现场巡视、监督或分析下属依循组织路线传送的工作报告等手段进行控制外，还经常借助预算控制、生产过程控制、供应链管理、柔性管理等方法。

一、预算控制

企业未来的几乎所有活动都可以利用预算进行控制。所谓预算，就是用数字，特别是用财务数字的形式来描述企业未来的活动计划，它预估了企业在未来时期的经营收入和现金流量，也为各部门或各项活动规定了在资金、劳动、材料、能源等方面支出的额度。预算控制就是根据预算规定的收入与支出标准来检查和监督各个部门的生产经营活动，以保证各种活动或各个部门在完成既定目标、实现利润的过程中对经营资源的利用，从而使费用支出受到严格有效的约束。

（一）预算的编制

为了有效地从预期收入和费用两个方面对企业经营进行全面控制，不仅要对各个部门、各项活动制定分预算，而且要对企业整体编制全面预算。分预算是按照部门和项目来编制的，它详细说明了相应部门的收入目标或费用支出的水平，规定了他们在生产活动、销售活动、采购活动、研究开发活动或财务活动中筹措和利用劳力、资金等生产要素的标准。全面预算则是在对所有部门或项目分预算进行综合平衡的基础上编制而成的，它概括了企业相互联系的各个方面在未来时期的总体目标。只有编制了总体预算才能进一步明确组织各部门的任务、目标、制约条件以及各部门在活动中的相互关系，从而为正确评价和控制各部门的工作提供客观的依据。

任何预算都要用数字形式来表述。全面预算必须用统一的货币单位来衡量，分预算则不一定用货币单位计量。例如，原材料预算可能用千克或吨等单位来表述。这是因为对一些具体的项目来说，用时间、长度或重量等单位来表述能提供更多、更准确的信息。例如，用货币金额来表达原材料预算，我们就只知道原材料消耗的总费用标准，而不能知道原材料使用的确切种类和数量，也难以判断价格变动会产生何种影响。当然，不论以何种方式表述的各部门或项目的分预算，在将它们综合平衡以编制企业的全面预算之前，必须转换成用统一的货币单位来表达的方式。

（二）预算的种类

不同企业，由于生产活动的特点不同，预算表中的项目会有所不同，但一般来说，预算内容要涉及以下几个方面：收入预算、支出预算、现金预算、资金支出预算、资产负债预算。

1. 收入预算

收入预算和支出预算提供了关于企业未来某段时期经营状况的一般说明，即从财务角度计划和预测未来活动的成果以及为取得这些成果所需付出的费用。由于企业收入主要来源于产品销售，因此收入预算的主要内容是销售预算。销售预算是在销售预测的基础上编制的，即通过分析企业过去的销售情况，目前和未来的市场需求特点及其发展趋势，比较竞争对手和本企业的经营实力，确定企业在未来时期内为了实现目标利润必须达到的销售水平。

由于企业通常不止生产一种产品，这些产品也不仅在某一个区域市场上销售，因此，为了能为控制未来的活动提供详细的依据，便于检查计划的执行情况，往往要按产品、区域市场或消费者群，为各经营单位编制分项销售预算。同时，由于在一年中的不同季度和月度，销售量也往往不稳定，因此通常还要预计不同季度和月度的销售收入。这种预计对编制现金预算是很重要的。

2. 支出预算

企业销售的产品是在内部生产过程中加工制造出来的，在这个过程中，企业要借助一定的劳动力，利用和消耗一定的物质资源。因此与销售预算相对应，企业必须编制能够保证销售过程得以进行的生产活动的预算。关于生产活动的预算，不仅要确定为取得一定销售收入所需要的产品数量，而且更重要的是要预计为得到这些产品、实现销售收入需要付出的费用，即编制各种支出预算。不同企业经营支出的具体项目可能不同，但一般包括以下三个方面。

（1）直接材料预算。直接材料预算是根据实现销售收入所需的产品种类和数量，详细分析为了生产这些产品，企业必须利用的原材料的种类数量。它通常以实物单位表示，考虑到库存因素后，直接材料预算可以成为采购部门编制采购预算、组织采购活动的基础。

(2) 直接人工预算。直接人工预算需要预计企业为了生产一定数量的产品，需要哪些种类的工人，每种类型的工人在什么时候需要多少数量，以及利用这些人员劳动的直接成本是多少。

(3) 附加费用预算。直接材料和直接人工只是企业经营全部费用的一部分，企业的行政管理、营销宣传、人员推销、销售服务、设备维修、固定资产折扣、资金筹措以及税金等，也要耗费企业的资金。对这些费用也要进行预算。这就是附加费用预算。

3. 现金预算

现金预算是对企业未来生产与销售活动中现金的流入与流出进行预测，通常由财务部门编制。现金预算只能包括那些实际包含在现金流程中的项目，赊销所得的应收款在用户实际支付以前不能列为现金收入，赊购所得的原材料在未向供应商付款以前也不能列入现金支出，而需要今后逐年分摊的投资费用却要列入当年实际支出现金。因此，现金预算并不需要反映企业的资产负债情况，而是要反映企业在未来活动中的实际现金流量和流程。企业的销售收入很大，利润即使相当可观，但大部分尚未收回，或收回后被大量的库存材料或在制品所占用，那么它也不可能在目前给企业带来现金上的方便。通过现金预算，可以帮助企业发现资金的闲置或不足，从而指导企业及时利用暂时过剩的现金，或及早筹齐维持营运所短缺的资金。

4. 资金支出预算

上述各种预算通常只涉及某个经营阶段，是短期预算，资金支出预算则涉及几个阶段，是长期预算。如果企业的收支预算被很好地执行，企业有效地组织了资源的利用，那么利用这些资源得到的产品销售以后的收入就会超出资源消耗的支出，从而给企业带来利润。企业可以利用盈利的一个很重要部分来进行生产能力的恢复和扩大。这些支出由于具有投资的性质，因此对其进行的计划安排通常称为投资预算或资金支出预算。资金支出预算的项目包括：用于更新改造或扩充包括厂房、设备在内的生产设施的支出，用于增加品种、完善产品性能或改进工艺的研究与开发支出，用于提高职工和管理队伍素质的人事培训与发展支出，用于广告宣传、寻找顾客的市场发展支出等。

5. 资产负债预算

资产负债预算是对企业会计年度末的财务状况进行预测。它通过将各部门和各项目的分预算汇总在一起，表明如果企业的各种业务活动达到预先规定的标准，在财务期末企业资产与负债会呈现何种状况。作为各分预算的汇总，管理人员在编制资产负债预算时虽然不需做出新的计划或决策，但通过对预算表的分析，可以发现某些分预算的问题，从而有助于采取及时的调整措施。

（三）预算的作用及其缺点

由于预算的实质是用统一的货币单位为企业各部门的各项活动编制计划，因此它使企业在不同时期的活动效果和不同部门的经营绩效具有可比性，可以使管理者了解企业经营状况的变化方向和组织中的优势部门与问题部门，从而为调整企业活动指明了方向；通过为不同的职能部门和职能活动编制预算，也为协调企业活动提供了依据。更重要的是，预算的编制与执行始终是与控制过程联系在一起的，编制预算是为企业的各项活动确立财务标准，用数量形式的预算标准来对照企业活动的实际效果，大大方便了控制过程中的绩效衡量工作，也使之更加客观可靠。

由于这些积极作用，预算手段在组织管理中得到了广泛运用。但在预算的编制和执行中也暴露出一些缺点，主要表现在以下五个方面。

(1) 它只能帮助企业控制那些可以计量的，特别是可以用货币单位计量的业务活动，而不能促使企业对那些不能计量的业务活动，如企业文化、企业形象、企业活力的改善予以足够的重视。

(2) 编制预算时通常参照上期的预算项目和标准，从而会忽视本期活动的实际需要，因此会导致这样的错误：上期有的而本期不需的项目仍然沿用，但本期必需而上期没有的项目会因缺乏先例而不能增设。

(3) 企业活动的外部环境是在不断变化的，这些变化会改变企业获取资源的支出或销售产品实现的收入，从而使预算变得不合时宜。

(4) 预算，特别是项目预算或部门预算，不仅对有关负责人提出了希望他们实现的结果，也为他们得到这些成果而能够开支的费用规定了限度，这种规定可能使主管在活动中精打细算，遵守不得超过支出预算的准则，而忽视了部门活动的本来目的。

(5) 在编制费用预算时通常会参照上期已经发生的本项目费用，同时，在预算获得最后批准的过程中，预算申请多半是要被削减的。因此，他们的费用预算申报数要多于其实际需要数，特别是对于那些难以观察、量化的费用项目，更是如此。所以，费用预算总是具有按先例递增的习惯，如果在预算编制的过程中，没有仔细地复查相应的标准和程序，预算可能成为低效的管理部门的“保护伞”。

管理小故事

煮鸡蛋的学问

一个中国人和一个德国人每天的早餐都是一杯牛奶和一个鸡蛋，中国人把鸡蛋放入锅里，然后出去洗漱或干点别的事情，等再回来鸡蛋就煮好了。但德国人会用一个刚好装得下一个鸡蛋的专门容器，下面焊一个托盘，然后加满水，1 分钟水就开了，3 分钟就关火。关火之后他利用余热再煮 3 分钟，把鸡蛋煮到刚刚达到营养价值最高的状态。接下来用凉水泡 3 分钟，使这个蛋很好剥皮，德国人认为这样做很标准。与中国人相比，他们节约了 4/5 的水、2/3 的热，同时还让鸡蛋达到了最佳的营养状态。

启示：故事里的德国人在煮鸡蛋的过程中摸索出一套非常适用的煮蛋程序和控制方法，并严格执行，结果每次用水、耗热最少，鸡蛋营养价值还最高。而中国人只求鸡蛋煮熟，没有注意观察并认真总结煮的经验，在煮的方式中较之德国人有明显的“水”“热”的浪费现象，而且破坏了鸡蛋的营养价值。

二、生产过程控制

我们可以把企业看成一个动态过程：企业首先获得原材料、零部件、劳动力等，经过企业系统的转换和运营，生产出有形的产品或无形的劳务。在这个过程中，为了达到企业预定的目标，就必须对企业的经营管理活动进行控制。事实上，控制活动贯穿于上述整个过程，即管理人员需要对原材料、零部件、劳动力等投入进行控制，需要对企业系统的转换和运营进行控制，也需要对有形的产品或无形的劳务进行控制。

（一）对供应商的控制

供应商既为本企业提供了所需的原材料或零部件，根据波特的竞争模型，他们又是本企业的竞争力量之一。供应商供货及时与否、质量的好坏、价格的高低，都对本企业最终产品产生重大影响。因此，对供应商的控制可以说是从企业运营的源头抓起，能够起到防微杜渐的作用。目前比较流行的做法是在全球范围内选择供应商，原因是能够有保障地获得高质量、低价格的原材料，同时可避免只选择少数几个供应商可能构成的威胁。大型公司多采用这种方法。

许多企业正在改变与供应商之间的竞争关系，试图建立一种长期的、稳定的、合作的双赢局势。传统的做法是在十余家甚至数十家供应商中进行选择，鼓励他们互相竞争，从中选取能够提供低价格、高质量产品的供应商。现在企业也在更广范围内挑选供应商，但是，一旦选定两三家供应商，就和他们建立长期的、稳定的联系，并且帮助供应商提高原材料的质量，降低成本。这时企业和供应商就形成了相互依赖、相互促进的新型关系，双方都降低了风险，提高了效益，真正做到了双赢。还有一种控制供货商的方法是持有供货商一部分或全部股份，或由本企业系统内部的某个子企业供货。这常常是跨国公司为了保证货源而采用的做法。

（二）生产库存控制

对库存的控制主要是为了减少库存，降低各种占用，提高经济效益。管理人员使用经济订货批量模型计算最优订购批量，使所有费用达到最小。这个模型考虑三种成本：一是订购成本，即每次订货所需的费用，包括通信、文件处理、差旅、行政管理等费用；二是保管成本，即储存原材料或零部件所需的费用，包括库存、利息、保险、折旧等费用；三是总成本，即订购成本和保管成本之和。

当企业在一定期间内的总需求量或订购量一定时，如果每次订购的量越大，则所需订购的次数越少；如果每次订购的量越小，则所需订购的次数越多。对第一种情况而言，订购成本较低，但保管成本较高；对第二种情况而言，订购成本较高，但保管成本较低。通过经济订货批量，可以计算出订购量多大时，总成本（订购成本和保管成本之和）为最小。图 8－3 为经济订货批量示意。

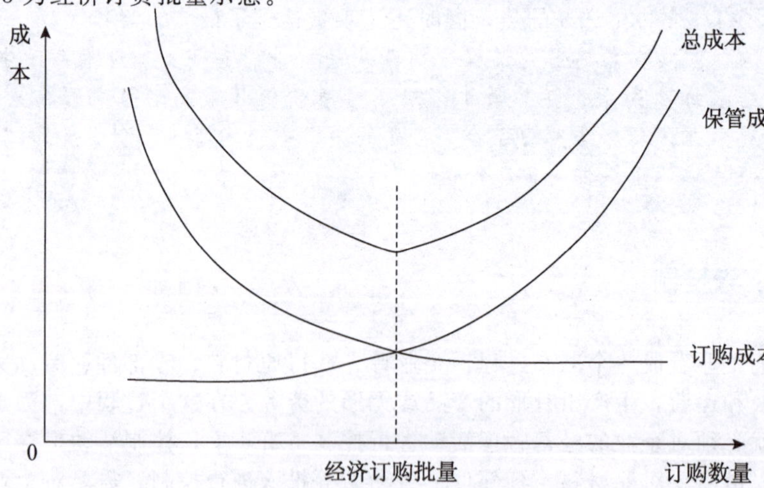

图 8－3　经济订购批量示意

假定企业在一定期间内总需求量为 D，每次订购所需的费用为 O，库存物品单价为 P，保管成本与全部库存物品价值之比为 C，则最优订购批量为

$$\mathrm{EOQ}=\sqrt{\frac{2\times D\cdot O}{P\cdot C}} \tag{8-1}$$

现举一例具体解释最优订购批量模型。假设某企业一年对某种材料的总需求量为 5 000件，每件价格为 20 元，每次订购所需的费用为 250 元，保管成本与全部库存物品价值之比为 12.5%，则最优订购批量为

$$\mathrm{EOQ}=\sqrt{\frac{2\times D\cdot O}{P\cdot C}}=\sqrt{\frac{2\times 5\,000\times 250}{20\times 0.125}}=1\,000\text{（件）}$$

因此，一年最优订购批量为 5 次，每次 1 000 件，此时，订购成本为 1 250 元，保管成本为 1 250 元，总成本最低，为 2 500 元。

一般说来，企业除了最优订购批量外，为了预防万一，会保留一个额外的储存量，这个储存量被称为安全库存。

日本企业发明了准时制库存系统（just-in-time inventory systems，JIT），其目标是实现零库存。它的基本思路是企业不储备原材料库存，一旦需要时，立即向供应商提出，由供应商保质保量按时送到，生产继续进行。JIT 的具体做法如下：企业收到供应商送来的装有原材料的集装箱，卸下其中的原材料准备用于生产装配，同时把箱中的“看板”（kanban，日语中卡片或标牌的意思）交回给供应商；供应商接到“看板”后立即进行生产，并将新生产出来的原材料再送来。如果双方衔接得好，这时，上次的原材料刚好用完。

（三）全面质量控制

全面质量管理（total quality management，TQM）于 20 世纪 60 年代初由美国著名专家费根堡姆（Feigenbaum）提出。全面质量管理就是一个组织以质量为中心，以本组织全体成员参与为基础，目的在于通过让顾客满意和本组织所有成员及社会受益而达到长期成功的管理途径，其基本内容是“三全”，即对全面质量的管理、对全过程的管理、由全体人员参与的管理。全面质量管理由结构、技术、人员和变革推动者四个要素组成，只有这四个方面全部齐备，才会有全面质量管理这场变革。全面质量管理必须在市场调研、产品的选型、研究试验、设计、原料采购、制造、检验、储运、销售、安装、使用和维修等各个环节中都把好质量关。其中，产品的设计过程是全面质量管理的起点，原料采购、生产、检验过程是实现产品质量的重要过程；而产品的质量最终是在市场销售、售后服务的过程中得到评判与认可的。作为一种科学管理体系，近年来，全面质量管理理论被普遍应用于企业管理，并日益为公共组织所重视。

全面质量管理的基本工作方法是 PDCA 循环，亦称戴明循环，它把质量管理全过程划分为四个阶段：第一阶段称为计划（plan）阶段，又叫 P 阶段。这个阶段的主要内容是通过市场调查、用户访问、国家计划指示等，搞清楚用户对产品质量的要求，确定质量政策、质量目标和质量计划等。第二阶段为执行（do）阶段，又称 D 阶段。这个阶段是实施 P 阶段所规定的内容，如根据质量标准进行产品设计、试制、试验，其中包括计划执行前的人员培训。第三阶段为检查（check）阶段，又称 C 阶段。这个阶段主要是在计划执行过程中或执行之后，检查执行情况，明确效果，找出问题。第四阶段为处置或改进（action）阶段，又称 A 阶段。对总结检查的结果进行处理、成功的经验加以肯定，并予

以标准化；对于失败的教训也要总结，以免重犯。对于没有解决的问题，应提给下一个PDCA循环中去解决。四个阶段循环往复，没有终点，只有起点。通过PDCA循环，使产品、服务或工作质量呈阶梯上升。

三、供应链管理

（一）供应链管理的内涵

供应链是用整合的思想来满足所有客户的需求，这些活动包括商品的流动、原材料到产品的转换，以及产品到最终用户的转换。供应链管理（supply chain management，SCM）是在满足一定客户服务水平的条件下，为了使整个供应链系统成本达到最小而把供应商、制造商、仓库、配送中心和渠道商等有效地组织在一起来进行的产品制造、转运、分销及销售的管理方法。供应链管理包括计划、采购、制造、配送、退货五大基本内容。

（1）计划。这是供应链管理的策略性部分。需要有一个策略来管理所有的资源，以满足客户对产品的需求。好的计划是建立一系列的方法监控供应链，使它能够有效、低成本地为顾客递送高质量和高价值的产品或服务。

（2）采购。选择能为产品和服务提供货品和服务的供应商，和供应商建立一套定价、配送和付款流程并创造方法监控和改善管理，并把对供应商提供的货品和服务的管理流程结合起来，包括提货、核实货单、转送货物到制造部门并批准对供应商的付款等。

（3）制造。安排生产、测试、打包和准备送货所需的活动，是供应链中测量内容最多的部分，包括质量水平、产品产量和工人的生产效率等的测量。

（4）配送。很多“圈内人”称其为“物流”，是指调整用户的订单收据，建立仓库网络，派递送人员提货并送货到顾客手中，建立货品计价系统，接收付款。

（5）退货。这是供应链中的问题处理部分。建立网络接收客户退回的次品和多余产品，并在客户应用产品出问题时提供支持。

（二）供应链管理的策略

20世纪80年代以来，随着信息技术和通信技术的发展，以及人们对供应链管理战略理解的深入，伴随着全球化市场的形成，供应链管理受到前所未有的重视，新的供应链管理策略不断出现，其中快速反应与有效客户反应便是两种常见策略，它们在供应链内部整合的基础上，通过信息技术和改善合作伙伴关系重组供应链流程，使订货提前期和成本极小化，进入针对外部环境的变化而不断实施供应链流程再造的阶段，进而发展到整个企业供应链网络的集成。

1. 快速反应

随着社会经济的发展，人们的生活水平快速提高，个性化的消费倾向凸现出来，服装行业的表现尤为突出：市场竞争更加激烈，客户需求复杂而变化频繁，依赖于对客户需求快速做出反应。在此背景下，根据用户需求，快速反应策略应运而生。快速反应是美国纺织与服装行业发展起来的一种供应链管理策略，它是为了实现共同的目标，零售商、制造商和供应商之间相互配合，以最快的方式、在适当的时间与地点为消费者提供适当的产品和服务，即以最快的速度最好地满足消费者需要。快速反应采用的技术主要有条形码、POS扫描、EDI运输包装标识、自动补货系统、供应商管理库存VMI和联合产品开发等。快速反应以制造商和零售商建立战略合作伙伴关系为前提，关键是相互信任、相互沟通、共享信息，但不是所有的贸易伙伴都能变成战略合作伙伴。战略合作伙伴要具备以下条件：①关注顾客需要；②行业领先性；③长远观点和目标一致性；④资源投入程度高；⑤学习能力强。

快速反应策略的实施过程，就是业务流程重组、供应链再造的过程。快速反应首先要求打破企业内部的组织障碍，实现内部经营业务集成；其次，要重塑制造商与零售商的关系，采用先进的管理技术和信息技术实现企业间的业务集成。

对于创新型产品，应当侧重于降低商流成本，采用反应性供应链，实施快速反应策略。对于反应性供应链而言，市场的调节成本是绝对重要的，而实物成本是相对次要的。从提高顾客响应的速度出发，与供应链各方建立战略伙伴关系和合作机制，采用EDI实现供应链各节点企业的分工协作和信息共享，缩短商品的设计和生产周期，实施准时制库存系统生产方式，进行多品种中小批量生产和高频度小批量配送，降低供应链的库存水平，迅速地满足顾客的个性化和定制化需求，提高整个供应链的反应能力。

2. 有效客户反应

有效客户反应是1992年从美国的食品杂货业发展起来的一种供应链管理策略，它以满足顾客要求和最大限度降低物流过程费用为原则，能及时做出准确反应，使提供的物品供应或服务流程最佳化。有效客户反应采用的技术主要有POS扫描、电子收货系统、EDI计算机辅助订货、持续补充、数据库营销、品种管理和直接转运等。有效客户反应，以引入有效商品管理、有效补货、有效促销和有效新产品四大管理方法为显著特征。

对于功能型产品，应当侧重于降低物流成本，采用有效性供应链，实施有效客户反应策略。从提高商品供应的效率入手，与上游供应商和制造商之间利用现代信息技术建立相互协调的供应模式。零售商总部利用POS系统提供的商品销售信息，以及对销售量的预测，利用计算机辅助订货系统向供应商订货，并由供应商或区域配送中心向各零售商店提供即时补货，拉动制造商进行产品生产，形成销售和配送的同步运转，共享物流设施和仓库资源，降低配送成本，最大限度地减少生产流通环节可能产生的各种浪费。

（三）供应链管理的模式

1. 以制造企业为主导的供应链管理模式

这种模式主要在中间商实力还比较弱或制造企业的实力比较强大的情况下产生，其主要原因是制造企业内部资源的挖掘空间已相当小，而企业产品的销售渠道又难以控制。哪个企业能有效地控制和管理好产品通道，哪个企业就会获得各种成本的节约。因此，许多制造企业开始通过建立自己的销售渠道或严格控制原有的渠道成员，从而形成了制造企业为主导的供应链。这种供应链是在生产为导向的大背景下出现的，是比较传统的供应链模式。

2. 以零售商为主导的供应链管理模式

这种模式主要是在以需求为导向的大背景下产生的，是在最近几十年才出现的模式。

主要是由于在产品市场从卖方市场转变为买方市场时，消费者的力量日益强大，企业不可能再按照自己对消费者的需求预测来生产产品，而必须以消费者的实际需求为基础。然而，制造企业由于远离消费者而无法及时、正确地了解消费者的需求，同时加上消费者需求的不断多样化和需求更新速度的不断加快，更使制造企业无力顾及，这为贴近消费者的零售商提供了有利机会，他们通过将顾客关系管理、一对一营销等先进的理论和信息系统及信息技术等先进的方法技术相结合，密切注视着消费者的显性需求并不断地满足他们，同时不断地挖掘消费者的潜在需求或创造新的需求，从而积聚起一定量的忠诚顾客，甚至还在顾客中享有强大的品牌优势。这就提升了零售商在供应链中的地位，最终使供应链中的原有力量关系发生变化，零售商的主导地位得以确立。除此以外，也有一些强大的零售商通过自己的品牌优势（如中间品牌）来重新建立一个以自己为中心的供应链。

3. 以第三方物流公司为主导的供应链管理模式

如果说20世纪70年代消费者注重的是产品价格，那么80年代消费者注重的是质量，到了90年代消费者开始重视服务，而在21世纪消费者关注的却是产品配送的速度，也就是说，在21世纪物流将成为各企业竞争的焦点。所以如何将产品及时销售并输送给消费者，尽快回收各种废弃物品和残次品将成为主要矛盾，而解决这种矛盾的方法就是物流。但是仅靠物流还不足以解决所有的矛盾，同时未必能降低成本，所以还要运用信息技术和资金做后盾，同时供应链中各个成员进行合作。第三方物流公司主导的供应链管理模式，就是要借助第三方物流公司的核心竞争优势来整合整个供应链，它将在供应链整合中具有前两种供应链管理模式无可比拟的优势。它是一种符合时代要求的供应链管理模式，必将在未来显示出强大的生命力。

这种以第三方物流公司主导的供应链管理模式分为以下三个阶段。

第一阶段：由完全或主要提供物流服务的第三方物流公司主导的供应链管理模式。这种模式中第三方物流公司基本的业务是物流，也提供少量的供应链整合方案，但这种整合方案是独立于自身的物流的。

第二阶段：由既提供物流又提供供应链整合方案的第三方物流公司主导的供应链管理模式。这种模式中第三方物流公司的主要业务还是物流服务，因此物流公司可以将供应链的整合方案与自身的物流优势结合起来并发挥出更大的作用。

第三阶段：由完全提供供应链整合方案的第三方物流公司主导的供应链管理模式。这种模式实际上也可以称为第四方物流公司主导的供应链管理模式，因为它所从事的主要是第四方物流的职能。但由于这种公司是由第三方物流公司转变而来的，而且这种模式的品牌也是以原来第三方物流公司的品牌为基础的，所以仍称其为第三方物流公司主导的供应链管理模式。

四、柔性管理

（一）柔性管理的含义

柔性管理（soft management）是指以顾客需求和员工满意为指导，在努力研究人们心理和行为活动规律的基础上，运用诱导、感化、启发等非强制方式，在员工心目中产生一种潜在的说服力，使组织意志变为个人的自觉行动，从而促使员工个人的需要与企业的意志相协调，激发员工的内在潜力、主动性和精神，使企业的生产和经营始终围绕顾客这个中心，从而达到生产效率和管理效率的全面提高。柔性管理首创于丰田汽车公司，原指“生产系统应付变化的环境或环境带来的不稳定性的能力”。它的特点是实行小批量、多品种生产，对顾客需求迅速做出反应，利用计算机技术调整生产线，降低成本，提高劳动效率。

（二）柔性管理的特征

1. 内在的驱动性

柔性管理的最大特点，在于它主要不是依靠权力影响力，而是依赖于员工的心理过程，依赖于从每个员工内心深处激发的主动性、内在潜力和创造精神，因此具有明显的内在驱动性。而只有当组织规范内化为员工的自觉认识，组织目标转变为员工的自发行动时，这种内在驱动力、自我约束力才会产生。

2. 影响的持久性

柔性管理要求员工把外在的规定转变为内心的承诺，并最终转变为自觉的行动。这一转化过程是需要时间的，加之员工个体差异、组织历史文化传统及周围环境等多种因素的影响，组织目标与个人目标之间往往难以协调。然而一旦协调一致，便获得相对独立性，对员工具有强大而持久的影响力。

3. 激励的有效性

根据马斯洛的需要层次理论，可将人的需求分为生理的需要、安全的需要、社交的需要、尊重的需要及自我实现的需要。赫兹伯格的双因素理论又指出，为维持生活所必须满足的低层需求如生理的需要、安全的需要、社交的需要相当于保健因素，而尊重的需要和实现自我的需要属于激励因素。一般说来，柔性管理主要满足员工的高层次需求，因而具有有效的激励作用。

（三）柔性管理的实施办法

1. 决策柔性化

传统的决策理论认为：决策目标的选择应遵循最优化原则，其追求的是在一定条件下唯一的最优解。而在现实当中，最优化的决策却很难做到，并有可能出现过于理论化的决策，从而缺乏现实的指导意义。诺贝尔经济学奖获得者赫伯特·西蒙于是指出了以满意的准则代替最优化准则的观点，决策者在决策中可根据已掌握的信息做出满意的选择，而不必苛求唯一的最优解，因而具有更大的弹性。这种决策最优化准则向满意准则的转变，实质上是实现了刚性准则向柔性准则的转变。同时，决策的柔性化还体现在决策的程序上。“一言堂式的决策”属于刚性决策，其不可避免地存在主观、片面、武断的缺陷，有时会给企业带来无法估量的损失或产生严重的矛盾。“群言堂式的决策”是由相关人员独立、自由地发表各自的观点、意见和建议，在此基础上进行综合分析、择优采纳、相互补充，由此而形成的决策可称为柔性决策。其最大的好处在于可以尽量避免刚性决策可能造成的失误。

2. 信息管理柔性化

决策的柔性化要有信息的柔性化与之相适应。单一化的信息可称为刚性信息；灵活、多样化的信息可称为柔性信息。由于柔性管理本质上是一种“人本主义”的管理，也可称为“人性化的管理”，它以全面调动人的主动性、积极性及其开拓、创新精神为其基本的出发点，涉及物质、精神的许多层面。因而柔性管理所需收集、加工、利用的信息就不可能是单一化的，而必须是灵活、多样化的。这种灵活、多样化的信息可从多种不同的角度进行区分，如把它们区分为静态信息与动态信息、内部信息与外部信息、物质层面的信息与精神层面的信息等。以上关于信息的分类从不同的角度来观察问题，它们之间往往是交叉重叠的。同一种信息，从不同的角度来看待，可同时归入不同的分类中。总之，柔性管理作为一种人性化的管理，必须善于综合运用灵活、多样化的柔性信息，应侧重于精神层面。

3. 组织结构柔性化

在管理实践中，我们应十分注重柔性化管理的有效运用，确立“人本中心”的管理思维，在组织内部员工的配置、人力资源管理及开发等诸方面均重视柔性化的合理运用，确立良好的内部运行机制和管理机制。柔性化组织结构是一种通过减少管理层次、精简管理职能机构、优化人力资源配置而建立起来的一种富有弹性的新型团体组织。柔性化的组织结构是一种静态构架下的动态组织结构。在柔性化的组织结构下，具有不同知识的人分散在多层网络状的组织形式中，加速知识信息的交流和共享，发挥知识产品互补相求的正向外部效应，提高组织绩效。柔性化组织结构兼备等级型组织机构和计划小组二者之长，既降低了组织管理的协调成本，还大大提高了反应程度，具有较强的灵活性和适应性。

4. 分权式的民主化管理——“作业管理”

“以作业为基础的管理”是 20 世纪 70 年代出现的新事物，它把管理深入“作业”的水平。“作业”作为企业管理的起点和核心，在层次上大大地深化了企业管理的权力结构，把纵向的专制独裁式的集权化管理转变为横向的分权化的民主管理，以基层作为管理权力的基点，真正确立广大员工的主体地位，赋予他们充分的自主权、知情权和发言权，即坚持职工本位的原则，以员工满意作为顾客满意的基础和条件。这种方式实现了企业管理上一个重大的革命性变革。

5. 奖酬机制柔性化

柔性管理适用的对象是从事创造性活动的高素质员工，而创造性活动往往是一个探索过程，其间充满了不确定性和偶然性；再说智力活动本身也很难计量，所以创造性工作难以量化。如果硬性量化并以此作为奖励依据，势必会挫伤员工的积极性和创造性，抑制其潜能的发挥。因此，柔性管理的一个重要体现就是奖酬机制的柔性化，除了物质上的奖励外，更应注重精神上的嘉奖。还可以通过扩大和丰富工作内容，提高工作的意义和挑战性对员工进行激励。

（四）柔性管理在管理控制中的作用

（1）激发人的创造性。在工业社会，主要财富来源于资产，而知识经济时代的主要财富来源于知识。知识根据其存在形式，可分为显性知识和隐性知识，前者主要是指以专利、科学发明和特殊技术等形式存在的知识，后者则指员工的创造性知识、思想的体现。显性知识人所共知，而隐性知识只存在于员工的头脑中，难以被人掌握和控制。要让员工自觉、自愿地将自己的知识奉献给企业，实现“知识共享”，不能单靠刚性管理，还要通过柔性控制。

（2）满足柔性生产的需要。在知识经济时代，人们的消费观念、消费习惯和审美情趣也处在不断的变化之中，满足“个性消费者”的需要，对内赋予每个员工以责任，这可以看作当代生产经营的必然趋势。知识型企业生产组织上的这种巨大变化必然要反映到管理控制上，导致管理控制转化，使柔性管理成为必然。

第五节　管理创新工作

管理的各项职能如计划、组织、领导与控制是实现计划目标所不可缺少的，它们同属于管理的“维持职能”，其任务是保证系统按预定的方向和规则运行。但是，管理是在动态环境中生存的社会经济系统，仅有维持是不够的，还必须不断调整系统活动的内容和目标，以适应环境变化的要求，这就是管理的“创新职能”。

一、创新的概念及形成

广义上讲，创新是指人类为了满足自身需要，不断拓展对客观世界及其自身的认知与行为的活动。具体地讲，创新是指人为了达到一定的目的，遵循事物发展的规律，对事物的整体或其中的某些部分进行变革，从而使其得以更新与发展的活动。通常认为，创新与发明之间存在重大区别。发明是指首次提出一种新产品或新工艺的想法；创新则是首次尝试将这个想法付诸实施。创新是一种商业化活动，会产生经济效益。

创新概念的起源可追溯到美籍奥地利经济学家约瑟夫·熊彼特（Joseph Schumpeter）于1912年创作的《经济发展理论》（*Theory of Economic Development*）。熊彼特认为，创新是由企业内部的经济力量所形成的，是要“建立一种新的生产函数”或者说是“生产要素的更新组合”，也就是把一种从来没有的关于生产要素和生产条件的“新组合”引入生产体系中，以实现对生产要素或生产条件的重新组合，并获取潜在的利润。具体包括五种情况：

①开发一种新的产品；

②采用一种新的生产方法；

③开辟一个新的市场；

④获得原材料或半成品的一种新的供给来源；

⑤形成一种新的产业组织方式或企业重组。

管理小故事

蜜蜂与苍蝇

有这样一个著名的试验：把6只蜜蜂和同样多的苍蝇装进一个玻璃瓶中，然后将瓶子平放，让瓶底朝着窗户。结果蜜蜂不停地想在瓶底找到出口，一直到它们精疲力竭地累死或饿死；而苍蝇则会在不到两分钟之内，穿过另一端的瓶颈逃逸一空。由于蜜蜂对光亮的喜爱，它们以为“囚室”的出口必然在光线最明亮的地方，于是它们不停地重复着这种合乎逻辑的行动。然而，正是由于它们的“智慧”“经验”，蜜蜂最终疲劳而死。

启示：固守思维定式，只会导致最终的失败。

二、创新工作的类别

从规模以及对系统的影响程度来考察，可将创新分为局部创新和整体创新。局部创新是指在系统性质和目标不变的前提下，系统活动的某些内容、某些要素的性质或其相互组合的方式，系统的社会贡献的形式或方式等发生变动；整体创新则往往改变系统的目标和使命，涉及系统的目标和运行方式，影响系统的社会贡献的性质。

从与环境的关系来分析，可将创新分为消极防御型创新与积极攻击型创新。防御型创新是指由于外部环境的变化对系统的存在和运行造成了某种程度的威胁，为了避免威胁或由此造成的系统损失扩大，系统在内部展开的局部或全局性调整；攻击型创新是在观察外部世界运动的过程中，敏锐地预测到未来环境可能提供的某种有利机会，从而主动地调整系统的战略和技术，以积极地开发和利用这种机会，谋求系统的发展。

从发生的时期来分析，可将创新分为系统初建期的创新和运行中的创新。系统的组建本身就是社会的一项创新活动。系统的创建者在一张白纸上绘制系统的目标、结构、运行规划等蓝图，这本身就要求有创新的思想和意识，创造一个全然不同于现有社会（经济组织）的新系统，寻找最满意的方案，取得最优秀的要素，并以最合理方式组合，使系统进行活动。但是“创业难，守业更难”，在动荡的环境中“守业”，必然要求积极地以攻为守，要求不断地创新。创新活动更大量地存在于系统组建完毕开始运转以后。系统的管理者要不断地在系统运行的过程中寻找、发现和利用新的创业机会，更新系统的活动内容，调整系统的结构，扩展系统的规模。

三、创新工作的基本内容

系统在运行中的创新涉及许多方面。为了便于分析，我们以社会经济生活中大量存在的企业系统为例来介绍创新的内容。

（一）目标创新

企业是在一定的经济环境中从事经营活动的，特定的环境要求企业按照特定的方式提供特定的产品。当环境发生变化，企业的生产方向、经营目标以及企业在生产过程中与其他社会经济组织的关系就要进行相应的调整。计划经济时代，我国的社会主义工业企业，在高度集权的经济体制背景下，必须严格按照国家的计划要求来组织内部的活动。经济体制改革以来，企业同国家和市场的关系发生了变化，企业必须通过其自身的活动来谋求生存和发展。因此，在新的经济背景中，企业的目标必须调整为“通过满足社会需要来获取利润”。至于企业在各个时期的具体的经营目标，则更要适时地根据市场环境和消费需求的特点及变化趋势加以整合，每一次调整都是一种创新。

（二）技术创新

技术创新是企业创新的主要内容，企业中出现的大量创新活动是有关技术方面的，因此，有人甚至把技术创新视为企业创新的同义语。现代工业企业的一个主要特点是在生产过程中广泛运用先进的科学技术。技术水平是反映企业经营实力的一个重要标志，企业要在激烈的市场竞争中处于主动地位，就必须顺应甚至引导社会技术进步的方向，不断地进行技术创新。由于一定的技术都是通过一定的物质载体和利用这些载体的方法来体现的，因此企业的技术创新主要表现在要素创新、要素组合方法的创新以及产品创新三个方面。

（三）制度创新

制度创新需要从社会经济角度来分析企业系统中各成员间正式关系的调整和变革。制度是组织运行方式的原则规定。企业制度主要包括产权制度、经营制度和管理制度三个方面的内容。产权制度是决定企业其他制度的根本性制度，它规定着企业最重要的生产要素的所有者对企业的权力、利益和责任。经营制度是有关经营权的归属及其行使条件、范围、限制等方面的原则规定。它表明企业的经营方式，确定谁是经营者，谁来组织企业生产资料的占有权、使用权和处置权的行使，谁来确定企业的生产方向、生产内容、生产形式，谁来保证企业生产资料的完整性及其增值，谁来向企业生产资料的所有者负责以及负何种责任。管理制度是行使经营权，组织企业日常经营的各种具体规则的总称，包括对材料、设备、人员及资金等各种要素的取得和使用的规定。

（四）组织创新

企业系统的正常运行，既要求具有符合企业及其环境特点的运行制度，又要求具有与之相应的运行载体，即合理的组织形式。因此，企业制度创新必然要求组织形式的变革和发展。从组织理论的角度来考虑，企业系统是由不同的成员担任的不同职务和岗位的结合体。这个结合体可以从结构和机构这两个不同层次考察。不同的企业有不同的组织形式，同一企业在不同的时期，随着经营活动的变化，也要求组织的机构和结构不断调整。组织创新的目的在于更合理地组织管理人员，提高管理劳动的效率。

（五）环境创新

环境是企业经营的土壤，同时制约着企业的经营。环境创新不是指企业为适应外界变化而调整内部结构或活动，而是指通过企业积极的创新活动去改造环境，去引导环境朝着有利于企业经营的方向变化。例如，通过企业的公关活动，影响社区、政府政策的制定；通过企业的技术创新，影响社会技术进步的方向等。就企业来说，环境创新的主要内容是市场创新。市场创新主要是指通过企业的活动去引导消费，创造需求。市场创新的更多内容是通过企业的营销活动来进行的，即在产品的材料、结构、性能不变的前提下，或通过市场的地理转移，或通过揭示产品新的物理使用价值，来寻找新用户，再或通过广告宣传等促销工作，来赋予产品以一定的心理使用价值，影响人们对某种消费行为的社会评价，从而诱发和强化消费者的购买动机，增加产品的销售量。

（六）商业模式创新

商业模式创新作为一种新的创新形态，其重要性已经不亚于技术创新等。它是指企业价值创造提供基本逻辑的创新变化，它既可能包括多个商业模式构成要素的变化，也可能包括要素间关系或者动力机制的变化。由于商业模式构成要素的具体形态表现、相互间关系及作用机制的组合几乎是无限的，因此，商业模式创新企业也有无数种。

四、创新的过程和组织

（一）创新的过程

要有效地组织系统的创新活动，就必须研究和揭示创新的规律。创新在本质上是杂乱无章的，因为创新是对旧事物的否定，是对新事物的探索。对旧事物的否定，创新必定要突破原先的制度，破坏原先的秩序，必须不遵守原先的章程；对新事物的探索，创新者只能在不断的尝试中去寻找新的程序、新的方法，在最终的成果取得之前，可能要经历无数次反复、无数次失败。因此，它看上去必然是杂乱的。但这种“杂乱无章性”是相对于旧制度、旧秩序而言的，是相对于个别创新而言的。就创新的总体或“一般创新”来说，它们必然依循一定的步骤、程序和规律。

1. 寻找机会

创新是对原有秩序的破坏。原有秩序之所以要打破，是因为其内部存在着或出现了某种不协调的现象。这些不协调对系统的发展提供了有利的机会或造成了某种不利的威胁。创新活动正是从发现和利用旧秩序内部的这些不协调现象开始的。不协调为创新提供了契机。企业的创新，往往是从密切地注视、系统地分析社会经济组织在运行过程中出现的不协调现象开始的。

2. 提出构想

敏锐地观察到不协调现象的产生以后，还要透过现象究其原因，并据此分析和预测不协调的未来变化趋势，估计它们可能给组织带来的积极或消极后果，并在此基础上，努力利用机会或将威胁转换为机会，采用头脑风暴法、德尔菲法、群体畅谈会等方法提出多种解决问题、消除不协调、使系统在更高层次实现平衡的创新构想。

3. 迅速行动

创新成功的关键主要在于迅速行动。提出的构想可能还不完善，甚至可能很不完善，但这种并非十全十美的构想必须立即付诸行动才有意义。创新的构想只有在不断尝试中才能逐渐完善，企业只有迅速地行动才能有效地利用“不协调”提供的机会。

4. 坚持不懈

构想经过尝试才能成熟，而尝试是有风险的，是不可能“一打就中”的，是可能失败的。创新的过程是不断尝试、不断失败、不断提高的过程。因此，创新者在开始行动以后，为取得最终的成功，必须坚定不移地继续下去，绝不能半途而废，否则便会前功尽弃。创新的成功在很大程度上归因于“最后五分钟”的坚持。

（二）创新活动的组织

系统的管理者不仅要根据创新的上述规律和特点的要求，对自己的工作进行创新，而且更主要的是组织下属的创新。组织创新活动，不是计划和安排某个成员在某个时间从事某种创新活动——这在某些时候也许是必要的，但更要为下属的创新提供条件、创造环境，有效地组织系统内部的创新。

1. 正确理解和扮演“管理者”的角色

管理人员往往是保守的。他们往往认为组织雇用自己的目的是维持组织的运行，因此自己的职责首先是保证预先制定的规则的执行和计划的实现，“系统的活动不偏离计划的要求”便是优秀管理的象征。因此，他们往往不自觉地扮演现有规章制度的守护者的角色。为了减少系统运行中的风险，他们往往对创新尝试中的失败吹毛求疵，随意惩罚在创新尝试中遭到失败的人，或轻易地奖励那些从不创新，从而从不冒险的人。狭隘地理解管理者的角色显然是不行的。管理人员必须自觉地带头创新，并努力为组织成员提供和创造一个有利于创新的环境，积极鼓励、支持、引导组织成员进行创新。

2. 创造促进创新的组织氛围

促进创新的最好方法是大张旗鼓地宣传创新、激发创新，树立“无功便是有过”的新观念，使每一个人都努力进取、大胆尝试。要营造一种人人谈创新、时时想创新、无处不创新的组织氛围，使那些无创新欲望或有创新欲望却无创新行动，从而无所作为者感觉到在组织中无立身之处，使每个人都认识到组织聘用自己的目的不是要自己简单地用既定的方式重复操作，而是希望自己去探索新的方法，找出新的程序，只有不断地去探索、去尝试才有继续留在组织中的资格。

3. 制订有弹性的计划

创新需要思考，思考需要时间。把每个人的每个工作日都安排得非常紧凑，对每个人在每时每刻都实行“满负荷工作制”，创新的许多机遇便不可能被发现，创新的构想也不可能产生。每个部门在任何时间都严格地制订和执行严密的计划，创新就会失去基地，而永无尝试创新的机会，新构想就只能留在人们的脑子里或图纸上，不可能给组织带来任何实际的效果。因此，为了使人们有时间去思考，有条件去尝试，组织制订的计划必须具有一定的弹性。

4. 正确地对待失败

创新的过程是一个充满着失败的过程。创新者应该认识到这一点，创新的组织者更应该认识到这一点。只有认识到失败是正常的，甚至是必需的，管理人员才可能允许失败、支持失败，甚至鼓励失败。当然，支持尝试，允许失败，并不意味着鼓励组织成员去马马虎虎地工作，而是希望创新者在失败中吸取有用的教训，从而使下次失败到创新成功的路程缩短。

5. 建立合理的奖励制度

要激发每个人的创新热情，还必须建立合理的评价和奖励制度。创新的原始动机也许是个人的成就感、自我实现的需要，但是如果创新的努力不能得到组织或社会的承认，不能得到公正的评价和合理的奖酬，继续创新的动力就会渐渐失去。要注意物质奖励与精神奖励的结合。奖励不一定是金钱上的，精神上的奖励也许比物质报酬更能满足驱动人们创新的心理需要。而且，从经济的角度来考虑，物质奖励的效益要低于精神奖励，金钱的边际效用是递减的，为了激发或保持同等程度的创新积极性，组织不得不支付越来越多的奖金。对创新者个人来说，物质上的奖酬只在一种情况下才是有用的：奖金的多少首先被视为衡量个人工作成果和努力程度的标准。

管理小故事

黏度一般

3M公司一直鼓励员工积极提供创意。有一次，一位员工发明了一种胶，不过，这种胶虽然在形态上比液体胶有了较大的变化，但黏度不够，同事都认为他的发明没有用途。公司收到他的创意后，进行了研究和思考——虽然这种胶不够黏，但仍存在多种运用空间，如标记纸、注释贴、留言条等，它们只需要暂时黏在物体上，随时都可以揭下来。最终，3M公司采纳了他的发明创意，将其称为“不干胶”。结果这种“不干胶”成了3M公司的“拳头”产品。

启示：有的产品的缺点或许恰好能够弥补市场上的另外一种需求，关键在于企业是否具备支持这种创新活动的管理制度。

五、技术创新

（一）技术创新的内涵

技术创新（technical innovation）是指由技术的新构想，经过研究开发或技术组合，到获得实际应用，并产生经济、社会效益的商业化全过程的活动。现阶段的技术创新是各创新主体、创新要素交互复杂作用下的一种复杂现象，是技术进步与应用创新的“双螺旋结构”共同演进的产物。

在经济、技术、信息高速发展的现代化社会，企业之间的竞争实质是技术竞争。然而，随着新兴技术复杂性和系统整合性程度越来越高，某种技术的发展与围绕着该技术的大量相关互补产品所构成的产品生态系统密切相关。以3G技术为例，它需要各种硬件（如路由器、交换机、语言视频设备，通信设备等）、终端的手机（包括手机操作系统、手机软件、手机本身）以及各种内容应用服务供应商所提供产品共同构成一个产品生态系统。因此，在产品生态系统视野下，企业的技术创新主要表现为要素创新、要素组合方法的创新和产品创新：要素创新具体包括材料创新、设备创新和人力资源管理创新三个方面；要素组合方法的创新包括生产工艺和生产过程的时间组织与空间组织两个方向的创新；而产品创新主要包括产品品种创新和产品结构的创新。

（二）技术创新的类别

1. 自主创新

自主创新是指通过拥有自主知识产权的独特的核心技术以及在此基础上实现新产品的价值的过程。自主创新包括原始创新、集成创新和引进消化吸收再创新。自主创新的成果，一般体现为新的科学发现以及拥有自主知识产权的技术、产品、品牌等。当今世界科技迅猛发展，国家竞争力越来越体现在以自主创新为核心的科技实力上，经济竞争力、文化影响力最终取决于自主创新能力。它是综合国力竞争的决定性因素，是支撑一个国家崛起和发展的筋骨，是一国持久核心竞争力的基础，也是企业培育核心竞争力的关键环节。对企业来说，自主创新能力就是自主集成和应用各种技术知识并由此获得竞争优势的能力，包括技术搜索能力、学习能力、研究开发能力等；对国家来说，自主创新能力就是根据社会经济发展的客观要求，有意识地促进科学技术知识的生产、流动和应用并在此过程中创造财富从而实现价值增值的能力。

2. 模仿创新

模仿创新即通过模仿而进行的创新活动，它具体又包括以下两种类型。

（1）完全模仿创新。即对市场上现有产品的仿制。一项新技术从诞生到完全使市场饱和需要一定时间，所以创新产品投放市场后还存在一定的市场空间，使技术模仿成为可能。但完全模仿本质上也带动了企业的技术创新活动，很多企业发展都从模仿其他企业的技术开始。

（2）模仿后再创新。这是对率先进入市场的产品进行再创造，也就是在引入他人技术后，经过消化和吸收，不仅达到被模仿产品技术的水平，而且通过创新，超过原来的技术水平。要求企业首先掌握被模仿产品的技术诀窍，再进行产品功能、外观和性能等方面的改进，使产品更具市场竞争力。

模仿创新的优势在于可节约大量研发及市场培育方面的费用，降低投资风险，也回避了市场成长初期的不稳定性，降低了市场开发的风险。但同时难免在技术上受制于人，而且新技术并不总是能够轻易被模仿的。随着知识产权保护意识的不断增强、专利制度的不断完善，要获得效益显著的技术显然更不容易。

3. 合作创新

合作创新是指企业通过与其他企业、科研机构、高等学校等建立技术合作关系，在保持各自相对独立的利益及社会身份的同时，在一段时间内开展协作，从事技术或产品的研究开发，在共同确定的研究开发目标的基础上实现各自目标的技术创新活动。近年来，还有学者提出了产学官“三重螺旋”（the triple helix）创新模式，即大学、产业、政府之间通过组织的结构安排、制度设计等，以加强三者资源与信息的分享沟通，达到科技资源运用效率与效能。

合作创新具有多种模式，在我国合作创新的模式主要有以下三种。

(1) 合同创新模式。指以合同形式确定的合作创新模式。通常由企业委托大专院校或科研机构从事技术或产品研究开发，企业提供资金并规定创新目标，大专院校或科研机构提供技术专家、必要的技术设备并具体实施创新过程，实现创新目标。合同创新的优势在于能够利用创新的外部分工弥补企业内部技术资源不足或者技术资源的结构性缺陷。这一模式使企业不必参与创新的过程而能够得到创新成果，利用资金优势加快新产品、新技术、新工艺的开发，加速企业的技术创新。但缺点是企业不能够分享创新过程的信息，不利于培养自己的研发人员。这种模式比较适合于非核心技术或通用技术的开发，以及非关键产品的开发。

(2) 项目合伙创新模式。指企业为了完成某一特定技术项目的研究开发，通过合伙投入形成合作组织，共同从事研究开发活动，共享研发成果的一种合作创新模式。

(3) 基地合作创新模式。指企业与高等院校或科研院所共同建立技术创新基地的一种合作创新模式，一般由企业提供资金和场地，大学或研究机构提供研发条件（设备）和研发人员。

(三) 技术创新的内容

与企业生产制造有关的技术创新，其内容也是非常丰富的。从生产过程的角度来分析，可以将其分为以下四个方面。

1. 材料创新

材料既是产品和物质生产手段的基础，也是生产工艺和加工方法作用的对象。因此，在技术创新的各种类型中，材料创新可能是影响最为重要、意义最为深远的。材料创新会引起整个技术水平的提高。由于迄今为止作为工业生产基础的材料主要是由自然提供的，因此材料创新的主要内容是寻找和发现现有材料，特别是自然提供的原材料的新用途，以使人类从大自然的恩赐中得到更多的实惠。随着科学的发展，人们对材料的认识渐趋充分，利用新知识和新技术制造的合成材料不断出现，材料创新的内容也正在逐渐地向合成材料的创造这个方向转移。

2. 产品创新

产品是企业的象征，任何企业都是通过向市场上提供某种或某些在某种程度上不可替代的产品来表现并实现其社会存在的。产品在国内和国际市场上的受欢迎程度是企业市场竞争成败的主要标志。只有不断地组织并实现产品的创新，企业才能保持持久的竞争优势，充满生命力。产品创新包括新产品的开发和老产品的改造。这种开发和改造是指对产品的结构、性能、材质、技术特征等一方面或几方面进行改进、提高或独创。它既可以是利用新原理、新技术、新结构开发出一种全新型产品，也可以是在原有产品的基础上，部分采用新技术制造出来适合新用途、满足新需要的换代型新产品，还可以是对原有产品的性能、规格、款式、品种进行完善，但在原理、技术水平和结构上并无突破性的改变。

3. 工艺创新

工艺创新包括生产工艺的改革和操作方法的改进。生产工艺是企业制造产品的总体流程和方法，包括工艺过程、工艺参数和工艺配方等；操作方法是劳动者利用生产设备在具体生产环节对原材料、零部件或半成品加工的方法。生产工艺和操作方法的创新既要求在设备创新的基础上，改变产品制造的工艺、过程和具体方法，也要求在不改变现有物质生产条件的同时，不断研究和改进具体的操作技术，调整工艺顺序和工艺配方，使生产过程更加合理，现有设备得到充分的利用，现有材料得到更充分的加工。

4. 手段创新

手段创新主要指生产的物质条件的改造和更新。任何产品的制造都要借助一定的机器设备等物质生产条件才能完成。生产手段的技术状况是企业生产力水平的具有决定性意义的标志。生产手段的创新主要包括两个方面的内容：一是将先进的科学技术成果用于改造和革新原有的设备，以延长其技术使用寿命或提高其效能。例如，用单片机把一般机床改装成自动控制的机床，用计算机把老式的织布机改装成计算机控制的织布机等；二是用更先进、更经济的生产手段取代陈旧、落后、过时的机器设备，以使企业生产建立在更加先进的物质基础上，如用气流纺纱取代旧式的纺纱机，用电视卫星传播系统取代原有的电视地面传播系统等。

（四）技术创新的源泉

创新源于企业内部和外部的一系列不同的机会。这些机会可能是企业刻意寻求的，也可能是企业无意中发现后立即有意识地加以利用的。管理学家彼得·德鲁克把诱发企业创新的这些不同因素归纳成七种不同的创新来源：意外的成功或失败、企业内外的不协调、过程改进的需要、行业和市场结构的变化、人口结构的变化、观念的改变以及新知识的产生等。

1. 意外的成功或失败

企业经营中经常会发生一些出乎预料的结果：企业追求基础业务的发展，并为此投入了大量的人力和物力，结果却是这种业务不断萎缩；与之相反，另外一些业务企业虽未对创新给予足够的关注，却悄无声息地迅速发展。不论是意外的成功，还是意外的失败，都有可能是向企业昭示着某种机会，企业必须对之仔细地分析和论证。

意外的成功通常能够为企业创新提供非常丰富的机会。这些机会的利用要求企业投入的代价以及承担的风险都相对较小。但如果说意外的失败是企业不得不面对的现实，那么未曾料到的成功则常被企业所忽视。因为这些意外的成功既然是“出乎意料”的，就通常是领导者所陌生、所不熟悉的，且大多与组织追求的目标与多年来形成的习惯和常识相悖。

2. 企业内外的不协调

当企业对外部经营环境或内部经营条件的假设与现实相冲突，或当企业经营的实际状况与理想状况不相一致时，便出现了不协调的状况。这种不协调既可能是已经发生了的某种变化的结果，亦可能是某种将要发生的变化的征兆。同意外事件一样，不论是已经发生的还是将要发生的变化，都可能为企业的技术创新提供一种机会。因此，企业必须仔细观察不协调的存在，分析出现不协调的原因，并以此为契机组织技术创新。

3. 过程改进的需要

意外事件与不协调是从企业与外部的关系这个角度来进行分析的，过程改进的需要则与企业内部的生产经营过程有关。由这种需要引发的创新是对现已存在的过程进行改善，把原有的某个薄弱环节去掉，代之以利用新知识、新技术重新设计的新工艺、新方法，以提高效率，保证质量，降低成本。由于这种创新的需要通常存在已久，因此一旦采用，人们常会有一种理应如此或早该如此的感觉，因而可能迅速被组织所接受，并很快成为一种通行的标准。

过程的改进既可能是科学技术发展的逻辑结果，也可能是推动和促进科技发展的原动力。实际上，在过程改进所需要的知识尚未出现以前，任何改进都是不可能实现的。因此，在组织这种改进之前，企业可能要针对生产过程中的薄弱环节进行长期的基础研究，以产生克服这种薄弱环节所需的新知识。只有在新知识产生以后，人们才能实际地考虑如何将其应用于工业生产，改进生产过程中的某个环节。

4. 行业和市场结构的变化

企业是在一定的行业结构和市场结构条件下经营的。行业结构主要指行业中不同企业的相对规模和竞争力结构以及由此决定的行业集中或分散度，市场结构主要与消费者的需求特点有关。这些结构既是行业内或市场内各参与企业的生产经营共同作用的结果，也制约着这些企业的活动。行业结构和市场结构一旦出现变化，企业就必须迅速对之做出反应，在生产、营销以及管理等诸方面组织创新和调整，否则就有可能影响企业在行业中的相对地位，甚至带来经营上的灾难，引发企业的生存危机。

5. 人口结构的变化

人口因素对企业经营的影响是多方位的。作为企业经营中一种必不可少的资源，人口结构的变化直接决定着劳动市场的供给，从而影响企业的生产成本；作为企业产品的最终用户，人口的数量及其构成确定了市场的结构及其规模。人口结构的变化有可能为企业的技术创新提供契机。

6. 观念的改变

对事物的认知和观念决定着消费者的消费态度，消费态度决定着消费者的消费行为，消费行为决定一种具体产品在市场上的受欢迎程度。因此，消费者观念上的改变影响着不同产品的市场销路，为企业提供着不同的创新机会。

7. 新知识的产生

一种新知识的出现，将为企业创新提供异常丰富的机会。在各种创新类型中，以新知识为基础的创新是最为企业重视和欢迎的。但同时，在创新时间、失败的概率或成功的可能性预期及对企业家的挑战程度上，这种创新也是最为变化莫测、难以驾驭的。

六、组织创新

（一）组织创新的含义

组织创新（organizational innovation）是组织中的管理者和其他成员为使组织系统适应外部环境的变化或满足组织自身内在成长的需要，对内部各个子系统及其相互作用机制或组织与外部环境的相互作用机制的创造性的调整、开发和完善的过程，其创新活动一般在组织结构、组织方式、组织制度等方面进行。因此，组织创新需要打破原有的组织结构，根据环境和条件的变化对组织的目标加以变革，并对组织内成员的责、权、利关系加以重新构建，形成新的组织结构和新的人际关系，并使组织的功能得到进一步的发展。

与组织创新密切相关的另一个概念是组织变革。组织变革（organizational change）是指运用行为科学和相关管理方法，对组织的权利结构、组织规模、沟通渠道、角色设定、组织与其他组织之间的关系，以及对组织成员的观念、态度和行为，成员之间的合作精神等进行有目的的、系统的调整和革新，以适应组织所处的内外环境、技术特征和组织任务等方面的变化，提高组织绩效水平。

（二）企业组织创新的类型

1. 战略先导型组织创新模式

从创新的动力源看，战略先导型组织创新的动力主要来自于企业战略导向的变化。在企业高层管理者对内外环境变化的预见或快速反应的驱动下，企业首先将企业家的智力和时间资源以及相应的物质和组织资源集中投入企业战略的变革上，分析外部环境和内部条件，确立组织视野，明确目标规划，调整产品结构，实现战略创新。

2. 技术诱导型组织创新模式

从创新的动力源看，技术诱导型组织创新的动力主要来自于企业新技术的发展，尤其是企业带有根本性的产品创新导致的产品结构的变化。由于产品结构的变化，企业的部门设置、资源配置及责权结构都要有相应的调整，从而引发结构创新。在结构创新的基础上，企业价值观念和行为规范会发生潜移默化的转变，完成渐进的文化创新。结构和文化的逐渐变化又会进一步诱致企业进行战略创新。因而，技术诱导型组织创新总是表现为由结构创新到文化创新，再到战略创新的逻辑顺序。

3. 市场压力型组织创新模式

从创新的动力源看，市场压力型组织创新的动力主要来自于市场竞争压力。市场竞争压力迫使企业求生存，谋发展，努力通过战略创新、文化创新和结构创新来保持和提高企业核心能力，靠持续的技术创新赢得竞争优势。

（三）组织创新的主要手段

战略管理相关研究认为，组织学习已经成为企业核心竞争力的重要因素。这种组织学习的机制在于组织能否通过学习提高对产品、技术和管理的创新能力，形成新的特殊资源，再对这种资源的有效利用形成公司的核心竞争能力。建立在组织学习机制基础上的管理创新机制是公司形成管理优势的源泉。

(四) 组织创新的内容

组织创新的主要内容就是要全面系统地解决企业组织结构与运行以及企业间组织联系方面所存在的问题，使之适应企业发展的需要，具体内容包括企业组织的职能结构、管理体制、机构设置、运行机制和跨企业组织联系五个方面的变革与创新。

1. 职能结构的变革与创新

职能结构的变革与创新 要解决的主要问题包括：第一，走专业化的道路，分离由辅助作业、生产与生活服务、附属机构等构成的企业非生产主体，发展专业化社会协作体系，精简企业生产经营体系，集中资源强化企业核心业务与核心能力。第二，加强生产过程之前的市场研究、技术开发、产品开发和生产过程之后的市场营销、用户服务等过去长期薄弱的环节，同时加强对信息、人力资源、资金与资本等重要生产要素的管理。

2. 管理体制的变革与创新

管理体制是指以集权和分权为中心、全面处理企业纵向各层次特别是企业与二级单位之间权责利关系的体系，亦称为企业组织体制。其变革与创新要注意以下三个问题。

(1) 在企业的不同层次，正确设置不同的经济责任中心，包括投资责任中心、利润责任中心、成本责任中心等，消除因经济责任中心设置不当而造成的管理过死或管理失控的问题。

(2) 突出生产经营部门的地位和作用，管理职能部门要面向一线，对一线既管理又服务，根本改变管理部门高高在上，对下级管理、指挥监督多而服务少的传统结构。

(3) 作业层（基层）实行管理中心下移。作业层承担着作业管理的任务。这一层次在较大的企业中，还可分为分厂、车间、工段、班组等若干层次。

3. 机构设置的变革与创新

机构设置的变革与创新应考虑横向上每个层次应设置哪些部门，部门内部应设置哪些职务和岗位，怎样处理好它们之间的关系，以保证彼此间的配合协作。改革方向是推行机构综合化，在管理方式上实现每个部门对其管理的物流或业务流，能够做到从头到尾、连续一贯的管理，达到物流畅通、管理过程连续。具体做法就是，把相关性强的职能部门归并到一起，做到一个基本职能设置一个部门、一个完整流程设置一个部门。另外，推行领导单职制，即企业高层领导尽量少设副职，中层和基层基本不设副职。

4. 运行机制的变革与创新

运行机制的变革与创新包括建立企业内部的“价值链”，上下工序之间、服务与被服务的环节之间，用一定的价值形式联结起来，相互制约，力求降低成本，节约费用，最终提高企业整体效益。改革原有自上而下进行考核的旧制度，按照“价值链”的联系，实行上道工序由下道工序考核、辅助部门由主体部门评价的新体系。

5. 跨企业组织联系的变革与创新

前面几项组织创新内容，都属于企业内部组织结构及其运行方面的内容，除此之外，还要考虑企业外部相互之间的组织联系问题。重新调整企业与市场的边界，重新整合企业之间的优势资源，推进企业间组织联系的网络化，这是新世纪企业组织创新的一个重要方向。

本章小结

本章研究了两个方面的内容：一个是控制，另一个是创新。控制是监视各项活动的运作，及时纠正活动中出现的偏差，使活动按计划进行的过程，控制运用在管理活动中称为管理控制，它是管理工作的一项基本职能。实施有效的控制有助于组织达到预期的目标。掌握管理控制的不同方式有利于我们更好地了解各类控制的特征，搞好控制工作。管理控制的主要对象是人员、财务、作业、信息和组织绩效。控制活动由三个基本环节构成，确定控制标准，衡量绩效与发现偏差，纠正偏差。为了达到对计划的有效控制，在控制执行过程中应遵循合理性原则、系统性原则、突出例外原则、及时准确原则、灵活经济性原则。此外，还要运用适当的控制技术和方法，如预算控制、全面质量控制等。创新职能研究了创新的概念、类型、过程。重点介绍了企业技术创新和组织创新。

思考题

1. 什么是控制？控制具有哪些特点？为什么要进行控制？
2. 简述有效控制的原则。
3. 简述控制论、反馈理论、时滞理论的基本含义及对管理工作的意义。
4. 控制过程可分为几个阶段？每个阶段的主要内容及特点是什么？
5. 简述影响控制效率的因素及提高控制效率的措施。
6. 什么是创新？创新有哪些特点？创新的主要内容有哪些？
7. 什么是企业技术创新？什么是组织创新？如何开展创新工作？

参考文献

[1] 芮明杰. 管理学：现代的观点［M］. 上海：上海人民出版社，2005.

[2]［美］哈罗德·孔茨，海因茨·韦里克. 管理学：国际化与领导力的视角［M］. 马春光，译. 北京：中国人民大学出版社，2014.

[3] 周三多. 管理学［M］. 上海：复旦大学出版社，2009.

[4] 李德志. 人事行政学［M］. 北京：高等教育出版社，2009.

[5] 陈国海，方华. 组织行为学［M］. 北京：清华大学出版社，2009.

[6] 汪洁，丁皓. 管理学基础［M］. 北京：清华大学出版社，2009.

[7] 戴淑芬. 管理学教程［M］. 北京：北京大学出版社，2010.

[8]［美］丹尼尔·A. 雷恩. 管理思想的演变［M］. 赵睿，译. 北京：中国社会科学出版社，2012.

[9]［美］斯蒂芬·P. 罗宾斯. 组织行为学［M］. 孙健敏，李原，黄小勇，译. 北京：中国人民大学出版社，2012.

[10] 杨锡怀. 企业战略管理［M］. 北京：高等教育出版社，2015.

[11] 杨善林，李兴国. 信息管理学［M］. 北京：高等教育出版社，2014.